大学教官歴 33 周年記念著作

地方創生と日本経済論

中央大学経済研究所客員研究員

木村武雄 著

五絃舎

緒　言

　人並みに、還暦を過ぎて、感ずることがある。何故、私が生まれたのか。この世に、（大げさに言えば次世代に）、何を残せるか。私だけしか、できない何かが、あるだろうか。一昨年（2014年）8月末の1週間毎日2回の点滴を打って、入院せずに、肺炎を直した。昨年（2015年）2月中旬の1週間、カテーテルの予備手術（冠動脈狭窄のステント方式）で、結局カテーテルをしなくて済んだ。難病の母親とがんの父親を見送り、還暦で結婚でき、なんとか健康な体を提供していただいた神に感謝しつつ、この御恩を何かの形で返さないと罰が当たると思った。ここ数年は、書き溜めたものを体系建てて纏めている。『10カ国語経済・ビジネス用語辞典』が、それである。本書は、それに続く第二弾である。本書の特徴を次に掲げる。

① 　日本経済を部分的・体系的・理論的把握すると共に、日本経済の評価や経済用語の解釈に当たっては、拙著『10カ国語経済・ビジネス用語辞典』（創成社）の標準的方法論及び概念規定を参考にした。

② 　基礎から応用への架橋を心がけた。本格的専門書の入門編であることに、徹して、各講にはより高度な内容に導けるに最新の参考文献表を添付した。

③ 　第1部では、2014年の「地方消滅」に叛旗を掲げた地方の活力を体現した地方自治体を分析した。1年分の講義用の「地方創生論」である。網羅的ではないものの、いわば、日本経済のミクロ分析である。第2部は、前半は日本経済史、後半はテーマ別に日本経済を検討した。第3部は、「ノーベル経済学賞」の受賞者の学問的成果と日本経済のドッキングである。バブル経済以降、日本経済は長い間停滞した。その対策の処方箋が、なかったに等しい。日本経済の病根があまりにも深く、学問的成果の限界かもしれない。どの点が適用不可能なのか、その理由を明記して言及した。

④　付録として、研究課題と関連年表を学習上の便宜や内容把握を確認するために付した。関連年表は限られた印刷スペースでありながら、日本の国家戦略が理解できる構成になっており、それだけで充分単独の読み物となりうる内容となっている。日本を代表する企業の創業時点での企業名を記し、その後の沿革も出来る限り記載した。国家戦略の責任者である首相、財務大臣（大蔵大臣・大蔵卿）、日本銀行総裁は漏れなく明記した。

⑤　付録として、全世界会社名鑑と日本の全国会社名鑑を付した。世界経済を支えている全世界の会社、内売上高上位 500 社を人口の少ない国籍順に列挙した。同様に、日本経済を支えているのは地方の活力である。敢えて人口の少ない順で 47 都道府県別の売上高ベスト 3 を中心に、県内有力企業を掲げた。

最後に本書の刊行にさいしては、株式会社五絃舎の長谷雅春取締役社長をはじめスタッフの皆様に大変お世話になりました。記して厚く感謝御礼申し上げます。そして新妻福美の理解と献身的な協力にも付言したい。

2016 年リオ五輪の夏、鎌倉の寓居にて

木村武雄

目　次

緒　言

第1部　地方創生

第1講　北海道とニセコ町の観光業	2
第2講　福井県と鯖江市の眼鏡業	7
第3講　徳島県と神山町のITベンチャー	11
第4講　岡山県と真庭市のバイオマス業	14
第5講　香川県と高松市の商業（丸亀町商店街）	18
第6講　兵庫県と淡路島特区	22
第7講　攻めの農業の青森県	26
第8講　石川県と川北町（企業）	30
第9講　秋田県と大潟村（農業）	33
第10講　長野県と川上村（レタス）	36
第11講　沖縄県と甘味資源産業	38
第12講　高知県と大豊町の林業	42
第13講　鳥取県と日吉津村の王子製紙とイオン	45

第2部　日本経済論

第1講　近代化以前の日本経済	50
第2講　近代化の意味と日本	54

vi

第3講　世界史における近代化と日本	57
第4講　高度成長と日本	63
第5講　インフレと日本	68
第6講　バブル経済と日本	72
第7講　デフレと日本	77
第8講　金融制度と日本	81
第9講　景気循環と日本	88
第10講　世界企業と日本	91
第11講　環境問題と日本	94
第12講　世界貿易と日本	98
第13講　世界の直接投資	104
第14講　国際協定と日本	109

第3部　経済思想

第1講　リカードと比較生産費説	116
第2講　ミードと国際収支	120
第3構　オリーンと貿易理論	123
第4講　マンデルとオープン経済論	130
第5講　ヒックスとIS・LM分析	138
第6講　クズネッツと近代経済成長	141
第7講　ルイスと二重経済	147
第8講　トービンとq理論	151

巻末付録

研究課題	158
キーワード	164
地方創生論　参考文献	166

全世界会社名鑑……………………………………………………168

全国会社名鑑……………………………………………………180

旧国別日本全図…………………………………………………186

2040 年若年女性変化率上位都市とその要因…………………187

18 世紀ごろの東アジアの国際秩序……………………………188

日本経済年表（1543 年〜 2015 年）…………………………189

索 引

事項索引…………………………………………………………213

人名索引…………………………………………………………215

企業名索引………………………………………………………218

第1部　地方創生

第1講　北海道とニセコ町の観光業

1. 北海道の日本における位置づけ

(1) 歴史的位置づけ

　かつては蝦夷ヶ島といい、アイヌ族が住んでいたが、鎌倉時代、幕府が渡島半島を流刑地として使用するようになった。江差地方等に漁民や商人が進出し、江戸時代、松前氏が福山を居城に松前・江差を中心に藩政をしき、道南地方を支配した。幕末期、北方防衛の必要から全北海道を幕府の直轄とし、明治維新を契機に蝦夷を北海道と改めて、本格的な開拓が始まった。明治19年に全道を一つの特別行政区と改めて道庁を設置した。戦後、総理府に北海道開発庁を設置して総合開発が図られている。35市、129町、15村（国後、択捉、色丹の6村を除く）からなる。

(2) 経済的位置づけ

　一人当たり県民所得（2011年度）は247.5万円で全国平均を下回っている（東京の6割弱）。農林・水産業の県内総生産（2011年度）は6,679億円で全国5兆2、949億円のうちに2位の茨城県2,242億円を大きく上回り断トツ1位である。地方財政構造（2012年度）では、実質公債費比率は21.7%で全国最悪で、（地方債が18%以上は自治大臣の許可が必要であり、25%以上になると起債が制限されるので）、危険水域である。産業別有業者割合（2012年）は、1次産業6.0%、2次産業18.3%、3次産業75.7%。農林業従事者14.7万人（2010年国勢調査）、漁民3.4万人（同）の第1次産業は、全国シェア1位のものが多い。てんさい100%、小豆94%、バター88%、馬鈴薯78%、小麦66%、生乳52%、漁業生産物27%、そして新聞巻取紙38%が全国順位1位である（2012、2013年）。

2. ニセコ町と観光業

(1) ニセコ町のプロファイル

札幌の南西に位置し、中山峠を超えて、車で 2 時間半。パウダースノーで世界的に知られたスキーの聖地である。オーストラリア人を中心に、韓国、中国、台湾、香港等亜細亜諸国からの観光客も増加し、外国人が、多く訪れる町でもある。今やスキーシーズンだけでなく、ラフティング、カヌーといった夏の観光も活発であり、通年型の一大リゾート地に変貌を遂げている。観光で町おこしを図る自治体も多いが、観光客が増えれば、人口が増えるのか。ニセコ町は自然環境の利得もあるが、町の政策も多くの示唆に富んでいる。

(2) 人口動態

ニセコ町は、虻田郡（他 2 村、3 町）に属している。2009、2014 年の住民基本台帳を比較すると、全国レベル（0.5% 減）、北海道レベル（1.8% 減）では人口減少傾向なのに、数少ない増加地域（0.7% 増）である。ニセコ町は、「ニセコ積丹小樽海岸国定公園」の一角を占めている。国勢調査によると、1955 年には、8,435 人だった人口は減少傾向が続き、80 年代は 4,500 人前後で増減を繰り返し、2000 年から 05 年に架けて 116 人（2.5%）増、そして直近の 05 年から 10 年に架けては 154 人（3.3%）増を記録した。これは、道内 4 位の増加率である。増田寛也の『地方消滅』によれば、ニセコ町は若年女性人口変化率 38.4% 減に留まっているが、188 市区町村の内、「消滅可能都市」（2010 〜 2040 年推計で、若年女性人口減少率が 5 割超過都市）が 147 を占める北海道において、減少率は小さく若年女子の流出も少ない。1955 年以降の減少は、離農が離村に繋がった結果であり、80 年代自然増は横ばい傾向で、2000 年以降は、観光業に携わる人を中心に継続的に転入者が増加した結果と考えられる。では、どういう人々であるのか。

(3) 観光業の担い手

人口減少が底を打った 1985 年から 90 年、および直近の 2005 年から 10 年に架けて cohort 法による、5 歳段階別・男女別純移動数（転入・転出差数）（国勢調査）に基づく、五十嵐智嘉子の分析を借用すると次のようになる。「男女ともに、10 代後半と 20 代前半に転出超過しており、高校卒業時、大学卒業時、

就職時に町を出る人が多いと言える。しかしながら、20代後半から40代前半に架けて転入超過に転じており、若い世代に対応した職があることがわかる。また、10年には、50歳代と60歳代も転入超過に転じており、退職を機に移住している人もいると考えられる。」先に示した年齢層を中心に、全体的に上方シフトしており、転入超過の傾向が伺える。

(4) 地元の特質を熟知した外国人リーダーの存在

観光庁のウェブサイト「観光カリスマ一覧」によると、オーストラリア人ロス・フィンドレー氏は1990年に初来日。ニセコ地域の自然に惹かれ、1992年に隣町の倶知安町に移住した。1995年には、ニセコアドベンチャーセンター（NAC）を設立。冬のスキーだけでなく、ラフティングを始めとする夏のスポーツの事業化に成功し、今では年間3万人がNACのツアーに参加し、ニセコ町の観光客増に大きく貢献している。フィンドレー氏は、アウトドア事業について、若者が憧れるライフスタイルと雇用機会を同時に若者に提供でき、若者の定着による地域の活性化に繋がると考えている。当初3人だったNACのスタッフも今では80人を数える。

(5) 小規模事業所の増加

ニセコ町を管轄する岩内ハローワークの2013年2月以降の有効求人倍率を北海道平均と比較すると、岩内HWでは、1991年のバブル期と2007年から09年に1を超えて上昇している。大規模宿泊施設の開業時期と一致しており、これが有効求人倍率を高めたと言える。04年頃から、ニセコに外国人スキー客が増え始めた時は、バブル経済の瓦解で、スキー客が激減したニセコ町を救い、新たな投資の一因となった。経済センサス（旧事業所・企業統計調査）によると、2004年から06年に事業所数と従業員数が激増しているが、その殆どが従業員数の規模が4人以下の小規模事業所で、事業所数は9％、従業員数は16％程度それぞれ増加している。ペンションや飲食店、チーズ工房、スポーツ用具店等々。大規模宿泊施設の事業開始のみならず、小規模事業所の開設が、人口維持を下支えしたことはほぼ間違いがないことである。

(6) 町住民の高度の自治意識

90年代になると、バブル経済が瓦解し、全国的に地方自治体の財政悪化が表面化し、住民参加から住民主体のまちづくりへの転換が喧伝しされた。そんな中、ニセコ町に改革派町長が当選した。町の予算と決算報告書をわかりやすく解説した冊子を全戸に配布し、町の財政に関する情報を共有した。多くの町民が行政に関心を持ち、まちづくりにも参画するようになり、2001年、住民の手作りの、全国初の自治基本条例「ニセコ町まちづくり基本条例」が制定された。

(7) 観光協会の株式会社化

通常の観光協会は、広報活動中心の任意団体で、事務員は役所からの出向で責任の所在が曖昧で、とおり相場であった。ニセコ町は違った。全国で初めて、2003年に町が5割、町民が5割出資の株式会社ニセコリゾート観光協会が設置された。事務局長は公募によって選出され、観光協会は戦略的で機能的運用をしている。

(8) ニセコの「パウダースノー」のブランド化

水分を含まないキメの細かな雪。雪崩防止の「ニセコ・ルール」の徹底。スキーのコースとコース外にロープを張り、コース外に出ることを禁止し、罰則も徹底させた。

(9) 冬季以外の通年の仕事一人口の定着化

1990年冬季の観光客入込数79万人をピークに減少し始めた。逆に夏の入込数は、オーストラリア人のフィンドレー氏のおかげで、尻別川のラフティングや山人気を背景に増加し始めた。1999年から、夏季と冬季の観光客数が逆転している。ニセコ町の思惑に一致してきた。冬の宿泊日数の長さに比べ、夏季のそれは少ない等、課題は沢山残っている。

(引用文献)

1. 五十嵐智嘉子「住民自治が守ったパウダースノー」『中央公論』2015 年 2 月号。
2. 『データで見る県勢 2015 年版 第 24 版』矢野恒太記念会、2014 年 12 月 1 日。
3. 『都市データパック 2014 年版』東洋経済新報社、2014 年 7 月 16 日。
4. 増田寛也編『地方消滅』中央公論新社、2014 年 8 月、136-138 頁。

第2講　福井県と鯖江市の眼鏡業

1．福井県の日本における位置づけ

（1）歴史的位置づけ

　県域は旧越前国と若狭国からなる。越前は北陸道七ヵ国の一つ。越の国を天武天皇の時代に三分して成立。8~9世紀に能登・加賀二国を分離。越前では応仁の乱（1467-77年）の頃朝倉氏が一乗谷に居城し、勢力を拡大し、蓮如上人の布教の一向宗との相克があった。関ヶ原以降、松平家が越前過半を統治、若狭小浜は京極氏、後酒井氏が封じられた。江戸時代末期は福井を中心に絹織物業が発達した。明治14年（1881年）に越前と若狭両国を併せた現県境が確定した。9市8町0村（2014.3.31）からなる。

（2）経済的位置づけ

　一人当たり県民所得（2011年度）は284.1万円で、僅かに全国平均を下回っている（東京の65%で、年々差を詰めている）。有効求人倍率は1.23倍で、全国的に不況だった時の2010年でも0.79で日本一で（全国平均0.52、東京0.65）、1990年は2.35（全国平均1.40、東京1.72）。全国でも珍しい「就職天国の地」である。完全失業率のデーターも同様である。2013年福井県のそれは、2.6%（全国第1位）、全国平均は4.0%、東京4.2%。1997年福井県1.9%（島根県1.7%に次いで2位）、全国平均3.4%、東京4.1%。2012年の若年層（15〜24歳）人口に占める有業者の割合（有業率）を都道府県別でみると、全国平均は82.3%、最高値は福井県の89.4%、東京84.9%。

　産業別の製造物出荷額の繊維工業（2012年）では、全国4兆円の出荷額の内、愛知県4，700億円、大阪府3，200億円、岡山県2，800億円に次いで、4位2，400億円を福井県が占めている。乗用車の百世帯当たりの保有数（2013

年）は福井県は 174.2 台で全国トップである。全国平均は 107.3 台、東京は
最低の 46.8 台。主要耐久消費財所有状況（2009 年 10 月末）で、（1000 世帯当
たり台数で）、システムキッチンは 732 台で全国 1 位、全国平均 605 台、東京
590 台。ベッド・ソファーベッドは 1,694 台で全国 1 位、平均 1,284 台、全
国平均 1,284 台、東京 1,139 台。薄型テレビは 1,016 台で全国 1 位、全国平
均 865 台、東京 886 台。5 年に一度調査される、住宅統計（2013 年 10 月末）
によると、人口が少ない部類の県なので、総住宅数は少ないのは当然であるが、
持ち家率 76.5%、一戸建て率 78.5% は全国有数。1 専用住宅になると、居住
室数 6.08（全国平均 4.58、東京 3.38）、延べ面積 141.4 平方メートル（全国平均
93.5、東京 66.7）で全国断トツ 1 位。3 世代世帯が多いことを住居統計から裏
付けている。日本一金持ちの県福井県。自殺率は人口 10 万人当たり 17.9 人と、
全国一少ない県（全国平均 20.7、東京 20.2）。平均寿命（2010 年）統計では、男
子 80.47 歳で全国 3 位、女子 86.94 歳で全国 7 位。

　主な生産物（2012 年）は、メガネ枠（全国シェア 96%）、メガネ部品（同
81%）、縦編ニット生地（40%）、羽二重類（同 40%）、漆器製台所・食卓用品（同
39%）、ポリエステル長繊維物（34%）は何れも全国 1 位。

2. 鯖江市と眼鏡業

（1）鯖江のプロファイル

　福井県鯖江市は、福井県の嶺北地方の中央部に位置し、福井市の南隣である。
鯖江の由来は、古墳時代、今から約 2000 年前、10 代崇神天皇の時代北陸道
征伐の途中、賊を倒した神矢の羽根が鯖の尾に似ていたため「鯖矢」と呼ばれ、
後「鯖江」に転訛した。鯖江に眼鏡作りが持ち込まれたのは今から 100 年以
上前の明治 38 年頃、小さな村の貧しい農民たちのための農閑期の副業として
スタートした。国産眼鏡フレームの 9 割生産する鯖江の眼鏡業も決して順調
に発展したわけではない。1970 年代、80 年代と順調に伸びた眼鏡業に携わる
事業所数 890、従業員数 7,900 のピークを迎えた 90 年前後、出荷額は 92 年
1,145 億円記録後、縮減傾向となった。そして 2011 年には出荷額は 540 億円

になり、ピーク時の半分に落ち込んでしまった。中村圭介によると、この衝撃的な変化を引き起こした最大の原因は中国の擡頭である。安い労働力と最先端の設備を武器に、短期間で眼鏡生産地になった。

(2) 鯖江市の人口動態

　住民基本台帳によると、鯖江市の総人口は 2010 年 67,734 人から 14 年 68,228 人に 0.7% 増である。福井県下の鯖江市以外の市は、福井市、敦賀市、小浜市、大野市、勝山市、あわら市、越前市、坂井市はすべて人口減少している（09 年と 14 年比較）。増加率は鈍化してきているものの、確認できる 1956 年から長期にわたりほぼ増加基調であり、人口増加率は福井県下 1 位である。生産年齢人口は 42,364 人（2009 年）から 41,190 人（2014 年）で、2.75% 減、年少人口は 10,685 人（2009 年）から 10,615 人（2014 年）で、0.66% 減である。合計特殊出生率（2008 ～ 2012 年）は、小浜（1.77）、敦賀（1.72）に次いで鯖江市は 1.68 と高い数値である。

(3) 事業所事例

①　シャルマン

　シャルマンは鯖江と中国に生産拠点を持ち、世界百ヵ国に販売網を擁し眼鏡フレーム製造・販売の国内トップ・メーカーである。1970 年代前半から僅か 10 年足らずの間に、零細な部品メーカーから総合部品メーカへと変貌した。成功のヒントを纏めると次の点になる。(1)小売店への自販を行う態勢を構築。「自社オリジナル・ブランド」を産地問屋、消費者問屋を経由せずに「小売店に自販」する試みは、それまでの業界の常識に反することだった。製品に特別な競争力がないとできないし、継続的にヒット製品が続かないと難しい問題である。(2)自社ブランド「シャルマン」の構築。デザイン性と材質の高度化。シャルマンは自社ブランドと共に、他社のライセンス・ブランドを加味して、ブランドの厚みを増すことに成功した。09 年新チタンの合金の開発に成功し、06 年に既に実現していたレーザー接合技術を活用して新しい製品開発。チタン合金の精密加工を活かし 12 年より医療機器事業に参入。(3) 新会社は眼鏡業界にしがらみの無い人々による生産態勢や販売先の多角化に成功。販売先は欧州

が4割弱、国内2.5割、米2割、亜細亜1割。

② 金子眼鏡

1958年零細な眼鏡卸商として創業。産地の卸商から製品を買い取って、北海道、東北、北関東の小売に卸す会社。眼鏡フレームの企画、製造、販売を行う有力な会社に発展した。その特徴を掲げる。(1) ファッション性、富裕層に特化。自ら企画した自社ブランド化 BLAZE を構築。(2) 直営販売店。2013年には、直営店（国内44店、ニューヨーク1店）(3) 自社工場の設立（2009年）

(4) 個々の企業の時代のイノベーション（中村圭介）

第二次大戦後、鯖江はイノベーションを繰り返しながら、産地として成長していった。産地に広がるイノベーションは産地を超え、世界に拡散。中国企業が模倣し、鯖江を苦しめた。この苦い経験を糧に鯖江は蘇生した。先の事例研究で示したように、個々の企業が独自にイノベーションを起こし、攻めの生産、販売をした。行政が側面強化し、面での攻撃態勢も欠かせない。先のシャルマンの新チタン合金の開発は「ふくい次世代技術産業育成事業補助金」の支援を受けたもの、レーザー接合技術はふくい産業支援センター、大阪大学との産官学連携による共同開発の成果である。

（引用文献）

1. 中村圭介「眼鏡産地の苦闘と「個」の時代のイノベーション」『中央公論』2015年2月号。
2. 『データで見る県勢2015年版第24版』矢野恒太記念会、2014年12月。
3. 『都市データパック2014年版』東洋経済新報社、2014年7月。
4. 増田寛也編著『地方消滅』中央公論新社、2014年8月、134-136頁。

第3講　徳島県と神山町のITベンチャー

1. 徳島県の日本における位置づけ

(1) 歴史的位置づけ

　全県域が阿波国に当たる。鎌倉時代に佐々木氏・小笠原氏、南北朝・室町時代は細川氏、戦国時代三好氏、江戸時代に蜂須賀氏になって明治維新を迎えた。明治4年に徳島県で発足し、一時明治9年高知県に編入されたが、明治13年に現行県域で、再び徳島県が確定した。8市15町1村からなる。

(2) 経済的位置づけ

　1人当たり県民所得(2011年度)は269.8万円で全国平均を下回っている(東京の6割)。有効求人倍率(2013年)は0.99で県内の労働市場のほぼ需給を満たしている。生活指標では全国平均を上回っているものが多い。たとえば、1世帯当たりの実収入(2013年)は56.8万円で全国平均を大きく上回っている(47都道府県中17位)。1住宅当たり延面積111.2平米(全国平均93.1、東京66.7)。百世帯当たりの乗用車保有台数135.5台(全国平均107.3、東京46.8)。驚くべきことがある。人口10万人当たりの医師数は全国2位(296.3人、1位京都府296.7人)、歯医者数全国3位(99.6人、1位東京都117.8人、2位福岡県101.7人)、薬剤師数は全国1位(199.5人、2位東京都198.1人)。

　主な生産物は、スダチ(2011年、全国シェア98%)、発光ダイオード(2012年、同61%)、白瓜(2012年、同45%)が日本一である。

2. 神山町とITベンチャー

(1) 神山町のプロファイル

　徳島県のほぼ中部にあり、徳島市の西隣に位置している。子育て等の移住者

が相次ぎ、全国的に注目を集める過疎の町である。移住支援の核になっているのは、大南信也を理事長に抱く NPO 法人「グリーンバレー」である。徳島県がテレビの難聴地域解消のための光ファイバー網整備も追い風となり、2005 年に神山町内に全戸に光ファイバーが敷設され、ブロードバンド環境が整っている。県が整備した光回線網を活用して、IT ベンチャー等 11 社のサテライトオフィスや本社の誘致に成功した。過疎地における人口減少は不可避であるが、開き直って、「創造的過疎」を掲げている。仕事がないから、若者が故郷を進学等で出て、再び町に帰って来ない。だったら、町に職場を作れば、いいではないか。

(2) 神山町の人口動態

住民基本台帳によれば、総人口は 6,767 人(2009 年)から 6,078 人(2014 年)、10.1% 減である。生産年齢人口、年少人口の減少率はさらに高い。前者は 3,342 人（2009 年）から 2,918 人（2014 年）の 12.6% 減、後者は 433 人（2009 年）から 345 人（2014 年）の 20.3% 減である。先ほどの先端技術産業の誘致のお陰で、出生率は 1.33（2005 年）から 1.42（2010 年）と上がってきている。

(3) 神山プロジェクト（大南信也）

① サテライトオフィスの誘致

サテライトオフィスというと、企業の本社の人が循環して滞在するだけで、地元で雇用が生まれないと考えられた。しかし神山町では、30 数名新規雇用も生まれた。サテライトオフィスで仕事をするのはエンジニアやプログラマーのような職種だけでなく、さらにオンライン営業を行う会社まで出現した。

② ワーク・イン・レジデンス

外見は古民家、内部は最先端技術のオフィスだったり、レストランだったりする。町内の空いている古民家に仕事を持った人の滞在を促進する試み。将来、町に必要となる働き手の誘致を進めている。ここで注意を要するのは、寄せられた希望をもとに住民が選ぶ「逆指名制度」を取っている点である。ですから闇雲に「来てください」とお願いしているわけではない。その結果、ここ数年でビストロ、カフェ、パン屋、ピザ屋等続々開業している。全国の自治体の取

り組みとして、移住者を増やしたい為に、行政で受け皿を作ってしまうケースが多い。たとえば臨時職員に雇うといったように。けれどもそういう手法だと2年ぐらいの任期切れになった時に呼び込んだ人達が自立できないので定住に繋がりにくい。自分で起業する人は小さいながらも自立できるので地域に根付く可能性が高くなる。つまり、政策的に仕事を作るのではなく、その人達が自ら仕事を作る点に意義がある。そういう移住者は世の中の変化がどういうふうに変化しても、割と強い。

③ 「神山塾」（町の自立支援事業）

職業訓練、起業支援等、積極的に後継人材の育成。これは6ヵ月間の職業訓練で、厚生労働省関連の基金訓練・求職者支援訓練による後継者育成事業。2010年末に開始し、5年で77人が修了し、そのうち約半数が神山町に移住者として残った。

(引用文献)
1. 大南信也「雇用がないなら、仕事を持っている人を呼べばいい」『中央公論』2015年2月号。
2. 『データで見る県勢2015年版 第24版』矢野恒太記念会、2014年12月。
3. 『都市データパック2014年版』東洋経済新報社、2014年7月。

第4講　岡山県と真庭市のバイオマス業

1.　岡山県の日本における位置づけ

(1)　歴史的位置づけ

　古代は吉備国と呼ばれていたが、大化の改新（645年）後、備前（後一部美作国）、備中、備後の3国に別れた。藩政時代、多くは備前岡山の池田藩と作州津山の森藩に大別され、廃藩置県（1871年）を迎えた。備前に岡山県、備中に深津県（後に小田藩）、美作に北条県が置かれた。1875年に小田県、翌76年に北条県が岡山県に合併、小田県の一部を広島県に移し、現在の県域が確定した。15市10町2村からなる。

(2)　経済的位置づけ

　1人当たり県民所得（2011年度）は269.3万円で全国平均を下回っている（東京の6割弱）。有効求人倍率は1.23（2013年）。同年全国平均0.93, 東京1.33。岡山県は毎年東京と拮抗するほど就職状況は良い。完全失業率（%）はデータの取れる範囲内で、岡山県は東京都より低く2.7（東京4.1）、2000年（同4.1, 5.0）、2005年（3.8, 4.7）、2010年（4.3, 5.5）、2011年（3.7, 4.8）、2012年（3.7, 4.5）、数字を残している。勿論、賃金格差はある。概ね岡山県の事業所の現金給与は東京都の7割前後（2012年）。経済センサスによると、製造業の従業者1人当たり出荷額は5,173万円で全国6位の高位に位置している（2012年）。全国平均は3,708万円（東京2,467万円）。主な生産物（2012年）は、織物製男女学生服（全国シェア69%）、畳表（同57%）、醸造用機械（同47%）、織物製事務・作業・衛生用衣服（同28%）は全国1位である。1住宅当たりの延面積は109.8平米で全国21位で平均の93.5を上回っている。百世帯当たりの乗用車保有台数は137.6台で全国21位で平均の107.3台を上回っている。ゴミ

のリサイクル率（2012年）26.7%で全国3位の数字である（三重30.7%、山口28.1%）。10万人当たりの医師は277.1人で全国7位、同歯科医師は87.3人で4位（2012年）。10万当たりの病床数は病院（患者20名以上）1,522.2、一般診療所（患者19名以下）138.0で全国平均1,236.3、95.3を越え、ベスト10には入らないが、全国高位をキープしている。

2. 真庭市とバイオマス業

(1) 真庭市のプロファイル

岡山県真庭市は県北央部で、鳥取県と接する中国山地に位置している。平成の大合併によって2005年3月末に従来の5町4村が合併し、市制が施行された。総面積828平米というのは香川県の半分程に相当するが、その8割を山林が占めており、人口は合併前の旧自治体合計は、1970年6万2,608人から年々減少し、2014年は4万8,765人。しかし、藻谷浩介のベストセラーとなった、NHK広島取材班との共著『里山資本主義』で、一躍スターダムに押し上げたモデルとなった真庭市のバイオマス林業。

(2) 人口動態

住民基本台帳によると、真庭市の総人口は51,704人（2009年）から49,031人（2014年）へ5.17%減。生産年齢人口は28,702人（2009年）から26,544人（2014年）へ7.52%減。年少人口は6,397人（2009年）から5,825人（2014年）へ8.94%減。出生率は1.75%（2005年）から1.73%（2010年）へ0.02%減。

しかしながら、この真庭の1.73%は、岡山県では一番で、津山1.68%、倉敷1.60%、新見1.55%等が続き、県下の平均は1.49%を上回っている（県都岡山市1.44%）。増田寛也の推計では、若年女性減少率52.1%で「消滅可能性都市」に分類されている。

(3) バイオマス事業の意義

『里山資本主義』によれば、真庭市はエネルギー革命の最先端にある。それは「木質バイオマス発電」と言われるもので、同市の主要産業である林業、製材業で発生する廃材の「木屑」を燃料として発電する。同市は「バイオマス真

庭」を謳い、2010年にはバイオマス関連の研究・人材育成事業も立ち上がった。

(4)「バイオマス産業杜市構想」の発展経過

　主要産業である林業や製材業と連携し、間伐材や製材所から出る端材を原料としたバイオマス発電に取り組む試み。1995年頃、真庭地域の若手経営者が作った「21世紀の真庭塾」が母体。その勉強会から、「従来捨ててきた廃材などを木質資源として活用できないか」というアイデアが生まれ、1998年地元の製材業者である銘建工業が、端材を燃焼させて2,000キロ・ワット時の発電可能な火力発電所を建設。2005年に真庭市が誕生してから、民間と連携する行政のバックアップが厚みを増してきた。2005年度からは、NEDO（新エネルギー・産業技術総合開発機構）の公募事業「バイオマスエネルギー地域システム化実験事業」で、間伐材や樹皮等を燃料化するための実験を5年間実施。2009年から「真庭バイオマス集積基地」の建設等も加わり、ここで生み出されたバイオマスエネルギーは、原油換算すると、年間1万5,600キロリットル相当。灯油換算すると、1リットル103円として計算すると、約16億円分に相当。市内のエネルギー自給率は11.6%にまで上がった。

(5) 国の「地域活性化モデルケース」に指定される（2014年5月）

　山間地の新たな町おこしのモデルとして、国の指定を受けて追い風となった。市内で、木質資源の集配運搬するシステムも構築された。その結果、市内では、間伐材や林地残材はチップにして各事業所のボイラー等の燃料にして、製材所のカンナ屑は木質ペレットにして各家族のペレットストーヴで燃やす、といった仕組みが構築された。

(6)「真庭バイオマス発電株式会社」本格的事業で利潤を生み出す会社

　2015年4月、先の銘建工業や真庭林業組合等地元9団体が出資した「真庭バイオマス発電株式会社」発足。1時間当たり1万キロワットの日本最大級の木質バイオマス発電所が稼働。真庭市も資本金2億5,000万円のうち3,000万円を出資。発電所の要員として15人の雇用。

　木質原料の搬入、生産に180人の雇用必要。間伐材等が有効利用されれば、山林の再生に繋がる。フル発電で、市内のエネルギーの4割に当たり、一般

世帯2万2千世帯分に相当。

〔引用文献〕

1. 大田昇「企業誘致ではなく、地域資源を産業化する」『中央公論』2015年2月号。
2. 『データで見る県勢2015年版 第24版』矢野恒太記念会、2014年12月。
3. 『都市データパック2014年版』東洋経済新報社、2014年7月。
4. 増田寛也編著『地方消滅』中央公論新社、2014年8月、138-139頁。
5. 藻谷浩介・NHK広島取材班『里山資本主義』角川oneテーマ21、2013年。

第5講　香川県と高松市の商業（丸亀町商店街）

1. 香川県の日本における位置づけ

(1) 歴史的位置づけ

　大和時代に豪族によって開発され、稲の栽培や土器・織物が作られた。国作は、神櫛王が始まりと伝えられている。平安時代菅原道真も国司として来住、鎌倉時代佐々木氏、船木氏らが、守護として支配。室町時代、管領細川氏の領地。三好氏らの所領を経て、豊臣秀吉に平定された。江戸時代、西讃岐（丸亀・多度津藩）は山崎氏から京極氏、東讃岐（高松藩）は松平氏が統治した。1871年廃藩置県で、香川県。後徳島県や愛媛県の合併を経て、88年今日の香川県に至る。8市9町0村（2014.3.31）からなる。

(2) 経済的位置づけ

　一人当たり県民所得（2011年度）は279万円で全国平均を僅かに下回っている（東京の6割弱）。有効求人倍率（2013年）は1.21倍で、全国平均（0.93）を上回っている（東京1.33）。従業員一人当たり製造品出荷額（2012年）は4,124万円で全国11位。主な生産物（2011/2012）は、オリーブ（全国シェア99%）、衣服用ニット手袋（同94%）、スポーツ用革手袋（同92%）、うちわ・扇子（同53%）は日本1位である。

2. 高松市と商業

(1) 高松市のプロファイル

　高松は、天正16年（1588年）に生駒親王が玉藻浦に居城を築き、「高松城」と名づけた事に由来。讃岐平野の央部に位置する県都で中核市（2014年改正自治法で人口二十万以上要件で政令指定都市の7割相当権限移譲）。現総合計画最後の

実施計画である「第4期まちづくり戦略計画」がスタート。「多核連携型コンパクト・エコシティの推進」「コミュニティの再生」「創造都市の推進」「地域包括ケアの実現」の4テーマ。全国最長と言われるアーケード商店街。

(2) 巨大アーケード（丸亀町商店街）

JR高松駅の南東にある三越高松を起点に巨大なガラス張りドームがある。2006年12月完成。9階建てビルに相当する高さ32メートル。ドームに接続する近代的な東西2棟の高層ビル。外国の高級ブランドショップ、書店、レストラン、菓子店、診療所等。

(3) 高松市の人口動態

住民基本台帳によると、総人口は423,119人（2009年）から426,039人（2014年）、0.69%増。生産年齢人口は269,602人（2009年）から260,546人（2014年）3.36%減。年少人口は61,593人（2009年）から60,854人（2014年）1.2%減。出生率1.48%（2005年）から1.62%（2010年）の増加。この出生率1.62%は丸亀1.71%に次ぐ高い数字。県平均1.56%も上回っている。

(4) 高松丸亀町まちづくり株式会社

大規模小売店舗立地法の影響で、1990年のピーク時約300億円あった丸亀町商店街の年間売上高が約100億円まで激減した。80年後半から来たるべき危機に備えて内外の専門家と交えた同商店街の勉強会の構想を、実現する機会が来た。それは「土地の所有と使用の分離」の導入。1992年に施行された借地借家法に盛り込まれた「定期借地権」の発想を先取りした構想だった。1999年商店街を一体的に管理、運営する「高松丸亀町まちづくり株式会社」を商店街組合と高松市が出資。資本金1億円のうち、市が500万円出資。土地を差し出す地権者全員の合意が前提。27人全員の合意に4年かかった。丸亀町は、「大事な所有権はそのままにして」借り上げる方式を取った。施設管理や販売促進の専門家を公募して、東京等の大都市で手腕を発揮したプロたちを採用。「ドーム」からの光を重視。遊歩道や休憩所で高齢者に優しい町。若者向けのカジュアルウェアの店舗やカフェ。欧州の高級ブランドショップは三越の協力で誘致。ビルの上階はマンションで人口確保。ではオーナーはいいこ

と尽くめか。定期借地契約は 62 年後、必ず土地を更地に戻す契約。

(5)『オーナー変動地代家賃制』

「まちづくり会社」は、テナントを探し配置し、賃料を回収する仕事。地権者が貰う賃貸収入は、テナント店舗の売上に連動して増減する。地権者のテナントからの賃料収入から、銀行への返済、「まちづくり会社」の運営費、ビル管理費等の必要経費を控除した残額を地代配当として支払う「オーナー変動地代家賃制」を導入。つまり、売上が下落すると、地権者の配当が減り、まちづくり会社は一切痛まない仕組み。自分の所の業績が悪ければ、その分、収入が減る。しかも売上高には、「下限」も設定されており、それを下回ると営業権を失うことになる。

(6) まちづくり戦略計画

① コンパクト・エコシティの推進

中枢拠点機能の強化と多核連携型コンパクト（稠密）で美しいまちづくり。公共交通・自転車を利用したまちづくり。

② コミュニティの再生

地域の未来を支える人づくり。文化・芸術・スポーツの振興。コミュニティを軸とした協働のまちづくり。

③ 創造都市

環境保全と地球温暖化への対応。安全で安心できる生活環境の向上。地球を支える産業の振興。風光明媚な自然と街の佇まいとの調和。2014 年 7 月に瀬戸内海国立公園 80 周年記念式典、秋に「第 4 回日仏自治体交流会議」、「中核市サミット 2014」を開催。これらのイベントを通じて、市の魅了を内外に発信し、ブランドイメージの定着を図る。

④ 地域包括的ケア

子ども・子育て支援の充実。健やかに暮らせる保健・福祉・医療環境づくり。四国の玄関口として、国の出先機関や大企業の支店が集積する四国の中心都市としての位置づけを目指す。

（引用文献）

1. 菊池正憲「シビアなよそ者が地域を救う」『中央公論』2015 年 2 月号。
2. 『データで見る県勢 2015 年度』矢野恒太記念会、2014 年 12 月。
3. 『都市データパック 2014 年版』東洋経済新報社、2014 年 7 月。
4. 増田寛也編著『地方消滅』中央公論新社、2014 年 8 月、131 頁。

第6講　兵庫県と淡路島特区

1．兵庫県の日本における位置づけ

（1）歴史的位置づけ

　県域は、旧但馬・播磨・淡路国の全域と、丹波・摂津国の一部を含む。平安後期源満仲、同末期平清盛は大輪田泊（兵庫港）を修築して、日栄貿易で栄えた。室町時代、赤松、山名、細川氏らの守護大名が、割拠したが、室町幕府の日明貿易で繁栄した。豊臣秀吉が播磨、但馬を平定して、中国地方の毛利攻めの足場とした。淡路は徳島藩に属していた。明治4年の廃藩置県で、兵庫、姫路（後飾磨）、豊岡の3県に、明治9年兵庫県に他の二県を合併して、現境域が確定した。29市12町0村（2014.3.31）からなる。

（2）経済的位置づけ

　一人当たり県民所得(2011年度)は258.5万円で全国29位(東京の59%)。神戸、芦屋のイメージがあるので、この全国順位は意外。広島県（303.0万円、全国順位7位）、岡山県（269.3万円、24位）、山口県（286.4万円、13位）より低い位置にある。勿論、県民所得の総額（2011年）は、14兆4,000億円、全国7位である。全国372兆5,158億円の内、1位東京57兆7,000億円、2位神奈川26兆5,000億円、3位大阪25兆9,000億円、4位愛知23兆6円、5位埼玉20兆円、6位千葉17兆5,000億円の次に位置している。有効求人倍率（2013年）は0.75で全国順位は下から10番目（全国平均0.93）。ワーストは沖縄0.53、2位埼玉0.62、3位神奈川0.68、4位青森0.69、5位鹿児島0.71、6位秋田・高知0.72、8位長崎0.73、9位北海道0.74に次ぐ数字である。統計の取れる範囲では、兵庫県は有効求人倍率で全国平均を上回ったことは一度も無い。南北経済格差のあるイタリアと傾向は似ている。県内の地域格差が大きいと思われる。生活指標では

全国平均を下回るものが多くある。実収入1世帯当たり1ヶ月42.5万円(2013年)は全国平均52.3万円を10万円も下回っている。100世帯当たりの乗用車保有台数(2013年)は92.5台で全国43位(全国平均107.3台)。人口10万人当たりの病院数(患者20名以上)1,167.5(全国平均1,236.3)、同一般診療所数(患者19名以下)59.2(全国平均95.3)。ゴミのリサイクル率は、16.6%で全国下から10位。ワーストは大阪12.2%、2位京都13.2%、3位奈良13.3%、4位福島13.7%、5位青森14.2%、6位沖縄14.4%、7位石川14.7%、8位群馬15.3%、9位鹿児島16.1%。経済センサスによると(2011年)、製造業の売上高は全国5位の15兆1,000億円(全国299兆8,000億円)、同付加価値額2兆3,000億円で7位(全国48兆6,000億円)。情報通信業(売上高7位、同付加価値額10位)、卸売・小売業(売上高8位、付加価値額7位)、生活関連サービス・娯楽業(売上高10位、付加価値額9位)、医療・福祉(売上高8位、付加価値額8位)。これらの産業の生み出す生産物に全国シェア上位なものが多い。主な生産物(2012年)は、ガス風呂釜(全国シェア89%)、手引のこぎり(同65%)、ゴム製履物(同42%)、線香類(41%)、昆布佃煮(39%)、野球・ソフトボール用具(31%)、清酒(30%)以上、全国1位。

2. 淡路島と経済特区（あわじ環境未来島）

（1）淡路島のプロファイル

淡路島は、北から、淡路市(面積184平米、人口4万6,700人)洲本市(182平米、人口4万6,800人)、南あわじ市(229平米、5万100人)からなる。3市がほぼ均等の5万人前後の都市である。農家一戸当たりの生産農業所得(2006年)は、淡路市50.5万円、洲本市55.1万円、南あわじ市152.3万円と南北で大きく異なる。1事業所当たり年間商品販売額(2014年)は、同7,050万円、9,317万円、7,639万円。人口一人当たり年間商品販売額(2012年)は同75.2万円、96.0万円、84.1万円。中心都市の洲本市は、早くから商業化が進んだので、周辺町村を合併して他の2市より、長がある。合計特殊出生率(2008-2012年)は、南あわじ市はコウノトリで有名な豊岡1.80、丹波1.66に次ぐ1.65で兵庫県下3位の高い値。洲本市1.54, 淡路市1.51は、県平均1.40を上回っている。

(2) 特区とは

2002年12月小泉政権下で、「構造改革特別区域法」（平成14年法律第189号）に基づく「構造改革特区」。既存の岩盤破壊まで至らず。2005年「地域再生法」（平成17年法律第24号）。2011年「総合特別区域法」（平成23年法律第81号）は「国際戦略総合特区」と「地域活性化総合特区」の2種類ある。前者は経済成長の核となる産業集積拠点を念頭に、法人税の減税処置がある。後者は地域資源の最大限活用を念頭に個人出資に係わる所得控除がある。「あわじ環境未来島特区」は後者である。

なお、2013年「国家戦略特別区域法」（平成25年法律第107号）が制定された。

(3)「あわじ環境未来島特区」

「あわじ環境未来島特区」とは

①「暮らしの持続」、②「エネルギーの持続」、③「農と食の持続」の3つの持続からなる。

(4) ①「暮らしの持続」

「暮らしの持続」とは誰もが安心して生涯現役で暮らし続けられる。国内外から人が集い、交流と活力が広がる。

(5) ②「エネルギーの持続」

「エネルギーの持続」とは地域資源を生かした再生可能エネルギーのベストミックス。豊かさと両立するエネルギー消費の節減・最適化。

(6) ③「農と食の持続」

「農と食の持続」とは農と食の志を持った人材が学び、育つ。安心と健康を支える食の生産・供給拠点。

(7) ②の現状と目標値

淡路島のエネルギー自給率の現状7%（2010年）。目標値20%（2020年）、35%（2030年）、100%（2050年）。特区目標値18%（2016年）。

(8) ①の現状と目標値

生活満足度、現状54%（2011年）。目標値60%（2020年）、70%（2030年）、

90%（2050 年）。

（9）③の現状と目標値

淡路島の食料自給率（生産ベース）の現状 333%（2009 年）。目標値 300%（2020年）、国目標値 70%。

（10）住民参加型太陽光発電事業スキーム

兵庫県が主体となって事業を行う。県が事業のための県民債を発行。淡路島の内外の県民が債権を購入。購入者は元利償還される。県は集まった資金を淡路島くにうみ協会に貸付し、返済を受ける。事業主体の同協会が、太陽光発電の施設建設、運用。協会が、発電された電力を関西電力に売却し、売電収入を得る。この仕組みは、再生エネルギーの先進地デンマークの「風力発電システム」を参考にしている。同国の風力エネルギーは地元住民の固有の財産として取られ、住民によって組織された風力発電協同組合が風力発電施設を保有している。

（11）淡路島の太陽光発電の現状

2013 年末現在、計画中を含めると、100 メガワット時の規模。1 メガワット時で、一般家庭 300 世帯分の年間消費電力に相当。3 万世帯分に相当で、淡路島5 万 3,000 世帯の過半をカバー。稼働済・一部稼働済は 11 事業体、19.7 メガワット時、計画中・工事中は 9 事業体、80.8 メガワット時もある。

（12）この事業は、PDCA サイクルの確認が必要。

P（Plan、計画）、D（Do、実行）、C（Check、評価）、A（Act、改善）。

（引用文献）
1. 畑正夫「特区制度を活用した地域再生」池田潔編著『地域マネージメント戦略』同友館、2014 年 10 月。
2. 『データで見る県勢 2015 年度版』矢野恒太記念会、2014 年 12 月。
3. 『都市データパック 2014 年度』東洋経済新報社、2014 年 7 月。

第7講　攻めの農業の青森県

1. 青森県の日本における位置づけ

(1) 歴史的位置づけ

　青森は一寒村にすぎなっかたが、1625年（寛永2年）弘前藩津軽氏が、この地に港を開いてから発展した。藩政時代は津軽・南部両藩の領地に分かれていた。明治4年の廃藩置県で、弘前藩として発足。間もなく青森県となる。明治22年市町村制施行時、弘前市1市と、8郡であった。後に青森と八戸が市となり、戦後の町村合併により黒石・五所川原・三沢・十和田・むつ、の5市が誕生。現在10市22町8村（2014.3.31）からなる。

(2) 経済的位置づけ

　一人当たり県民所得（2011年度）は全国41位の233.3万円で全国平均を下回っている（東京の5割弱）。農林・水産業の県内総生産（2011年）は1698億円で全国6位。有効求人倍率(2013年)は0.69(全国44位)。完全失業率(2013年)は、沖縄県に次ぐ順位である。2013年、青森5.0%、沖縄5.7%、全国平均4.0%、東京4.2%。事業所5人以上の賃金（2012年）は、東京の6割弱である。産業別有業者割合（2012年）は、1次産業13.2%（全国1位、2位高知12.0%,全国平均4.0%、最低東京・大阪0.4%）、2次産業20.9%、3次産業65.9%。就業構造基本調査（2012年）によると、青森県の有業者総数65.8万人の内、農業・林業・漁業従事者8.5万人。販売農家戸数（2010年）は、全戸43,314の内、主業農家16,264、準主業農家9,916、副業的農家17,134。また販売農家の農業従事者（2010年）123,707人、農業就業人口（2010年）80,483人（全国9位）。主な生産物（2013年）、にんにく（全国シェア66%）、りんご（同56%）、杏（同54%）、鯖缶詰（同45%）、しじみ（同44%）、山の芋（同37%）、ごぼう（同

33%）以上全国 1 位。

2. 青森県と「攻めの農林水産業」（青森県農林水産部）

（1）豊富な農林水産資源（食料自給率、生産物種類、他県への移出額）

　全国屈指の食料自給率（カロリーベース）全国平均は 40% 前後（1998～2012 年）。2012 年度、青森県は、118%（北海道 200%、秋田県 177%、山形県133%、に次いで全国 4 位、全国平均 39%、47 位は東京都で 1%）。海に面している県でもあるので、農業、水産、林業のバランスがとれている。2010 年度の青森県の農林水産業生産物の総算出額の内、米 12.4%、野菜 19.4%、果実 22.5%、畜産 24.7%、水産物 14.9%、木材 2.0%、その他の農産物 4.0%。2005 年度の産業関連表によると、農林水産移出額は、北海道 7,345 億円、千葉県 3,345 億円、茨城県 2,666 億円に次いで、青森県 2,377 億円で 4 位。

（2）恵まれた生産基盤（耕地面積、森林面積、土作り農家）

　耕地面積（2012 年）は、北海道 115.3 万 ha（田 22.4 万 ha+ 畑 92.9 万 ha）が頭抜けの 1 番、茨城県 17.38 万 ha（田 9.9 万 h、畑 7.4 万 ha）、新潟県 17.31 万 ha（田 15.3 万 ha、畑 1.9 万 ha）、次の 4 位が青森県 15.6 万 ha（田 8.3 万 ha、畑 7.3万 ha）。森林面積は全国 9 位の 63.3 万 ha。土作り農家の割合が年々増加している。青森県における販売農家に占める土作りファーマーの人数・割合は、2006年 16,948 人、36.8% から、07 年 39.6%、08 年 61.0%、09 年 83.3%、10 年86.4%、そして 2011 年 34,838 人、87.6% までになった（青森県県食の安全・安心推進課）。

（3）元気のある人材（大規模農家、農業就業平均年齢、女子起業家）

　販売農家は全体的にここ 20 数年減少しているが、大規模農家は漸進的であるが着実に増加している。農林業センサスによれば、1990 年販売農家 7 万5,906 戸、内専業農家数 11,155 戸、5ha 以上農家数 2,952 戸から、1995 年（同67,885 戸、10,444 戸、3,338 戸)、2000 年（ 同 59,996 戸、10,451 戸、3,814 戸)、2005 年（同 50,790 戸、11,787 戸、3,929 戸)、2010 年（同 43,314 戸、13,188 戸、4,202戸)。農業就業人口の平均年齢（2010 年世界農林業センサス）は、青森県 62.6 歳で、

全国との比較では北海道に次いで2番目に若く、東北では唯一65歳を下回っている（宮城65.2歳、山形65.2歳、秋田65.6歳、岩手66.3歳、福島66.8歳、全国65.8歳）。女子起業家の数と年間販売額は共に年々増加傾向。青森県の女子起業家と年間販売額は、2005年（263件、40億円）、2008年（347件、51.8億円）、2011年（357件、53.2億円）と確実に新たな担い手になりつつある。

(4) 農業産出額（農家数と産出額、米の減少と多品種生産）

10年前に比して、農業販売農家数が減少しているのに関わらず、農業産出額は3.9%増で、これは全国一位（「生産農業所得統計」）。2010年の農業産出額2,751億円は、10年前の2000年比、103.9%である（日本の47都道府県のうち43が減少で、増加県は四県（茨城県、沖縄県、長崎県と青森県に過ぎない）。一方販売農家数は同期、59,996戸から、43,314戸と、72.2%減少している。米のモノカルチャー的役割を減らし、多品種生産にリスク分散の傾向。先程の時期、米の生産は、63.4%に大きく減少する、一方野菜（105.9%）、果樹（130.2%）、畜産（130%）で、米の減少を補って、余りある。青森県の農業政策は、国の農政の失敗を補い、国の政策を先行している。

(5) 販売戦略

① 大手量販店と連携

2006年156億円から、2010年313億円に増加した。青森県は大手量販2グループ（イオン・グループ、セゾングループ）と直取引した。

② 県直販売（アンテナ・ショップ、県産品フェア、トップセールス、首都圏小売ホテル・レストラン）

1）アンテナ・ショップ

  イ. 東京（青森北彩館）、ロ. 大阪（ジェンゴ）、ハ. 福岡（みちのく夢プラザ）

2006年4.2億円（イ3.0、ロ0.3、ハ0.8）から、11年6.3億円（イ4.6、ロ0.4、ハ1.3）

2）県産品フェア（2006年145回、2011年318回）、トップ・セールス（同35回、34回）

3）首都圏小売・ホテル・レストラン（2006年0.5億円、2011年1.2億円）

③ 地産地消（県内各種施設売上高）

1) 県内大手食品スーパー（2006 年 129 億円、2011 年 282 億円）。

2) 産直施設（2006 年 74 億円、2011 年 110 億円）。

3) 学校給食における県産食材利用割合（2006 年 62.1%、2011 年 63.9%）。

（引用文献）

1. 岩田一哲・津島正春「行政による総合販売戦略の展開」二神恭一他編著『地方再生のための経営と会計』中央経済社、2014 年 4 月。
2. 『データで見る県勢 2015 年版』矢野恒太郎記念会、2014 年 12 月。
3. 『都市データパック 2014 年版』東洋経済新報社、2014 年 7 月。

第8講　石川県と川北町（企業）

1. 石川県の日本における位置づけ

(1) 歴史的位置づけ

　県域は上代（奈良時代）古志（越）国に相当し、7世紀頃同国は越前・越中・越後3国に別れていたが、越前国から、718年能登国、823年加賀国が分立。中世（鎌倉・室町時代）末期、加賀は守護職冨樫氏、能登は守護職畠山氏に支配されたが、冨樫氏は一向一揆に滅ぼされ、畠山氏は能登遠征の上杉謙信に滅ぼされた。一向一揆は1580年に織田信長に平定されるまで、約百年にわたって加賀を支配した。信長は能登に前田利家、北加賀に佐久間盛政を据えたが、盛政は豊臣秀吉に滅ぼされ、その所領は利家に与えられた。利家の子利長は関ヶ原の戦功により、南加賀を与えられ、加賀百万石を領有し、江戸時代最大の大名になった。前田藩は明治に至るまで、270年にわたって典型的な封建政治を行った。明治4年廃藩置県で、加賀は金沢県、能登は七尾県になったが、翌年金沢県は石川県と改称し、七尾県を合併。11市8町0村（2014.3.31）からなる。

(2) 経済的位置づけ

　1人当たり県民所得（2011年度）は274.4万円で全国平均を下回っている（東京の6割弱）。

　有効求人倍率（2013年）は1.12倍で全国平均（0.93倍）を常に上回っている。繊維工業（2012年）は全国4兆767億円の内、2,039億円製造品出荷額で全国5位である。石川県の製造品出荷額等割合で、生産用機械（22.8%）、電子部品（17.7%）、繊維（8.3%）、情報通信機械（5.7%）のシェアを占めている。都道府県の平均シェアは、生産用機械（5.4%）、電子部品（4.6%）、なので、これらの分野で全国平均を大きく上回り、繊維、情報通信機械も全国平均シェ

アは 4.5% 以下なので、石川県は、これら 4 分野の製造業に特化していると言ってよい。金属箔（2012 年）は、シェア 9 割で全国 1 位。傘高加工糸（2012 年）は、同 72% で全国 1 位。事務所・店舗用装備品（2012 年）は、同 22% で、全国 1 位。漆器製台所・食卓用品（2012 年）は、同 34.5%（福井県 39%）で、全国 2 位。陶磁器製置物（2012 年）は全国 56 億 5,900 万円のうち、石川県は 4 億 9,700 万円で 8.8% のシェアで全国 3 位。

2. 川北町と企業

（1）川北町のプロファイル

　川北町は、能見郡に属しており、石川県のほぼ中央の金沢市の南に位置しており、小さな川北町の周りは白山市と能見市に囲まれており、さらに金沢市、小松市、加賀市に覆われて、飲み込まれている感じである。「消滅可能性都市」の増田レポートで、2040 年の若年女性の人口増加率（10 年比）が、15.8% と全国 1 位で、有名になった町である。その大きな要因は、企業誘致による安定した財政基盤を支えに、全国に先駆けて子育て支援策や福祉政策を矢継ぎ早に打ち出した事が挙げられる。

　①若年女性人口変化率（2010-2040 年）は 15.8% 増で全国 1 位。

　②手厚い子育て支援。18 歳まで医療費無料。ゼロ歳児でも所得に無関係に月額 2 万円に留まる保育料。

　③立地メリット。日本海に面しておらず、塩害がなく、地震がなく、地下水が豊潤。米作が盛ん。

　④積極的な企業誘致。松下電器産業（現ジャパンディスプレイ）等の誘致で、固定資産税を財源に福祉予算に重点。

　⑤金沢市や小松市等のベッドタウン。

　⑥平成の大合併の波に乗らず、独自路線の町政策。職員は保育員を除く、50 名足らずで町行政を遂行。

　⑦福祉・教育に特化した町政策。

（引用文献）

1. 岩尾哲大「人口増加率最高」予測の背景に企業誘致の成功、時事通信社『全論点
    人口急減と自治体消滅』2015 年 2 月、292 頁。
2. 『データで見る県勢 2015 年版』矢野恒太記念会、2014 年 12 月。
3. 『都市データパック 2014 年版』東洋経済新報社、2014 年 7 月。
4. 増田寛也編著『地方消滅』中央公論新社、2014 年 8 月、129-130 頁。
5. 樋田敦子「手厚い子育てで、若い夫婦がやってきた！」『中央公論』2014 年 7 月号。

第9講　秋田県と大潟村（農業）

1．秋田県の日本における位置づけ

（1）歴史的位置づけ

　県域に大和朝庭の勢力が及んだのは、658年阿部比羅夫があぎた・ぬしろ2郡の蝦夷征伐に始まるとされる。733年高清水の丘に出羽柵（後の秋田城）が築かれ、国府が置かれた。12世紀、鎌倉幕府の支配下に入り、中央部に橘氏（後に安東秋田氏）、南部に小野寺氏・戸沢氏、北東部に浅利氏が割拠した。関ヶ原後、佐竹義宣が家康から秋田3郡、仙北3郡を与えられ、城下町久保田（秋田市）を作り、鹿角地方は南部氏、由利地方は岩城氏・六郷氏・生駒氏の所領となり明治以降、これらが統合され、秋田県が成立した。現在13市9町3村（2014.3.31）からなる。

（2）経済的位置づけ

　1人当たり県民所得（2011年度）は231.9万円の全国43位である（平均291.5万円、東京の53%）。有効求人倍率（2013年）、0.72（全国42位）は、平均0.93を下回っている。住宅統計では全国屈指である。持ち家住宅率は、78.2%で2位（1位富山79.5%）。一戸建て率は81.0でトップ（2位山形79.8%、3位富山79.7%）。1専用住宅当たりの居住室数5.89で2位（1位福井6.08）。同延面積135.67平米で4位（1位富山147.77、2位福井141.48、3位山形138.00）。主な生産物（2012年）は、プリズム全国シェア50%、普通合板17%で全国1位。漆器製家具18%（2位）、集成材11%（3位）。

2．大潟村と農業（米作）

（1）大潟村のプロファイル

　大潟村は、秋田県の南秋田郡に属している（他に3町）。終戦直後、日本

は食糧難・人口夥多に苦悩していた。その食糧難を解消するため、大潟村は1950年代、琵琶湖に次ぐ大きな湖であった八郎潟を干拓し、国策によって人工的に作られた新しい自治体である。

秋田市県下（2014.1.1）で、年齢構成（0～14、15～64、65～）を分析すると、0～14歳の構成比が最も高い市町村は大潟村14.1%（次秋田市11.9%, 潟上市11.6%）で1位。65歳以上の比率のもっとも低い市町村は秋田市26.2%、次大潟村の28.5%、潟上市28.0%。

(1) 農業の産業化に成功した。大規模生産性で、高い収益率。農家1戸当たり農地は、全国平均の11倍。日本農政の数少ない成功例。減反政策の押し付けに苦悩した時期もあった。先の人口の年齢構成比から、わかるように、後継者問題とは無縁。

(2) 秋田県で唯一「消滅可能性都市」から免れている。増田寛也レポートで、男鹿市−74.6%に始まり、鹿角市−54.3%までに秋田県の全市町村が、大潟村+15.2%（全国2位、1位石川県川北町15.8%）を除き「消滅可能性都市」に入っている。2010-2040年、若年女性（20-39歳）人口の減少率が5割を超過する都市が「消滅可能性都市」である。

(3) 八郎潟干拓事業:1964年から開始された。67年には全国から選抜された農家が入植し大規模経営による米作りがスタートした。コメ余りにより、その3年後には減反政策が導入された。村内で減反実施をめぐり農家同士が対立、国との間で訴訟も起きるなど混乱した。それでも耕地放棄地は一切出さず、米作り中心にこだわり続けた。米価の下落が続いている。

(4) 高い合計特殊出生率（2008-2012年）:大潟村の出生率は2.2で、秋田県の他市に比べて高い数値。県平均1.36、鹿角市1.58、由利本荘1.51、横手1.50、仙北1.49、にかほ1.49、北秋田1.48、大館1.47、湯沢1.44、能代1.40、大仙1.39、秋田1.25、男鹿1.12。

(5) 村民1人当たり所得（2013年）は県下1位で、県平均の1.5倍:2012年度の大潟村の農業産出額は122億8,000万円。村民は3,288人。村民1人当たり農業産出額362.4万円。同年秋田県の農業産出額は1,877億円。

県民数は 105 万 244 人。県民 1 人当たり農業産出額は 17.8 万円。

(6) 村民 1 人当たり市町村税額は 9 万円弱で、秋田市の 6 万円弱を上回る。2012 年度の地方税総額（自治省市町村別決算状況調）は、秋田県 905 億 1,200 万円、秋田市 427 億 2,600 万円、大潟村 7 億 4,900 万円。同年同人口（住民基本台帳）、秋田県 108 万 6,018 人、秋田市 32 万 904 人、大潟村 3,251 人。したがって、1 人当たり地方税額は、秋田県 3.93 万円、秋田市 13.31 万円、大潟村 23.03 万円。

(7) 農家 1 戸当たりの平均農地面積は 17ha：2010 年の秋田県の販売農家数 47,298、同耕地面積（2013 年）14 万 9,700ha。秋田県の農家 1 戸当たり耕地面積は 3.16ha。県平均の 5 倍以上。

(8) コンパクト・ヴィレッジ（高橋浩人大潟村村長）：村の中心に住居を集中させて、生活関連施設の効率化を図る。

（引用文献）

1. 増田寛也他編著『地方消滅』中央公論新社、2014 年 8 月、133-134 頁。
2. 高橋浩人「広大な田んぼが女性を魅了消滅回避へ」時事通信社編『全論点人口減少と自治体消滅』2015 年 2 月、230-231 頁。
3. 『データでみる県勢 2015 年度』矢野恒太記念会、2014 年 12 月。
4. 『都市データパック 2014 年度』東洋経済新報社、2014 年 7 月。

第10講　長野県と川上村（レタス）

1．長野県の日本における位置づけ

（1）歴史的位置づけ

　7世紀末、本県域の内木曾谷を除いた地域を信濃国と定めた。平安（794-1185年）中期以降源氏系の武士が各地に勢力を張り、中世（鎌倉・室町時代）には北条・小笠原氏らが守護となったが、南北朝時代（1336-1392年）以降合戦が絶えず、やがて戦国（1467-1573年）末期に武田氏が信濃を平定。江戸時代には小藩分立、天領も介在して複雑を極め、また、この間木曾谷の信濃国への所属が確定。一方扇状地・火山裾野の新田開発が進められた。1871年廃藩置県で、東・北信が長野県、中・南信と飛騨国が筑摩県となったが、76年飛騨を除く筑摩県全域を長野県に合併。信濃一国からなる現県域が成立した。19市23町35村（2014.3.31）からなる。

（2）経済的位置づけ

　一人当たり県民所得（2011年度）は273.0万円（22位）で全国平均（291.5万円）を下回っている（東京の62.4%）。有効求人倍率は年々下がって来ている。1990年2.40（全国平均1.40）、1995年1.17（0.63）、2000年1.04（0.59）、2010年0.57（0.52）、2012年0.81（0.80）、2013年0.87（0.93）。2010年を境に、県内で就職先を見つけることが困難になりつつある。県域が広く、公共交通機関が不便なため、自家用車の所有率が高い。1,000世帯当たりの自動車所有者は、2,083台で全国2位（1位山形2,118台）。ピアノは同327台で5位（全国1位群馬354台、以下奈良353台、栃木346台、岡山336台）。長寿大国（2010年）平均寿命、男子80.88歳、女子87.18共に全国1位。主な生産物（2012年）、寒天全国シェア76%、顕微鏡・拡大鏡52%、味噌44%、圧力計37%、水晶振

動子 36%、エリンギ 37%、レタス 35%、松茸 31% 以上、全国 1 位。

2. 川上村のプロファイル

　川上村は長野県南佐久郡に属している（他に 2 町 3 村）。村としては、比較的大きな面積（209.6 平米）で、人口（2014.1.1）は 4,196 人、1,338 世帯である。外国人（14.1.1）は村にしては比較的多い 783 人。

(1) 年収 2,500 万円の村。レタス栽培に特化し、高収入。

(2) （夏場の）高原野菜に絶好の生産基盤。標高 1,000 メートル以上の高地、長期にわたり雪に閉ざされ、低温が米作に不適。

(3) 日本人の食事の洋風化により、レタスを食用にする機会が多くなった。終戦直後の朝鮮動乱（1950.6.25-53.7.27）時に、米軍からの特需が契機。

(4) 農地の大規模化。一戸当たりの耕地面積は 3ha を超過。同様に 3,000 万円以上の売上高が可能。

(5) 農家における若い年齢層が比較的厚い。30 代が 10%（全国平均 3%）、40 代 20%（同 6%）。

(6) 村の公共サービスが充実。診療所、看護ステーション、図書館が 24 時間態勢。保育園、村営の針灸施術所が充実。バスやケイブルテレビが村営。

（引用文献）

1. 藤原忠彦「年収 2500 万円の村」はアイデアで勝負」時事通信社編『全論点人口急減と自治体消滅』時事通信社、2015 年 2 月、238-239 頁。
2. 『データで見る県勢 2015 年版』矢野恒太郎記念会、2014 年 12 月。
3. 『都市データパック 2014 年版』東洋経済新報社、2014 年 7 月。

第11講　沖縄県と甘味資源産業

1．沖縄県の日本における位置づけ

(1) 歴史的位置づけ

　沖縄諸島が属する南西諸島は、古く南島と呼ばれ、久米島（沖縄島の西）や石垣島（日本最西端の先島諸島の八重山列島の中心島）の人々が8世紀頃、大和朝庭に来朝したことが、『日本書紀』に記されている。沖縄本島では12世紀頃、按司という権力者が各地に出て部落社会を支配したが、その中の有力者により14世紀には、中山・南山・北山の小国家を形成した。三山は明（1368-1644年）に進貢し、中山王、南山王、北山王の称号を授けられた。中国との交流により、中国文化が流入し、沖縄の社会は急激に発展。15世紀初め、沖縄本島南部に佐敷按司、尚巴志が起こり、三山を攻略して首里に統一政権を樹立（第一尚氏）。この王朝は7代48年続いた。この時代には京都から高僧が渡来し、王の帰依を得て仏教を盛んにした。1470年の政変で、尚円が王となり（第二尚氏）、尚円王朝は以後廃藩置県まで19代409年間、琉球王国に君臨した。尚円の子尚真は、中央集権を確立し、北は奄美大島（現在鹿児島県所属）から南は八重山に至る諸島を統括して、王国の基礎を固めて、尚巴志以来琉球は中国、日本、朝鮮、シャム、ジャワ、その他の南方諸島と広く中継貿易を行ってきたが、尚真王は、各国との貿易や文物の輸入に努め、文化を発展させた。1606年に琉球は薩摩の島津氏に侵略され、その属領となった。薩摩藩は、表面上は琉球王国を存続させ、その進貢貿易の利益を独占した。そのほか、米や特産物の貢納をも命じ、琉球はその搾取に喘いだ。しかし、日本本土との交流で文化や産業は一段と発達した。1872年琉球藩、79年日本の一県（沖縄県）となった。明治政府は、はじめ沖縄を植民地的に取り扱ったが、次第にその態度を改め、明治末期には参政権も与えられた。第2次大戦では、

日米両軍の決戦地となり、すべてが破壊され、米軍の占領下に入った。講和後も対日平和条約に基づき米国の施政下に置かれて、沖縄の政治責任者は、米大統領に直接任命された高等弁務官で、その政治は大統領行政命令に準拠して行われた。高等弁務官は軍人で、沖縄駐留軍の司令官も兼ねていた。米国はアジア最大と言われる強大な軍事基地を構築し、東亜細亜政策の要石となった。1972 年 5 月 15 日に日本に復帰した。11 市 11 町 9 村（2014.3.31）からなる。

（2）　経済的位置づけ

1 人当たり県民所得（2011 年度）は 201.8 万円（日本 47 位）で、東京の 46% である。有効求人倍率（2013 年）は 0.53 倍（47 位）、平均 0.93 倍（東京 1.33 倍）。完全失業率（2013 年）は 5.7%（47 位）、平均 4.0%（東京 4.2%）。製造品出荷額割合では、石油・石炭製品 39.7%（全国平均 5.9%）、食品 21.3%（同 8.4%）。精米 5kg（2013 年）で、全国最高価格 2,703 円（2 位東京 2,567 円）。食パン 1kg（2013 年）で、520 円で全国最高価格（2 位島根・和歌山 478 円）。国産牛肉ロース 100g（2013 年）で、1,108 円で全国最高価格（2 位和歌山 1,044 円）。人口動態（2013 年）で、出生率（人口 1,000 人当たり）12.2 で全国トップ（2 位滋賀 9.3、3 位愛知 9.2、4 位福岡 9.1）、死亡率 7.8 で、全国最小値（2 位神奈川 8.1、埼玉 8.4、東京 8.5、愛知 8.6）。したがって自然増減率は 4.4 で、全国最高値（2 位愛知 0.6、3 位神奈川 0.2、4 位東京 -0.0、5 位埼玉 -0.4）。

就業構造基本調査（2012 年）によれば、第三次産業の割合は、78.6% で、全国 2 位（1 位東京 81.5%）。観光業や基地労働者が他県に比べて多い。主な生産物（2011 年）は、パインナップル全国シェア 99.7%、養殖海蘊 99%、サトウキビ 57%、バナナ 52%、マンゴー 48%、ゴーヤー 32%、粗糖 50%、以上全国 1 位。

2.　沖縄県と甘味資源産業（兪炳強）

（1）甘味資源とは

砂糖資源としては北海道の甘菜（砂糖大根）糖と並んで、沖縄県のサトウキビはマイナーだが、観光事業が成立。しかし、赤土等流出問題と環境問題との

両立問題が課題。

(2) 甘味資源と地域経済

沖縄県は第三次産業と観光業に大きく依存し、製造業が脆弱。

(3) 製造業と食品製造業

製造業における食品業の事業所数割合は3割、従業員数は4割、出荷額2割を占めている。砂糖製造業の出荷額は1割を占め沖縄において重要な産業である。

(4) 甘味資源生産と地域産業

1995年の産業連関表によると、甘味資源産業への生産波及効果は4.3倍。沖縄県における甘味資源生産と地域産業との関係を見てみよう。①農業、②製造業、③商業、④運輸業との関係を見る。甘味資源の生産で、①農家の雇用、所得、副産物の利用、園芸作物との輪作。次に②製糖工場の雇用、燃料利用（バガス）、特産物の原料供給。③生産財の需要（肥料、農薬、機械等）。④で、原料の運搬、粗糖の運搬。運輸サービスに携わる人の雇用やトラック等の車の需要。

(5) 1985年をピークに逓減傾向のサトウキビ生産

沖縄県の農業生産において、サトウキビは極めて枢要な地位を占めている。1972年の本土復帰以降、日本の農業保護政策によるサトウキビの生産者価格の引き上げ等で順調に生産を伸ばし農家収入も増加した。しかしながら、1985年頃から甘味資源産業は転換期を迎えた。農家数は1975年3万5,298戸から1985年3万7,772戸をピークに減少傾向に、2005年以降1万7,000戸台で横這い傾向。サトウキビの作付面積も1975年2万5,200ha（全農地の63.8%のシェア）から1985年3万2,100ha（同65.5%）をピークに2005年1万9,700ha（同55.6%）前後で横這い傾向。サトウキビの農業産出額は1975年2億円（全農家収入6億4,800万円の31.6%のシェア）から1985年3億7,000万円（同11億6,000万円の32.2%）をピークに減少、2007年1億8,000万円（同9億3,000万円の19.5%）前後で定着傾向。

(6) 赤土問題

南西諸島に広く分布する赤黄色の国頭マージン土壌は、粘土質で透水性が悪

く、傾斜地に分布しているため、大雨の直撃を受けると土壌流失を起こしやすい。沖縄では、甘味資源作物（サトウキビ）は、春植、夏植および株出の３つの作型があり、土地利用作物の大宗をなしており、沖縄農業全体に欠かせない地力維持作物として位置づけられる。しかし、降雨量の多い５〜６月においては、夏植サトウキビの畑は裸地状態で赤土等の流出が最も起こりやすい。現在、沖縄における夏植サトウキビ収穫面積は全体の５割近くを占めている。1995 年 10 月に「沖縄県赤土等流出防止条例」が施行されて以降、公共事業等の大規模な開発事業による赤土の流出は大幅に減少した。しかし、農地からの赤土流出は現在も続いており、その防止対策が喫緊の課題となっている。

（引用文献）

1. 兪炳強「沖縄における甘味資源と環境保全型農業」松本源太郎他編著『地方は復活する』日本経済評論社、2011 年 11 月。
2. 『データで見る県勢 2015 年版 第 24 版』矢野恒太記念会、2014 年 12 月。
3. 『都市データパック 2014 年版』東洋経済新報社、2014 年 7 月。

第12講　高知県と大豊町の林業

1.　高知県の日本における位置づけ

(1)　歴史的位置づけ

　大化の改新（645年）の時波多国を併合して土佐国となり、現在の南国市に国府が置かれた。8世紀に流刑地に指定され、今に多くの流人の哀歌をとどめている。930年紀貫之が土佐守として来任、流刑地土佐は『土佐日記』によって初めて中央に紹介された。室町時代（1392-1573年）、土佐は細川氏の一族が支配したが、応仁の乱（1467-77年）以降、長曽我部・山田・吉良氏らの豪族が擡頭、1575年長曽我部元親が土佐国を統一した。関ヶ原の戦い（1600年）以降長曾我部氏の領地は没収され、代わって遠州掛川から山内一豊が入城、土佐20万石（後に24万石）を領有し、以来、山内氏の治下にあって、明治維新に至った。幕末には多くの尊皇の志士を生んで大政奉還（1867年）の大きな原動力となり、また、板垣退助の自由民権運動の発祥の地の一つともなった。1871年廃藩置県で高知県となり、1876年徳島県と合併して名東県となり、1880年に分離、現県域が確定した。11市17町6村（2014.3.31）からなる。

(2)　経済的位置づけ

　1人当たり県民所得（2011年度）は219.9万円（46位）で、全国平均（291.5万円）を大幅に下回っている（東京の50.3%）。有効求人倍率（2013年）は0.72倍（42位）で、全国平均（0.93倍）を下回っている（東京は1.33倍）。日本全国の林野面積は国有林721.8万haと民有林1,762.7万haの合計の2,484.5万haである（2010年2月1日）。高知県のそれは、国有林12.4万haと民有林47.0万haの合計の59.4万haである。林野率は83.7%で全国トップ（2位岐阜79.3%、3位島根78.4%、4位山梨78.2%、5位奈良76.9%）。林野率は総面積に占める林野面積。

木炭生産（2012年）は全国11,618トンの内高知県は1,034.6トンで4位（1位岩手3,465.7トン、2位北海道1,927.4トン、3位和歌山1,231.1トン）。マグロ類（2012年）は全国208,838トンの内、2位高知21,542トン（1位静岡35,312トン、3位宮崎21,436トン、4位鹿児島20,659トン、5位宮城19,083トン）。かつお類（2012年）は、316,417トンの内、高知県は4位25,794トン（1位静岡91,425トン、2位東京33,626トン、3位三重31,110トン、5位宮城21,597トン）。海面養殖の真鯛は全国56,653トンのうち、高知県は3位5,763トン（1位愛媛30,573トン、2位熊本8,154トン）。主な生産物（2011年）は、ブンタン全国シェア92%、ゆず同49%、しょうが同40%、ニラ24%、なす同11%以上、全国1位。おくら（2012年）は同16%で2位。ピーマン（2013年）は同9%で3位。

2. 大豊町と林業

（1）大豊町のプロファイル（森林率全国1位、高齢化率54%の限界自治体）

大豊町は、高知県長岡郡に属する（他に本山町も属する）。大豊町（面積314.94平方米、人口4,489人（2014.1.1））は、高知県北東部で、北は愛媛県に接しており、徳島県の名所大歩危・小歩危にほど近い。愛媛県境は、急峻な四国山地の山岳地帯が横たわっている。森林率全国第1位の高知を代表するようなこの山村は、高度成長を背景とした都市部への人口流出や一次産業の衰退により、高齢化・過疎化が進展。

（2）高齢化

高知県内の各市町村別の65歳以上の割合を見てみる（2014.1.1）。都市部で、最高値は室戸市・土佐清水市の41.4%。県庁所在地の高知市は25.8%。町村部では、最高値は大豊町の54.3%。次が仁淀川町51.1%、大川村44.7%等が続く。

（3）過疎化

過疎地域の統計データ（2010.10.1）によれば、過疎地域の人口順位（各県の総人口に占める割合）は、高知県は8位28.5%（1位秋田64.6%、2位島根48.9%、3位大分40.9%、4位鹿児島38.1%、5位岩手37.5%、6位山形31.3%、7位北海道31.2%）。また、過疎地域の面積比率（各県の総面積に占める割合）は、5位である（1

位秋田 89.8%、2 位大分 87.5%、3 位島根 85.4%、4 位北海道 83.4%）。

(4) 限界自治体

大豊町は高齢化率 54% の「限界自治体」である。限界自治体とは、大野晃（社会学者）によれば、「65 歳以上の人が人口の半数を超え、社会生活の維持が困難になっている集落」を指す。

(5) 林業による雇用の創出（岩崎憲郎大豊町町長）

2012 年 1 月町内に岡山県に本社を置く集成材メーカーが中心になり、第三セクター方式の製材会社を設立。2013 年夏に同社の大型製材工場が操業開始。首都圏等に販路開拓し、地元従業員 50 人超雇用。

(6) 持続可能な林業と環境保全

木を切ったあと、植林する。そうして、サイクルができれば、持続可能。環境も保全する配慮も必要。環境機能の高い山で、都市に水や空気を安定供給。

(7) 木バイオマス発電

建築資材に使えない低資材を有効活用するため、木材チップ工場設立。木をエネルギー資源として活用。木バイオマス発電に将来展望。

(8)「地方中核拠点構想」（総務省）

大豊町町長はこの構想に懐疑的。選択と集中は、過疎地の人々の心を蔑ろにする。「人口が減っても、問題は住民の暮らし方がどうなるかだ。（中略）とにかくここでしっかり生きる、生活の営みを守ることだ。」

（引用文献）
1. 岩崎憲郎「森林資源を活用して町の衰退に歯止め」『全論点人口急増と自治体消滅』時事通信社、2015 年 2 月。
2. 『データで見る県勢 2015 年版 第 24 版』矢野恒太記念会、2014 年 12 月。
3. 『都市データパック 2014 年版』東洋経済新報社、2014 年 7 月。

第13講　鳥取県と日吉津村の王子製紙とイオン

1．鳥取県の日本における位置づけ

（1）歴史的位置づけ

　旧因幡・伯耆両国が本県域。古代出雲文化圏に属し、4,000を超える古墳や、神話伝承のほか、奈良時代の条里遺構・古廃寺跡も広く残っており、当時における先進地域であったことが知られる。平安時代には多くの荘園ができ、また、天台・真言宗等の仏教の隆盛と共に、三仏寺、大山寺等が栄え、僧兵を蓄えた勢力を誇った。中世、守護の佐々木・名和・山名氏らの支配を経て、戦国時代には毛利・尼子両氏の争奪の地となり、やがて、大山寺を味方にした毛利氏の支配下に入った。豊臣秀吉の中国征伐後、各地に諸将が封ぜられたが、江戸時代初期、姫路より池田光政が鳥取に移り、因幡・伯耆両国を支配、さらに光政の岡山転出後は、従弟の池田光仲が入って、鳥取池田藩の祖となった。藩政時代を通じ、砂鉄採取・水田開発・綿・木綿の生産等、多方面にわたる産業開発が行われた。1871年廃藩置県で鳥取県が誕生、間もなく島根県に編入されたが、81年に再び鳥取県となり、因幡・伯耆を併せた現境域が決定。4市14町1村（2014.3.31）からなる。

（2）経済的位置づけ

　1人当たり県民所得（2011年度）は223.2万円（44位）で全国平均（291.5万円）を下回っている（東京の51.0%）。有効求人倍率（2013年）は0.85倍で全国平均（0.93）を下回っている（東京は1.33倍）。経済指標は全国水準を下回ることが多いが、生活指標は全国平均を大きく上回ることが多い。つまり、住みやすいことを意味している。百世帯当たりの乗用車保有台数（2013年）は、144.8台で、全国平均107.3台（東京46.8台）を上回っている。持ち家住宅率（2013.10.1）は69.8%（全国平均61.9%, 東京46.2%）,1戸建率（同）は

72.3%（同54.9%、27.8%）、木造率（同）は53.1%（同25.5%、8.3%）。1専用住宅当たりの居住室数（同）は5.81室（同4.58室、3.38室）、延面積（同）は123.98平米（全国9位）（同93.55平米、66.76平米）。ごみのリサイクル率（2012年）は、26.0%（全国4位、1位三重30.7%、2位山口28.1%,3位岡山26.7%、全国平均20.4%）。都道府県の製造業出荷額等割合（2012年）は、電子部品24.4%（全国4.6%）、食料品18.0%（同8.4%）、パルプ・紙11.7%（同4.5%未満）、電気機械10.7%（同5.2%）、金属製品5.3%（同4.5%未満）。電子部品、金属製品に特化していると言える。主な生産物（2012年）は、らっきょう全国シェア25%（2位）、ミネラルウォーター同10%（3位）、日本なし同8%（3位）、蟹類同13%（4位）。

2. 日吉津村と企業

(1) 日吉津村のプロファイル

鳥取県日吉津村は、西伯郡に属する（他に3町（大山町、南部町、伯耆町））。日吉津村は面積4.16平方キロメートル（2013.10.1）、人口3,460人（2014.1.1）の小さな小さな町です。北を日本海に接し、周りを米子市にぐるりと囲まれている。しかしながら、小粒でぴりりと辛い。王子製紙と山陰最大の規模のイオン等のショピング・パークがある。これらにより、財政的基盤が堅固なものを築いている。

(2) 住民1人当たりの税額は県下トップ。

日吉津村の住民1人当たりの市町村税額は、2012年度6万4,478円で、鳥取県県下で1位、2位は米子市の5万5,944円。

(3) 県下で数少ない人口増加市町村。

住民基本台帳（2009、2014）によると、県平均2.5%減、市部門では、米子市0.2%増、鳥取市2.0%減、倉吉市3.2%減、境港市2.6%減。町村部門では、日吉津村だけがプラス5.0%。他は最大の若桜町12.9%減から最小南部町4.4%減の間に分布している。

(4) 若年女子人口変化率で全国で7位。

増田寛也レポートの「地方消滅」によれば、若年女性人口変化率(2010-2014年)

は 6.8% 増（1 位石川県川北町 15.8%、2 位秋田県大潟村 15.2%、3 位神奈川県横浜市都筑区 13.4%、4 位福岡県粕屋町 11.3%、5 位宮城県富谷町 8.3%、6 位富山県舟橋村 7.5%）で、全国 7 位。

（5）全国屈指の財政優良市町村

日吉津村の財政力指数（2012 年度）は 0.80。財政力指数とは、基準財政収入額を基準財政需要額で除したもの（3 ヵ年の平均値）。一般的には、需要に対して収入が大きい自治体（財政力指数が大きい自治体）が、財政的には余裕がある。地方交付税は、財政力指数が 1 を超える団体には交付されず、1 を下回る団体に基準にしたがって交付される。鳥取県 0.244、都市部門鳥取市 0.51、米子市 0.65、倉吉市 0.42、境港市 0.49、町村部門最大琴浦町 0.34 から最小若桜町・日南町 0.13 に分布している。日吉津村の 0.85 が断トツ優良団体であることがわかる。2004 年度日吉津村は地方交付税の不交付団体であった。実質公債比率（2012 年度）は 9.3%、あるいは、1 人当たり地方債残高（2012 年）は 49 万 3,542 円も県下の他市町村と比べて、最も低い数字である。

（6）大企業が立地しているため、安定した財政基盤が確立。

製紙業界最大手の王子製紙、イオンの巨大商業施設。

（引用文献）

1. 増田寛也編『地方消滅』中央公論新社、2014 年 8 月。
2. 『データで見る県勢 2015 年版 第 24 版』矢野恒太記念会、2014 年 12 月。
3. 『都市データパック 2014 年版』東洋経済新報社、2014 年 7 月。

第2部　日本経済論

第1講　近代化以前の日本経済

　第1講では日本の近代化について検討する。まず近代への準備段階としての近世日本＝江戸時代（17世紀初頭から19世紀半ば）を、次に体制転換の軸としての明治維新を展望する。そして第2講では第1講を受けて、明治時代前期における近代化の意味と近代化実現の具体例を検討し、第3講ではいよいよ本格的に近代社会に突入した日本の世界史の枠組みにおける位置付けを試みる。

1. 近代以前の日本―江戸時代

　17世紀初め、織豊政権を引き継いだ徳川家が一応の国家統一を達成し、江戸幕府を開設した。ここに約270年にわたる長い江戸時代が始まり、戦乱のない安定的な政権のもとで市民社会が成熟していった。武家政権による支配として成立していた江戸時代の特徴を整理すると次のようになる。

　1）封建主義統治：江戸幕府は統治の手段として中央集権と地方分権を使い分けた封建主義の方法を採用した。すなわち藩主の任命権は幕府が所有し、各地域（藩）の統治は藩主にまかせるというものであった。この統治法では、それぞれの藩で独自の教育システムをとることが可能であり、結果として日本各地で優れた人材を輩出することとなった。しかし、分権化が進みすぎたことが原因で、たとえばある藩で飢饉があったとしても隣の藩が援助を差し向けることができない、など中央集権的な政策がとれなかったという欠点もあった。

　2）産業の発達：戦国時代の混乱からようやく脱却し、安定政権を迎えるとともに産業も安定した生産をあげるようになっていった。肥料の改良や農耕器具の普及、新田開発により、米や麦などの農業生産が増加し、木工製品や金物の製造、綿製品・絹製品などの織物業も発達した。また幕府や諸藩が積極的

第 1 講　近代化以前の日本経済　*51*

に鉱山の開発を行い、佐渡金山や生野・石見銀山、足尾銅山や釜石鉱山などで採掘が行われた。〔17世紀オランダの興隆を支えたのがほかならぬ日本であった。海洋アジアの貿易決裁手段である金銀銅の断突の供給源が日本だった。当時の日本の金銀銅の産出高は世界でトップクラスであった（川勝平太「世界覇権と日本」日本経済新聞社編『歴史から読む現代経済』18頁）〕

　3) 商業の発達：農業や鉱工業など産業の発達に伴い商業も発展し、貨幣の流通も活性化した。18世紀初頭、大阪で世界初の米の先物取引市場が機能した。商人階級が力を持ち、商業都市が発展した。

　4) 交通網の整備：参勤交代のシステムを実行するための江戸五街道を中心に、全国各地の道路網が整備された。また海運も盛んで、17世紀後半には商品集積地大阪や消費地江戸に年貢米を回送するために東廻り航路や西廻り航路が開通していた。交通網の発達は、商品や人的交流ばかりでなく、為替による金融の流通においても重要な意味を持っていた。

　5) 教育システムの充実：商売に必要な読み書き・そろばん等を教える寺子屋教育が普及し、庶民の計数能力も飛躍的に高まっていった。寺子屋は明治維新の頃までに全国で1万を超えて普及していた。藩士の養成を目的とする藩校も200を越えていたとされ、一般庶民に門戸が開放されている場合も少なくなかった。

　6) 循環型環境システムの完成：民家から排出される屎尿を回収し、畑に肥料として散布し、農作物を収穫する循環型環境システムが完成していた。因みに当時ベルサイユ宮殿にはトイレがなかった。

　これらは江戸時代が育んだ「大いなる遺産」(高い教育水準、商業・金融の発達、交通網の整備、産業の発展等) であり、このなかのいくつかは明治時代以後の近代化を促進するための重要な要因となった。

2.　明治維新の背景

　江戸幕府は徳川家に忠誠を尽くす武家階級を中心とした封建的体制であったが、戦乱もなく長期的安定社会となると、商人階級が貨幣経済の隆盛とともに

力を持つようになった。武士階級に失業者が生じ、士農工商という階級制度も形骸化していった。江戸幕府は貨幣経済を十分にコントロールする能力を有せず、様々な社会的混乱を引き起こした。武士階級の弱体化、商人階級の隆盛という社会構造の変化により、商業社会が成熟していった。非生産的な武士を抱えている幕府や藩は苦しい財政状況にあり、民間部門である大商人が幕府や藩に資金を貸し付け富を得た。このような社会背景のもと、明治維新への準備が醸成されていったが、この状況を整理してみると次のようになる。

1）儒教教育の発展：江戸幕府は統治原理として忠誠心を重んじる儒教を重視し、全国の各藩の藩校でも儒教教育が発展した。江戸時代の庶民は、小説や歌舞伎（たとえば『南総里見八犬伝』『忠臣蔵』）などを通して日常生活のなかでごく自然に忠信を説く儒教の原理を理解することができた。儒教教育の隆盛に伴い、儒者や、儒教の影響を受けた国学者によって尊皇思想（天皇および天皇制を敬う思想）が醸成されていった。

2）財政政策の限界：ほとんど国内産業にのみ依存して成立していた江戸幕府の財政は、たとえば農産物の生産高が減少すると、忽ちそれに影響を受けてしまうという脆弱な経済体制でもあった。江戸時代は農産物などの生産が増大し貨幣の流通量も増え貨幣経済を実現することができたが、その貨幣をコントロールする能力を江戸幕府は持ちえなかった。その最大の被害者は、下級武士であった。

3. 明治維新のプロセス

明治維新は、海外からの圧力に屈し止むを得なく開国を標榜した江戸幕府軍と尊皇懐夷（天皇を敬い、外国の敵と対決する）を標榜した京都の公家および地方の失業武士を中心とする薩長連合軍との対立であり、薩長連合軍がクーデターに成功した。1868年勝海舟や西郷隆盛らの尽力により江戸幕府は被害を最小に止めたまま政権を薩長連合軍に移譲した。薩長連合軍がかかげた攘夷論は明治維新後現実に即して撤回された。明治新政府は尊皇思想を中心に据え、経済については攘夷論を取り消し（或いは保留し）、開国政策への政策転換を

はかった。明治政府は、江戸時代末期から明治初期にかけて欧米から摂取した学問や文化・技術によって、近代化を実現しようとした。また民衆を精神的に統治するために、天皇制を中心に据えた国家神道による民衆把握を目指し、たとえば散切り頭にした明治天皇の御影（写真）を公表するなどしてライフスタイルの西洋化と尊皇思想を同時に民衆に普及させようとした。

4. 明治維新期の近代化

　明治維新以前、江戸幕府は開国政策に踏み切り、フランスと通商を結ぼうとした。また各藩でも独自に近代化を進めようとする動きは存在した。近代的工業の育成を試みていた薩摩藩などにその兆候を確認できる。しかし明確に政策として国家レベルで近代化を進めようとする動きは明治政府に求められなければならない。明治政府は文明開化により積極的に西洋文明を摂取し、電信・電話・郵便・鉄道・馬車などを政府自身や政府と密接に結びついた民間企業などによって導入していった。こうしてようやく明治時代になって近代化が政府主導により始まったが、では近代化とは何を意味し、どういう状態を示すのか？次講でそれを確認することにしたい。

（引用文献）

1.　浅羽良昌他編『世界経済の興亡 2000 年』東洋経済新報社、1999 年。
2.　南亮進『日本の経済発展（第 3 版）』東洋経済新報社、2002 年。
3.　ウォーラーステイン、田中治男他訳『世界経済の政治学』同文舘、1991 年。
　　(Imanuel Wallerstein,*The Politics of the World-Economy the State, the Movement, and Civilizations*, NewYork: Cambridge University Press, 1984.)

第2講　近代化の意味と日本

　第1講では日本の前近代における近代化への展開と明治維新期の近代化を検討した。第2講では、先ず初めに近代の概念を明らかにしたうえで明治時代の近代化政策を展望する。

1.　近代化の意義

　富永健一によれば世界史(西欧史)における「近代化」とは、1)政治的近代化(民主化)、2)社会的近代化（自由と平等の実現）、3)文化的近代化（合理主義の実現）および4)経済システムの近代化からなる（富永健一『日本の近代化と社会変動』講談社、1990年）。

　1)政治的近代化とは、政治的意志決定が、市民・大衆により民主主義の手続きをふまえてなされ、またその決定が高度の能力を持つ専門化された官僚的組織によって実現されることである。

　2)社会的近代化とは、社会集団が、血縁的紐帯からなる親族集団や感情的結合集団（ゲマインシャフト）の段階から脱却し、機能的に分化した目的組織・契約的集団（ゲゼルシャフト）の段階に移行することである。

　3)文化的近代化とは、芸術や科学など、文字や記号によって客観的に表現されている諸文化要素の中で、とりわけ科学分野が発展し、それに伴って科学的・分析的精神が育まれていくことである。それらは教育によっても普及される。迷信や呪術や因習等非合理的な文化要素の占める余地が小さくなっていく。

　4)経済システムの近代化とは、経済活動が自律性を持った効率性の高い組織によって担われて、「近代経済成長」を達成していくメカニズムが確立されていることである。

第 2 講　近代化の意味と日本　55

2.　市民革命にみる近代化

　世界史における近代化の過程をみると、近代化とは西欧において 17 世紀から 19 世紀にかけて育まれた概念であり、政治的には、王様に対する議会の優位性を確立した（ピューリタン革命や名誉革命などの）英国市民革命や、主権在民を明示した憲法を発布した米国独立革命、三権分立や福祉権、教育権などの基本的人権の思想を明確にしたフランス革命により達成されていった。これらは明らかに市民の権利を明確にするための革命であったが、その背景には、大規模資本主義経済の発達とそれに伴う市民社会の成熟による構造的変化が要因として存在した。英国の議会は産業資本家を代表し、産業革命により達成された大規模資本主義経済の主役はいうまでもなく市民であった。

3.　産業革命の拡大

　西欧における経済面での近代化は、産業革命を転換点として確立されていった。ルネサンス以来の商業階級の発展に端を発し、産業革命期の技術発展とそれに伴う工業・農業生産の増大により市民社会が権力を獲得した。また産業の飛躍的発展により大規模資本主義が成立し、力を持った資本家や経営者が出現した。資本主義の拡大競争はまず英国がリードし、後発国としてフランスやドイツが追随していった。西欧諸国は大規模資本主義の拡張を押し進め、欧州からアフリカ、アジアに市場を求め、ついに極東の日本にも進出していった。

4.　日本の産業近代化

　ここで改めて日本の近代化をみてみよう。明治初期は軽工業に重点が置かれ、絹織物などの輸出が盛んで、また社会のインフラ整備が第一の国家事業であった。まず郵便・電信・鉄道のインフラが整備され、次に生産物・金融・労働の全国市場が 20 世紀初頭に形成された。これらの事業は西欧文明の輸入と江戸時代の知的遺産を引き継ぐことによって実現されていった。しかし大規模な経済発展を期待するには時期尚早であった。日清戦争や日露戦争などを経て産業の中心は重工業に移行し、造船業や海運業の成長が促進されていった。造船

業の発展は原動機・電気機械の需要を高め、一般機械工業の発展も促進した。機械工業の基礎は20世紀初頭に形成された。1897年に設立された官営八幡製鉄所は1901年に操業を開始し、工業化に不可欠な鉄鋼の国産化の途を開いた。西欧的な近代化が大規模資本主義を実現する重工業を中心とした産業発展と捉えるならば、日本の（経済的な）近代化はこの時期（20世紀初頭）にようやく始まったということができよう。また市民社会の観点から近代化を捉えるならば、明治政府は、技術は西洋から思想は日本から、という和魂洋才と呼ぶ方針を推進したので、欧米式の民主主義がより完全なかたちで日本に導入されるのは第2次世界大戦後まで待たなければならなかったといえる。

(引用文献)

1. 南亮進『日本の経済発展（第3版）』東洋経済新報社、2002年。
2. ウォーラーステイン、田中治男他訳『世界経済の政治学』同文舘、1991年。
3. 金森久雄『日本経済読本（第16版）』東洋経済新報社、2004年。
4. 富永健一『日本の近代化と社会変動』講談社、1990年。
5. 正村公宏他『日本経済論』東洋経済新報社、2002年。

種類	近代化の意味			
	政治的近代化	社会的近代化	文化的近代化	経済システムの近代化
思想	民主主義の実現	自由と平等の実現	合理主義の実現	近代経済成長の達成
組織形態	高度に専門化された官僚集団	ゲマインシャフト（共同社会）からゲゼルシャフト（利益社会）への移行	迷信や呪縛や因習等から非合理的な文化要素の余地が小さくなっている	自律性を持つ効率性の高い組織によって培われている

備考）富永健一、マックス・ヴェーバー（社会構成員の移動の活発化、機械的連帯から業績的連帯、脱宗教化）等の著書、『現代思想を読む事典』等により木村武雄が作成。

第3講　世界史における近代化と日本

　第3講では、第2講で定義づけを試みた「近代化」をキーワードとして世界史的な展開を眺めてみる。西欧各国の近代化の問題を取り上げ、それに対する日本の対応という視点から状況を捉えてみたい。

1.　近代世界の把握

　近代化の意味については、前講で触れてみたが、改めて整理してみよう。まず欧州はルネサンス期、ベニスの商人の時代から、まず大航海時代にスペイン・ポルトガルが、次にスペインを継いだ、オランダ・英国が覇権争いをし、絶対王政（フランス）、独立戦争（米国）、市民革命（英国）を通過し、産業革命を経て近代化が達成された。西欧各国はアフリカやインド、中国に市場を求めた。西欧の大規模資本は全世界に拡張していった。それに比べ、欧州の植民地政策の犠牲になったアジアやアフリカでは近代化は大幅に遅れた。厳密に議会制民主主義と近代資本主義を実現した国家の出現は20世紀まで待たなければならなかった。こうして世界全体を近代化の先進国、後発国として捉えることができる。これをイマニュエル・ウォーラーステインに従って整理してみると次のようになる。

2.　ウォーラーステインによる近代化の構造把握―覇権と周辺

　I. ウォーラーステインは「大航海時代」以降、西欧が中核となって、東欧・ロシア・新大陸・アジア・アフリカの富を収奪する不平等なシステム（構造）が成立し、歴史が展開したと考える近代世界システム論を展開し、世界各国について、次の3つのタイプに分類した（川北稔監修『最新世界史図説タペストリー』帝国書院、156頁）。　a)「中核」：世界経済の中心となって繁栄した国・地域。b)「覇権」：a)

のなかでもその最先端をいくのが覇権国家である。c)「周辺」：中心を支える役割を行った国・地域である。16世紀にはスペインが、17世紀はオランダが、18・19世紀は産業革命を契機に英国が、そして第1次世界大戦後の20世紀以降は米国が覇権国となった。なおウォーラーステインによれば（ウォーラーステイン著、田中治男ほか訳『世界経済の政治学』同文舘、1991年、64頁）、17世紀中葉（1620-72年）のオランダ、19世紀中葉（1815-73年）の英国、20世紀中葉（1945-67年）の米国、これらの国には4つの類似点がある。

(1) 3つの経済的領域（農業・商業・金融）において同時に優位性が存在する。

(2) 覇権国が覇権を有している間は「自由主義」の唱道者となる傾向がある。

(3) 覇権の力は当初海軍国（今日では海・空軍）としていたが、結局陸軍の必要性を悟る傾向がある。

(4) 覇権国になる機会は30年に渡る戦争だった。オランダは1618年のドイツ30年戦争でハプスブルク家に勝利した。ナポレオン戦争（1792-1815年）で英国はフランスに勝利した。2つの世界大戦（1914-45年）で米国はドイツに勝利した。

次に覇権国家を中心に、西欧における前近代および近代化を展望する。

3. 前近代の展開―オランダの発展

オランダは1581年スペインに対して独立宣言し、1588年英国によるスペイン無敵艦隊撃破などの支援を受け、1648年ヴェスト・ファーレン条約により正式に独立した。1688年英国名誉革命では英国と友好関係を持ち、バルト海貿易において圧倒的優位を得た。自国の商工業・漁業・農業の発展を実現し、市場を拡大し東南アジアのモルッカ（香料）諸島、マラッカを支配した。首都アムステルダムには多くの資金が集中し金融市場の中心となった。欧州で唯一日本との取引があり、江戸時代にはオランダを通じて西欧文化が輸入されていた。オランダの関心は、インドネシアのゴム等の資源であった。

4. オランダから英国への覇権移譲

　オランダ資金はその後英国産業に投資されるようになった。イングランド銀行への総投資額（360万ポンド）のうち86%はオランダからの資金であり、また英国東インド会社への総投資額（76万ポンド）のうち89%はオランダからの資金だった。しかしオランダの主力商品だったアジア香辛料の人気が落ち、英国の主力商品だったインド産の綿布（キャラコ）が大流行し始めたころから貿易の覇者は英国に代わりつつあった。英蘭戦争（1652-54年、65‐67年、72-74年）でオランダは衰退した。1664年英国はオランダ領のニューアムステルダムを占領し、ニューヨークと改称した。

5. 各国の貿易政策

（1）英国の貿易政策

　18世紀、英国の産業は飛躍的発展を示した。1733年ジョン＝ケイの飛び梭以降の技術革命、1765年ワットの蒸気機関の動力革命等の産業革命を実現した。英国はアフリカやアジアに市場を拡大することにより資本主義を巨大化し、18世紀後半から19世紀半ばまでに欧州をリードした。英国はまずインドを植民地化し、次に中国（当時の清）に三角貿易を強要し、利益を得た。英国は産業革命で優位性のある綿織物をインドへ、インドの阿片を中国へ輸出して、銀の流出の阻止を図った。清の林則徐が阿片を破棄し1840年阿片戦争勃発。清は英国に敗戦し、香港の割譲、広州等の5つの開港、賠償金2,100万ドル等を背負わされた。江戸幕府はこの情報を長崎の出島のオランダ商館を通じて入手していた。英国は日本進出の余裕はなく、日本に対して中国ほど魅力を感じなかった。むしろ英国は19世紀後半、1853年ロシアとのクリミア戦争をはじめとし、インド、ビルマ、エジプト、スーダン、南アフリカなどを植民地化する戦争を続けた。

（2）米国の戦略

　米国は西太平洋における捕鯨のための食料補給基地として日本の港を必要とした。1853年浦賀に来港したペリーは開国を迫り、54年日米和親条約を結ん

だ。その後の対日政策は南北戦争（米国史上最大の死者が出た戦争、1851- 65 年）などの理由により発展しなかった。米国は南北戦争後に急速に発展し、1870年代英国を抜いて世界一の工業国となった。

(3) ロシアの戦略

ペリーに続いて 1953 年ロシア使節プチャーチンが長崎で国書を江戸幕府へ提出した。米国と同様に 1855 年日露和親条約を締結したが、その後やはり対日政策は発展しなかった。ロシアは「東方問題」で、オスマン・トルコの衰退に伴い、列強との凌ぎあいを強いられた。

(4) フランスの戦略

1804 年ナポレオン帝政、ウィーン反動体制、48 年 2 月革命、51 年ルイ＝ナポレオンのクーデターなどにより、フランスの国内政治は長期間不安定であった。1858 年インドシナ出兵、62 年コーチシナ東部獲得、63 年カンボジア保護国化を実現したが、1870 年プロイセンとの戦争に敗北した。対外戦略は頓挫したが、1881 年チュニジアを、1883 年ベトナムを保護国化し、84 年には清仏戦争（~85 年）、87 年赤道アフリカ地方領有、93 年ラオスを保護国化した。

(5) ドイツ

ドイツはドイツ関税同盟により経済的結束を強化した後、政治的国内統一に向かった。オーストリアがその阻害要因だったが、普墺戦争で勝利した。普仏戦争でフランスに勝利した後、近代化、工業化を一気に進め、英国に次ぐ工業国にまで発展した。しかし植民地獲得に出遅れ、青島、南洋群島領有に止まった。明治以前の日本との結びつきはなかった。

以上がその概要であるが、ほかの国では、イタリアは圏内統一が愁眉の課題だった。フィリピンは米西戦争により支配権がスペインから米国に移った。

6. 日本の国家戦略

江戸幕府は当初対外政策をなるべく穏便に図りたいと考え、開国強行派の英国と対立するフランスと手を結んだ。一方倒幕派の薩摩、長州は英国等と戦争（1863年 7 月薩英戦争、8 月下関 4 国艦隊砲撃）になったが、局地戦に止まった。江戸幕府

は開国を認め、1867年大政奉還を奏上し延命策をはかった。結果的に江戸幕府は、薩長連合と公家勢力を中心とする倒幕派のクーデターにより消滅した。明治政府は外国支配の構図ができあがるのを恐れ、外国支配の及ばない中央集権国家の確立を目指した。中国・インド・トルコの先例があった（1871年には伊藤博文ら派欧使節団を派遣し、見聞した）。軍事面、財政面、産業支配面も同様で、明治政府は殖産興業や軍事力強化を推進し、外国から資金援助を嫌った。技術の伝達や各種の近代的制度の確立に尽力する外国人を高給で雇ったが、政府の政策決定をする高官に登用しなかった。当時の日本人の教育水準で習熟可能なものしか技術輸入しなかった。日本の開国前後（19世紀後半）の列強は、英国も、ロシアも、フランスも米国もオランダも日本に構っていられない事情を抱えていた。ましてや、統一のされていなかったドイツ、イタリアも同様であった。日本が外国支配を恐れていたのは事実であるが、運命の女神は日本に微笑みを浮かべていたに違いない。

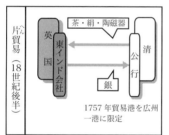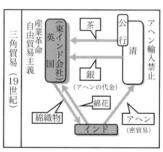

片貿易によって巨大な貿易黒字に潤っていた清朝は、英国がインド産アヘンによる三角貿易を始めると、大量の銀を流失し、深刻な財政難に陥った。
〔引用文献〕『プロムナード世界史』浜岳書店、2002年、134頁。

(引用文献)

1. 南亮進『日本の経済発展（第3版）』東洋経済新報社、2002年。
2. ウォーラーステイン、田中治男他訳『世界経済の政治学』同文舘、1991年。
3. 金森久雄『日本経済読本（第16版）』東洋経済新報社、2004年。
4. 富永健一『日本の近代化と社会変動』講談社、1990年。
5. アンガス・マディソン、金森久雄監訳『経済統計で見る世界経済2000年史』柏書房、2004年。

第 4 講　高度成長と日本

　朝鮮戦争による特需をきっかけに日本経済は成長への兆候を示し始めた。第
4 講では戦後経済の高度成長を、1955 年特需景気および投資景気、1954-
1957 年の神武景気、1955-1961 年の岩戸景気、そして 1965-1970 年のいざ
なぎ景気までと捉え、その成長過程を展望する。

1.　朝鮮戦争による特需と産業の合理化

　1950 年に勃発した朝鮮戦争で地理的に朝鮮に近い日本は国連軍（主に米軍）
から要請を受け、物資やサービスを調達した。主な物資は、有刺鉄線や、毛布・
麻袋などの繊維製品、携帯食料など、サービスは機械修理、建物建設、通信な
どの労働力サービスであった。この朝鮮特需によって日本の輸出は伸長し、安
定恐慌から脱出した。1951 年 4 月、マッカーサーが GHQ を解任され、6 月
末をもって米国による対日援助が打ち切りとなった。9 月サンフランシスコ講
和条約が締結され、日本は独立国として承認された。1952 年、53 年には朝鮮
特需により年間 20 億円を超える輸入が可能となった。

　朝鮮戦争の特需とそれから派生したインフレは経済復興ばかりでなく日本の
産業構造の合理化・近代化を促した。鉄鋼業を例にみると、1）投資規模の拡大、
2）設備の近代化（延圧部門の明治以来の旧い工作機械を最新機械に変更し生産力を上
げた）、3）後発メーカーの参入（官営企業の「日本製鉄」が解体され、先発の日本鋼管、
八幡製鉄、冨士製鉄の 3 社に後発川崎製鉄、神戸製鋼などが参入した）が実現し、それ
により鉄鋼業界が活性化し寡占競争状態となった。鉄鋼の総生産高は飛躍的に
増大し、国際競争力を得るまでにいたった。鉄鋼業のこのような合理化・近代
化は、石油精製業などほかの産業にも波及し産業界全体の合理化・近代化が実現
されていった。これが戦後高度成長の準備段階となったのはいうまでもない。

2. 戦後高度成長期

朝鮮特需から始まる日本の経済発展は安定成長ではなくダイナミックな成長を示した。1956年政府の経済報告は経済復興を認め、同年の『経済白書』には有名な「もはや戦後ではない」という表現が盛り込まれた。1955年以降の主要な好景気は朝鮮特需直後、1954-1957年の神武景気、1955-1961年の岩戸景気、そして1965-1970年のいざなぎ景気である（昭和29年〜昭和45年）。昭和でこの10年間（昭和30年〜昭和40年）をみるとこの間の経済成長率は国民総生産で2.4倍（昭和30年17兆円、昭和40年41兆円）、実質成長率年9.3%となった。それぞれの景気の特徴をみてみよう。

(1) 神武景気（1954-1957年）

朝鮮特需によるインフラの整備など、基幹産業の合理化・近代化が進み、それに伴って、設備投資が活発となり（1956年度で58%）、産業の大型化、企業の巨大化をもたらした。また投資の結果発生した収益はさらに投資にあてられ、高度成長のサイクルがここに始まった。景気過熱最中の1956年スエズ動乱が起こり投機的輸入が増大した。その結果日銀の外貨が激減し、金融引き締め政策を開始し、神武景気は終息した。

(2) 岩戸景気（1958年6月-1961年12月）

神武景気以来の設備投資の活発化、技術革新、消費の増大により、神武景気を上回る実質国民総生産年10%以上の成長を達成した。設備投資など生産部門の成長は神武景気とほぼ同じであるが、三種の神器（白黒テレビ、電気洗濯機、冷蔵庫）などの個人消費や持ち家所有、輸出など消費部門の成長が顕著になった。

(3) いざなぎ景気（1965-1970年）

岩戸景気をさらに発展させたのがいざなぎ景気であった。消費面では三種の神器は新三種の神器、三C（カー、クーラー、カラーテレビ）に代わり、産業構造は第3次産業（サービス業）の割合が増大しはじめた。自動車などの機械産業が国際競争力を持ちはじめた。

3. 産業の発展と消費の拡大

基幹産業の発展は雇用拡大を促進し、それは消費の拡大（おもに耐久消費財）に繋がっていった。最初三種の神器が、皇太子ご成婚や1964年東京オリンピックをきっかけに普及し、その後3Cといわれた新三種の神器などの家庭用耐久消費財が普及した。旺盛な個人消費需要により、製品の供給伸長も実現されていった。国内企業間の寡占競争が起こり、消費者の製品クオリティーに対する欲求も高くなった。高度成長期の消費拡大の要因としては、1)個人所得の拡大、2)核家族化による世帯増、3)大衆消費と規模の経済の相乗効果などがある。

(1) 個人所得の拡大

政府の経済政策「所得倍増計画」が達成された（1960年池田勇人首相公約）。経済成長の停滞を防ぐための政策で、背景には近い将来成長がとまると予想する悲観論者と潜在的国際競争力が十分にあるという期待論者の議論があった。

(2) 核家族化による世帯数増加

核家族化により少人数家族構成の家庭がふえ、耐久消費財を中心に消費をのばした。

(3) 大量消費と規模の経済性の相乗効果

耐久消費財の需要の所得弾力性が高かったため、所得の上昇が一挙に需要増をもたらす。大量生産が製品価格を引き下げ、さらに需要を喚起した。

4. 経済高度成長をもたらした要因

(1) 民間設備投資

1955〜72年に掛けて、民間設備投資比率は年平均17.3%の極めて高率であり、70年前後の15%を上回る規模だった。民間設備投資の活性化は財閥解体などで、新しい経営者や投資家が登場し、投資市場が活性化したためと、高度成長期の「投資が投資を呼ぶ」状態が持続したことによる。

(2) 人的資源

工作機械や経営システムの発展と進学率の向上などによる人的資源の質的向上が相乗効果をあげ、労働生産性が飛躍的に向上した。

(3) 最終生産市場の拡大

内需については既に触れたが、海外市場にも大量のエンドユーザーが存在し、日本製品の売上高をさらにのばした。

(4) 高い貯蓄率

日本の家計貯蓄率は高度成長期平均で 13% 台で推移していった。高貯蓄率は設備投資（企業が銀行から融資を受ける）を促進し結果的に日本の経済成長を支えた。

(5) 国際競争力

当初 Made in Japan は粗悪品の代名詞であったが、品質が向上し、海外消費者の信用を獲得した。安価・高品質を武器に輸出を伸ばしていった。

(引用文献)

1. 浅子和美他編『入門・日本経済（新版）』有斐閣、1997 年。
2. 金森久雄他編『日本経済読本（第 16 版）』東洋経済新報社、2004 年。
3. 小峰隆夫『最新日本経済入門（第 2 版）』日本評論社、2003 年。
4. 橋本寿朗他『現代日本経済』有斐閣アルマ、1998 年。
5. 林直道『現代の日本経済（第 5 版）』青木書店、1996 年。
6. 南亮進『日本の経済発展（第 3 版）』東洋経済新報社、2002 年。
7. Takatoshi Ito, *The Japanese Economy*, MIT Press, 1992.
8. A. Gershenkron, *Economic Backwardness in Historical Perspective : A Book of Essays*, Cambridge, Massachusetts: Harvard University Press, Belknap Press,1962.
9. Y. Miyazaki, "Rapid economic growth in Postwar Japan", Peter Drysdate and Luke Gower eds. , *The Japanese Economy* Part 1 Vol. II , 1998, London, New York :Routledge、pp. 133-155.

第4講 高度成長と日本　67

三種の神器

三種の神器 （さんしゅのじんぎ）			新三種の神器 （昭和40年代 (1965-74年)）3 C		
八咫鏡 (やたのかがみ)	草薙の剣 (くさなぎのつるぎ)	八尺瓊勾玉 (やさかにのまがたま)	color television	cooler	car
新三種の神器 昭和30年代（1955～64年）			2000年代の三種の神器		
白黒テレビ　television 電気洗濯機　washing machine 電気冷蔵庫　refrigerator			薄型テレビ　flat panel TV DVDレコーダー　digital versatile disc recorder デジタルカメラ付携帯電話 　　　　mobile phone with digital camera		

〔引用文献〕木村武雄『経済用語の総合的研究（第5版）』創成社、51頁。

第5講　インフレと日本

　インフレーション（以下インフレと略記）を伴う経済成長は日本経済の特徴で
あるが、1960 年代後半には一国の経済問題を超越していた。日本の貿易収支
が黒字なのに対し、米国のそれはベトナム戦争の影響などもあり、赤字に転落
していた。その結果ニクソンショックにより日本の金融為替制度が変動相場に
代わり、1972 年石油危機と円切り上げおよび円の変動相場制転換に端を発す
るインフレが狂乱物価をもたらした。第5講では 1972 ～ 1974 年ごろのイン
フレを中心にオイルショックまでを展望する。インフレの語源はインフレート
（膨脹する）からきており、貨幣が物量を相対的に超過して発行され貨幣価値が
下落することを指し、「通貨膨脹」と訳す。

1. インフレの経緯

(1) 1972 年のインフレ

　わが国の経済成長とインフレの関係を、具体的な数字であらわすと「物価の
もっとも総括的な指標である GDE デフレータ（GDE= 実質国民総支出、デフレー
タ = 価格修正要因）は、戦前（1889 ～ 1938 年）では 3.9%、戦後（1955-97 年）
では 4.4% という成長率を記録した」（南亮進『日本の経済発展（第 3 版）』東洋経
済新報社、2002 年、269 頁）となる。戦後の代表的なインフレは、1）終戦直後
の品不足と急激な人口増によるインフレ（緊急金融措置により預金が封鎖されその
結果新円が発行された）と、2）1972 年ころの円高と石油危機によるインフレ、
の 2 つであり、ここでは 2）の 1972 年のインフレを取り上げる。まずはじめ
に 1972 年前後の経済状況を以下のとおり整理してみよう。

(2) ニクソンショック

　1960 年代の高度成長時代、日本の経済力は次第に国際競争力を獲得し、貿

1969 年 8 月	公定歩合引き上げ（5.84% → 6.25%）
1970 年 7 月	いざなぎ景気終わる
1970 年 10 月	公定歩合引き下げ（6.25% → 6.0%）
1971 年 1 月	公定歩合引き下げ（6.0% → 5.75%）
1971 年 2 月	OPEC 原油価格引き上げ要請通る
1971 年 5 月	公定歩合引き下げ（5.75% → 5.50%）
1971 年 7 月	公定歩合引き下げ（5.50% → 5.25%）
1971 年 8 月	米国新経済政策（金・ドル交換停止など） 円、変動相場へ移行
1971 年 12 月	米スミソニアンで 10 ヶ国蔵相会議 スミソニアン体制発足（多国間通貨調整合意） 1 ドル＝ 308 円の新レート（16.88 % の切り上げ） 公定歩合引き下げ（5.25 % → 4.75 %）
1972 年 5 月	第二次円対策決定（財政金融政策、輸入促進）
1972 年 6 月	公定歩合引き下げ（4.75 % → 4.25%） 田中角栄通産相「日本列島改造論」を発表
1972 年 7 月	第一次田中内閣発足
1972 年 12 月	第二次田中内閣発足
1973 年 2 月	EC 諸国変動相場制へ移行（スミソニアン体制崩壊） 日本、変動相場制へ移行
1973 年 4 月	公定歩合引き上げ（4.25% → 5.0%）
1973 年 5 月	公定歩合引き上げ（5.0% → 5.5%）
1973 年 7 月	公定歩合引き上げ（5.5% → 6.0%）
1973 年 8 月	公定歩合引き上げ（6.0% → 7.0%）
1973 年 10 月	1 ドル＝ 254 円、以下円安傾向 オイルショック起こる
1973 年 12 月	OPEC 原油公示価格の 2 倍値上げを発表
1973 年 12 月	公定歩合引き上げ（7.0 % → 9.0% 、戦後最高）

易黒字も増大していった。その結果国際収支において黒字不均衡が生じ、相対的に米国の国際収支が赤字に転じていった。米国の対日赤字は十数億ドルとなりドルの信用は下落していった。円の切り上げが議論され、国際通貨体制の立て直しが叫ばれた。その渦中 1971 年 8 月に出されたのが、米国大統領ニクソンによる、金＝ドルの交換停止と、輸入に対する一律 10% の課徴金賦課を掲

げた緊急経済措置である。この政策は日本ではニクソンショックと呼ばれ、実質的に他の国にドル・レートの切り上げを追ったものであった。同年 12 月円切り上げが実施され、1 ドル =308 円となった。円切り上げの直接の被害者は日本の中小企業で、円切り上げと課徴金による被害をダイレクトに蒙った。なおこのとき日本銀行は赤字覚悟でドル買い支えを敢行し、外国為替銀行や商社の損失を防ぐ役割を果たした。

(3) 変動相場制

1971 年 12 月米国スミソニアンで行われた 10 ヶ国蔵相会議で、ドル切り下げ（円切り上げ 1 ドル = 308 円）ドルと金の交換停止などが定められた。これをスミソニアン協定というが、結果的に米国の貿易赤字を救済することに失敗し、さらなる通貨不安が高まっていった。1973 年 2 月、米ドルの 10% 切り下げが実施され、円は変動相場制（変動相場ではない）に移行した。これはスミソニアン体制の崩壊とみなされ、円は、同年 10 月には 1 ドル =254 円までに切り上げられたが、以後円安傾向を示していった。変動相場制への移行は、米国の保護のもと固定相場制を最大限に利用して経済成長に邁進した日本経済が、結果的に国際的な金融不均衡を起こし、それを解消するために取られた措置といえる。ニクソンショックによる変動相場（制）への移行は、円高指向となり、日本経済に過度のインフレをもたらした。

(4) 1972 年のインフレ

1972 年の秋ころから物価の騰貴が、1974 年にはオイルショックが起こり、日本経済はインフレ状態になった。その間の状況を展望してみよう。a) 1960 年代からの高度成長と円切り上げにより日本経済は貿易収支黒字による貨幣が過剰になっていた。また円切り上げによりドル売り円買いが進み、外貨準備が増えた。b) 田中角栄首相により「日本列島改造論」が打ち出され、日本各地で土地投機の機運が高まっていた。高速道路や鉄道などへの設備投資も活発化し、投資を煽った。c) オイルショックについては以下で触れる。

(5) オイルショック

1973 年 10 月、第 4 次中東戦争が勃発し、アラブ諸国により構成される

OAPEC はイスラエルを支持する国に対し石油供給の制限を宣言し、原油価格の引き上げを決定した。原油価格については 10 月に 70% 公示価格切り上げ、12 月にはさらにその約 2 倍に切り上げ、翌 74 年 1 月から実施され、石油依存率の高い日本は先進諸国中もっともその被害を受けた。これがオイルショックであり、日本経済は大混乱に陥った。1973 年 10 月には、繊維、洗剤、砂糖、トイレットペーパーなどの投機的買い占めが行われ品不足になった。オイルショックに対する日本政府の対応は、1)「省エネ」といわれた石油総需要抑制政策と、2) 物価を安定させることであった。1) に対する石油供給は順調に進み、当初の省エネ政策は次第に緩和されていった。むしろ 2) のオイルショックに端を発した狂乱物価の沈静が政府の早急の課題であった。政府は物価安定に力を入れ、多くの企業がそれに協力した。その結果 1974 年 8 月以降物価上昇は沈静化していった。なお 1974 年、日本経済は戦後はじめてマイナス成長 (0.2% 減) となったが、物価は狂乱し上昇傾向にあり、不況とインフレが共存した。このようにインフレーションとスタグネーション（不況）が同時に発生する状態をスタグフレーションという。

（引用文献）
1. 岩田規久男『日本経済を学ぶ』筑摩書房、2005 年。
2. 林直道『現代の日本経済（第 5 版）』青木書店、1996 年。
3. 南亮進『日本の経済発展（第 3 版）』東洋経済新報社、2002 年。
4. 木村武雄『経済体制と経済政策』創成社、1998 年。
5. 南亮進『日本の経済発展（第 3 版）』東洋経済新報社、2002 年。
6. 藤野正三郎「インフレーションと失業」大来佐武郎他編『国際シンポジウム新しい繁栄を求めて』日本経済新聞社、1977 年。

第6講　バブル経済と日本

第6講では、1987年から1990年にかけて、低成長時代に一時咲いた徒花_{ひととき}であるバブル期経済を検討する。

1. バブル要因

1980年代後半のバブル経済を準備した要因としては、1）日米貿易摩擦、2）金融緩和政策、3）金融自由化政策があげられる。

(1) 日米貿易摩擦

レーガン大統領の減税政策により米国経済が景気回復し、83年以降日本の対米輸出が増加した。米国経済は高金利政策によりドル高円安基調にシフトした。それが追い風となり日本の対米輸出額が飛躍的に伸び貿易収支の不均衡が拡大し、結果として日米貿易摩擦に至った。ドル暴落或いは国際金融危機の不安が高まり、85年9月、ニューヨーク・プラザホテルで先進国5ヶ国蔵相会議が開かれた。ドル以外の主要通貨が上昇することに向けたプラザ合意が成立し、米国は各国にドル高是正への協力を要請した。それによって円高が進み、日本経済は輸出産業を中心に円高不況に陥った。

(2) 金融緩和政策

日本政府はプラザ合意後の円高に対抗する景気浮揚策として公定歩合を6回に渡って引き下げた。これは輸出超過による貿易摩擦を避けるため内需拡大に向けたものでもある。

(3) 金融自由化政策

円高不況に対する政策である、競争制限的規制の緩和、資本移動規制の緩和、金融イノベーションなどの自由化政策は資金調達の可動性を高め、投資意欲を煽った。

第6講　バブル経済と日本　73

　以上のような理由により貨幣流動性が起こり、市場の貨幣が過剰になっていった。これがバブルの発生要因といえる。過剰な貨幣流動性は国内投資の活性化を促し、株式や土地・建物への投資が活発化した。この時点で日本経済は輸出依存型経済から内需拡大型経済に転換していった。企業は積極的に資金調達をし、金融資産と土地の投資に振り向けた。その結果企業のバランスシートが拡大した。大企業は資本市場からの調達拡大により金融機関からの借入れを相対的に低下させ、中小企業は金融機関からの借入れを急増させた。

2.　株価・地価とバブル

　本来株価は企業価値や金利の変動によって決定される。ところがバブル期には本来の機能とは別のところで株価の乱高下が起こった。実質低金利状態の長期化と市場における貨幣（預貯金等）の過剰が財務投資を煽り、投機的期待から市場が動く。これが株価バブルの仕組みである。こうして投機的期待のなか金融自由化に伴い、大企業を中心に積極的に株式市場への投資が行われた。金融自由化（ワラント債や転換社債等）による調達手段の拡大（それ自体が株価の上昇要因となる）が企業の低利資金調達を可能にした。投資の連鎖が発生し、金融機関の貸出し余力を高め土地投機への資金供給源を形成した。貨幣余剰、金融自由化、金融緩和などの条件が揃い、バブル状態になると、土地・建物も投機の対象となった。日本の情報、金融の中心地である東京都心部や大阪等の大都市圏におけるオフィスビル需要が増大しオフィス賃料（土地の収益率）を上昇させた。所謂バブル経済の実体を示すとき、このような株式や土地等への投機の増殖過程と捉えることができる。

3.　バブル期の金融

　バブル期の資金の流れについて、資金の調達面からみてみると、まず1）資本市場から大企業へ（投資の拡大）の流れは資金を金融機関からではなく株式市場から調達した。これは金融緩和と金融自由化を背景に増幅され、大企業の銀行離れという現象を起こした。次に2）金融機関から中小企業へ（融資の増大）

は、1）の大企業の銀行離れに連動する。銀行は中小企業にターゲットを移し、積極的に融資を進めていった。主な融資先が不動産会社であったことはいうまでもない。

　次に資金の運用面をみてみよう。3）大企業から金融機関へ（預金の増大）は、むしろ大企業の銀行離れの過程において「財テク」として高金利の金融商品を購入するという形で実践された。これは銀行の収益を圧迫した。4）大企業から資本市場へ（投資の拡大）は技術革新の重要性の認識のもと先行投資として、積極的に先端企業への投資が行われたことを意味する。5）中小企業から土地等へ（投機の拡大）は、銀行の不動産業者への融資が中小企業の土地への投機を誘発したといえる。なお高額所得者層ほど株式や資産の保有率が高く、したがって最も高いキャピタル・ゲインを得る可能性がある。またバブル期の地価の上昇は、大都市圏で異常に高い上昇率を記録したので、地価上昇によるキャピタル・ゲインは東京、大阪など大都市圏に集中した。このようにバブルによる収益にも階層や地域によって歪みがあることを明記しておきたい。

4.　バブル崩壊のプロセス

　バブル経済に関連する事項を整理してみよう。

1986 年 1 月	公定歩合引き下げ 5% → 4.5 %
1986 年 11 月	公定歩合引き下げ 3.5% → 3 %
1987 年 1 月	株価日経平均 20,000 円乗せ
1987 年 2 月	公定歩合引き下げ 3 % → 2.5 %
1987 年 4 月	国土庁、地価公示、東京都平均上昇率 53.9 %
1987 年 10 月	ニューヨーク市場株価暴落（ブラックマンデー）
1987 年 11 月	竹下内閣成立
1988 年 12 月	株価日経平均 30,000 円乗せ
1989 年 1 月	昭和天皇崩御
1989 年 6 月	宇野内閣成立
1989 年 8 月	海部内閣成立
1989 年 12 月	株価日経平均 38,915 円（市場最高）
1990 年 8 月	公定歩合引き上げ 5.25 % → 6 %
1991 年 5 月	4 月の倒産負債総額 8,832 億円、平成不況始まる

第6講　バブル経済と日本　75

　株式や土地への増殖的な投機により発生したバブル経済は以上のような変遷を
へて 1991 年の平成不況により完全に終息した。1987 年 10 月のブラックマンデー
は一時世界の株式市場をどん底に突き落としたが、FRB による大量の買いオペに
より資金供給が続けられた。日本の株価は持ちこたえ、拡大基調を維持した。
いざなぎ景気以来最長を記録したバブル景気であったが、1989 年ころから成長
が鈍くなっていった。その理由は、住宅、家財などの内需が峠を越したことと、
企業による整備投資が鈍っていったことにある。バブル崩壊後の経済停滞により
り経済主体の資産と負債のバランス・シートが大きく変化した。バブル期には企
業・家計は労せずして資産を増やし同時に負債を増加させながら株式投資や不動
産投資等を活発化させていった。資産と負債が両建てで増加していった。こうし
た状態の下で内需の成長が止まり、バブルが崩壊し資産価格が低下した。資産価
額は減少したが負債は減少せず、必然的に資産に対する負債比率が大きくなった。
85 〜 99 年の資産価格上昇期には、資産も負債も大幅に増加するが負債の資産に
対する比率は低下した。バブルが崩壊し資産価格が低下し始める 90 年以降は資
産が減少し続ける一方で、負債は逆に増加した。負債の資産に対する比率は上昇
し続けた。この「バランス・シート調整問題」が尖鋭的に表出したのが、金融機
関の不良債権問題である。資産を調達した側で負債が超過し、返済が滞るという
ことは、金融機関にとっての資産が劣化すことに他ならない。金融機関に蓄積し
た不良債権問題は、日本経済停滞の大きな原因となった。

（引用文献）
1.　小峰隆夫『最新日本経済入門（第 2 版）』日本評論社、2003 年。
2.　経済企画庁『経済白書平成 5 年版』1993 年。
3.　財務省『法人企業統計季報』。
4.　田中隆之『現代日本経済バブルとポスト・バブルの軌跡』日本評論社、2002 年。
5.　内閣府経済社会総合研究所『国民経済計算年報』。

バブル期における企業の運用・調達状況（概念図）――主な資金の流れ

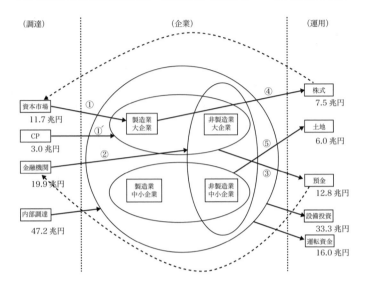

（注）→ は、主な資金の流れを示す。
　　　金額は、86～89年度の平均額。
〔資料〕財務省『法人企業統計季報』1986-89年度の平均額。
〔引用文献〕田中隆之『現代日本経済―バブルとポスト・バブルの軌跡―』日本評論社、
　　　　　2002年、109頁。

第7講　デフレと日本

　バブル経済崩壊後の日本はデフレーション（以下デフレと記す）が長期化し、景気低迷が続いている。2002年度の国内企業物価指数（旧国内卸売物価指数）と消費者物価指数は1998年以降5年連続で、前年割れとなる、デフレ傾向が続いている。第7講では、このバブル崩壊後のデフレ経済を展望する。

1.　バブル崩壊後のデフレ経済

　デフレーションとは、財やサービスの価格が持続的に下落を続ける状態を示す。その理由としては、1）不景気のために需要が落ち込み、消費者の購買力が落ちている、2）商品が企業間競争状態にあり、価格破壊を起こした、3）安価な輸入品が増え、値崩れを起こした、4）金融政策により金利を下げても、銀行が貸し渋りをする、貸出金が最終消費者に届かず消費者金融などの高利貸しに流れたりする、などの理由で市場に十分供給されない。1）に関しては景気回復力の弱さが原因となって需要低迷が続き、それに伴い日本経済は将来的な期待がないまま物価下落指向を示した。需要の脆弱状態はデフレ期待（国民の予想物価下落率）を導いた。2）、3）に関しては企業間競争とともに外国からの安価な輸入品流入、ITを中心とする技術革新、流通合理化等、多層的に物価引き下げ要因が顕在しだし、デフレ指向をさらに強化した。消費者にも安い物を購入する、というデフレ指向がこれまで以上に強まった。チェーン展開をするファーストフード店や量販店がデフレターゲットの戦略をとり成功するケースもみられた。4）に関しては、日銀がゼロ金利という大幅な金融緩和政策を実施しているが、銀行をはじめとする金融業者や大企業に不良債権があるため、金融が十分に機能しなかった。つまり市場に流入した貨幣が末端までに流通しきれなかったのである。その原因をみると、日銀からゼロ金利で銀行等

の金融機関に貸し出された貨幣は、一般企業や市民にではなく、高金利で商う消費者金融などに流れていった。ではデフレは日本経済に対してどのような影響を与えたのか。検討してみよう。

2. デフレ・スパイラル

デフレが長期化すると、まず企業間競争に負け、脱落する企業が出てくる。また競争に勝ったとしても、価格競争により収益性が低くなる。よって企業は新規投資を縮小し、人件費のコストダウンを余儀なくされる。こうして市場に流通する貨幣量も減少し、それがデフレをさらに促進させる。消費者は将来に対する不安を感じ、高価な買い物を控えるようになる。一層物が売れなくなり、企業収益を圧迫する。この悪循環がデフレ・スパイラルである。

デフレ・スパイラルとは「物価下落（デフレ）と生産活動の縮小とが相互作用してスパイラル的に進行すること」（金森久雄他編『日本経済読本（第16版）』東洋経済新報社、2004年、278頁）と定義されている。デフレには不動産価格の下落が保有資産額の減少をもたらす（含み損）、という側面を持つ。またそれが実企業収益の減少に繋がる場合もある。

3. デフレ経済の特徴

デフレ経済の特徴は次のとおりである。（1）製品価格の下落による売上額の減少。（2）企業の実質債務を増加させる。（3）企業収益を圧迫するので、失業を発生させる。（4）資産デフレを招来し、新規の設備投資を抑制させる。

（1）製品価格の下落から売上額の減少を招く：デフレは企業の実質債務負担を増加させるので、新規の設備投資等が抑制される。物価下落により売上げ・収益の名目値が伸び縮めば、名目ベースで決まっている債務の返済はより困難となる。債務の返済額は名目値で決まっているので、デフレは実質的な返済負担（名目の債務返済額を物価水準でデフレートした実質債務負担額）を増加させる。デフレ下では企業の売上数量が同じであっても、製品価格が下がって売上高（売上数量×製品価格）が減少する。その結果、企業は毎年のキャッシュ・フロー

から債務返済を優先し、設備投資を控えるか、財務内容の悪い企業では倒産に至る場合もある。

（2）企業実質債務を増加させる：物価下落に見合って名目金利や名目賃金が低下しないと、実質金利や実質賃金が上昇したり、不況期でも下げ渋ったりするので、企業収益や設備投資の回復が遅れる要因になる。

（3）企業収益を圧迫するので、失業を発生させる：企業収益の悪化により、資金繰りが苦しくなり、倒産を迎え、その結果失業を発生させる。

（4）資産デフレを招来し、新規の設備投資を抑制させる。

4. 補論：日本のデフレ

近代日本の主要なデフレを列挙すれば以下のとおりである。

（1）松方デフレ（明治15（1882）年）：西南戦争（明治10（1877）年）後のディス・インフレ政策。

（2）大正デフレ（大正9（1920）年）：第1次世界大戦後恐慌起こる。

（3）井上デフレ（昭和5（1930）年～）：関東大震災（1923年）、金融恐慌（1929年）、10月ニューヨーク株式暴落、1930年1月井上蔵相、金輸出解禁を断行、デフレを深刻化させる。

（4）ドッジ・デフレ（昭和24（1949）年3月）：第2次世界大戦後のディス・インフレ政策。

（5）平成デフレ（平成10（1998）年～16（2004）年）：このデフレは戦争や対外的影響でなく、日本国内のバブルが原因である。

（引用文献）
1. 金森久雄他編『日本経済読本（第16版）』東洋経済新報社、2004年。
2. 南亮進『日本の経済発展（第3版）』東洋経済新報社、2002年。

消費者物価指数、国内企業物価指数、GDPデフレータ

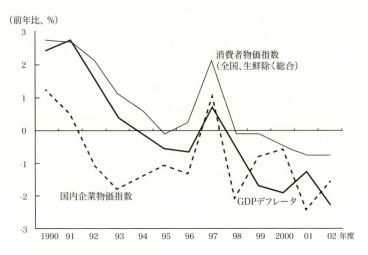

(出所) 日本銀行『金融経済統計月報』により作成。

〔引用文献〕 金森久雄他編『日本経済読本 (第16版)』東洋経済新報社、2004年、273頁。

第8講　金融制度と日本

　第8講では金融制度についてバブル以後の重要なテーマである日本版ビッグバンの問題とバブルの置き土産でもある不良債権問題を取り上げる。

1.　金融制度の変遷

　近代日本の金融制度は 1876 年国立銀行条例制定に端を発し、まず4つの国立銀行が設立された。経済成長とともに銀行の数も増え、1877 年ころには 150 の国立銀行が設立され、免許期間が過ぎると普通銀行に改組されていった。その後三井銀行などの私立銀行も出現し、日本勧業銀行、地方農工銀行、北海道拓殖銀行など、様々な種類の銀行が設立された。戦後、銀行中心の金融制度は侵略戦争に加担したとして、GHQ により改革された。財閥中心の銀行制度の解体、特殊金融機関の廃止、などにより民間部門、生活部門の銀行として機能していくことになった。戦後の金融制度は護送船団方式と呼ばれ、高度成長期以降、海外からその閉鎖性が批判された。また高い個人金融資産の活用方法、金融機関の不良債権などの諸問題が大きく横たわっていた。これらの問題を解決するために旗揚げされたのが「金融ビッグバン」であった。

2.　日本版金融ビッグバン

　1996 年 11 月 11 日、世界に負けない金融市場を日本に構築するために Free、Fair、Global を標榜して金融制度改革の検討が開始された。これが「日本版ビッグバン」である。1998 年「金融システム改革法」が施行され、多くの金融改革が実現化された。その内容は「1) 投資家の資産運用手段の充実、2) 企業の資金調達の円滑化、3) 仲介者サービスの質の向上と競争の促進、4) 効率的な市場整備、5) 公正取引の確保、6) 仲介者の健全性確保および、破綻処

理制度の整備」（浅子和美・篠原総一編『入門・日本経済』（新版）有斐閣、2000 年、278 頁）となる。なおその対象は民間金融であり、公的金融は政治的理由により対象除外とされた。政府による規制緩和を以下のとおり示しておく。

(1) 銀行、信託銀行、証券、保険の相互参入による完全な規制撤廃(99年10月)、
(2) 金融持株会社の解禁（98 年 3 月）
(3) 金融商品設計の自由化（97 年 12 月から段階的）
(4) 金利の完全自由化（94 年 10 月）
(5) 金融システムの安定化→金融システム改革法（98 年 6 月）
(6) 不良債権の処理→金融再生プログラム（2001 年新預金保険法 102 条制定）
(7) ディスクロージャーの拡充（98 年 12 月）
(8) インサイダー取引等の罰則強化（97 年 12 月）
(9) 国際資本取引の自由化（98 年 4 月）
(10) 証券デリバティヴの全面解禁（98 年 12 月）
(11) 国際会計基準（99 年 4 月。取得原価から時価会計へ、連絡決算ベース）
(12) BIS 規制 8% 基準（バーゼル合意に基づく銀行の自己資本比率の取り決め）

などである。BIS 規制 8 ％ 基準は銀行が健全な経営を行うために自己資本比率を 8% に設定するというものである。これは日本の銀行が信用性を確保するために必要な条件であった。日本政府はこの金融ビッグバンにより金融の流動性を持たせ、海外の投資家を呼び込み、経済を活性化させるという青写真を描いた。しかし市場原理の実現とともにリスク負担をどうするかという問題も生じた。そして金融ビッグバンの要請を促進したのは皮肉にも不良債権問題であった。

3. 不良債権

(1) 不良債権の発生と展開

不良債権とは、金融機関や企業の回収不能な債権を指す。利子や元本を回収できなくなった債権（貸出し）であり、借り手側からみれば返済不能な債務で

ある。1990年以降、借入金の利払い乃至返済が不可能な企業が急増した理由はいうまでもなくバブルの崩壊である。日本の市場に貨幣が過剰に流入し、円高状態で輸出が伸び、なおかつ内需が活性化したことを受けて起こった地価や株価への過剰な投資熱の状態がバブルである。その結果土地の値段や株価が上昇し、さらに市場がそれに過剰に反応し連鎖的な投機的目的購入が活発化した。しかし消費者の購入意欲が薄れ、バブルが崩壊した段階で地価や株価は下落し、資産（土地・株式）の価格は大幅に下落したが取得した金額は負債として額面どおり残っている、という含み損が発生した。もしもその企業が実質債務超過に陥ったとしても、収益性に優れ、負債返済能力があれば、トータルでその企業の収益を検討するので会計上の問題は生じない。むしろこのバブル期本業を離れて「財テク」や土地投機に走った企業やバブル熱に巻き込まれた金融機関が多数、不良債権を抱え込んでしまったことに問題がある。そのような企業は当初当て込んだキャピタル・ゲインを得ることができなくなり、倒産に追い込まれるか、巨額な不良債権に悩まされることになった。

(2) 不良債権問題の経済への影響

　企業や銀行に不良債権が増えた場合、まず債権回収を試みるが、債権先が倒産したり、企業で保持していた株式や土地の価格が暴落すると十分な回収が見込まれなくなる。その時に考えられるシナリオは、不良債権を放棄し現状努力するか、収益性悪化による倒産である。企業の経営悪化或いは倒産は、取引先の金融機関や企業に悪影響を与えることになる。市場に不良債権が蔓延すると銀行は信用を高めるため自己資本保有率を高める必要があった。銀行は不良債権を抱えた企業への融資に抵抗を覚えた。これが「貸し渋り」であり、金融の非流動性を助長した。「貸し渋り」に対し金融監督庁は指導を試み、その弊害をなくすべく努力した。バブル後の平成不況期、金融機関は不良債権処理に専心し、金融ビッグバンによる制度の転換も追い風となり、経営規模縮小、行員リストラ、他の金融機関との合併などにより、経営安定化を目指した。ここで不良債権問題の代表的な例として住専問題をみてみよう。住宅金融専門会社（住専）8社は、1970年代、それぞれ複数の銀行が中心となって共同出資し設

立されたノンバンクで当初は住宅金融を専門としていた。80年代になって優良企業の「銀行離れ」に伴い、銀行が新たに個人向け融資として住宅ローンを開拓すると、住専は急激に不動産、建設関連融資に傾斜していった。住専の住宅・不動産・建設への融資はバブル期には確実な成果があったが、バブル崩壊後、膨大な不良債権（全体で10兆円）を抱え込んでしまった。農林系金融機関が住専に大口融資をしており、その処理を巡り、設立母体である銀行が負担すべきとする農林系金融機関側（母体行責任論）と、融資比率に応じて負担すべきとする銀行側（貸し手責任論）が衝突し、政治問題化した。結局、その中間、やや銀行側の負担の多いところで決着し、不足部分6,850億円を公的資金投入で穴埋めすることになった。これが引き金となり、村山内閣は総辞職した。

　最後に、参考として不良債権問題に関する主要な事件および関連事項を年代順に列挙してみる。

1991年7月	伊予銀行、東邦相互銀行の救済合併発表
1992年4月	都長銀、信託の延滞債権の総額発表(92年3月末7兆円~8兆円)
1993年2月	**住専問題、大蔵・農林両省間覚書**
1993年5月	釜石信金の岩手銀行等への事業譲渡発表
1993年5月	都銀各行、初めて不良債権発表（総額8兆4,553億円）
1993年8月	阪和銀行副頭取、射殺される
1993年9月	コスモ証券破綻、大和銀行が子会社化
1994年12月	東京協和・安全信組破綻処理発表
1995年3月	東京・三菱銀行合併発表
1995年7月	コスモ信組破綻処理
1995年8月	兵庫銀行、木津信組の破綻処理
1995年12月	**住専処理、閣議決定**
1997年4月	日産生命の破綻処理
1997年11月	三洋証券、会社更生法適用を申請
1997年11月	北海道拓殖銀行、自主再建を断念
1997年11月	山一證券、自主再建を断念
1997年11月	徳陽シティ銀行、自主再建を断念
1997年12月	丸荘証券、自己破産申告
1998年6月	金融監督庁、主要19行に集中検査・考査に着手
1998年10月	金融再生関連4法成立

（引用文献）

1. 小峰隆夫『最新日本経済入門（第2版）』日本評論社、2003年。
2. 田中隆之『現代日本経済バブルとポスト・バブルの軌跡』日本評論社、2002年。
3. 星岳雄他編『日本金融システムの危機と変貌』日本経済新聞社、2001年、70-71頁。
   [T.Hoshi et al., Crisis and Change in Japanese Financial System, Kluger Academic Publisher, 2000.]
4. 斎藤精一郎『ゼミナール 現代金融入門 改訂4版』日本経済新聞社、2003年。
5. 高山憲之「厚生年金の債務超過に目を向けよバランスシートが教える改革の道筋」文藝春秋編『日本の論点2004』文藝春秋社、2003年。
6. 戸矢哲朗『金融ビッグバンと政治経済学金融と公共政策策定における制度変化』東洋経済新報社、2003年。
7. 富山県統計課編『経済指標のかんどころ2001年 改訂21版』富山県統計協会、2001年。
8. 西村吉正『日本の金融制度改革』東洋経済新報社、2003年。
9. 日本銀行金融研究所『新版わが国の金融制度』日本銀行金融研究所、1995年。
10. 藤岡明房「財政」『イミダス2005』集英社、2005年。
11. 三橋規宏他編『ゼミナール日本経済入門2004年版』日本経済新聞社、2004年。

不良債権ディスクロ

年／月			1993/3	93/9	94/3	94/9	95/3
			第一フェーズ				
単体ベース	破綻先債権	都長信	●	●	●	●	●
		地銀					
		地銀2	●	●	●	●	●
		信金					
	延滞債権	都長信	●	●	●	●	●
		地銀					
		地銀2					
		信金					
	金利減免等債権	都長信					
		地銀					
		地銀2					
		信金					
	経営支援先債権	都長信					
		地銀					
		地銀2					
		信金					
	3ヶ月以上延滞債権	都長信					
		地銀					
		地銀2					
		信金					
	貸出条件緩和債権	都長信					
		地銀					
		地銀2					
		信金					
	金融再生法ベース 不良債権	都長信					
		地銀					
		地銀2					
		信金					
連結ベース	リスク管理債権 （破綻、延滞、3ヶ月 以上延滞、貸出条件 緩和）	都長信					
		地銀					
		地銀2					
		信金					

【凡例】
- ● 業務報告書・有価証券報告書の貸借対照表の注記事項（監査対象）。
- ○ ディスクロージャー誌において開示。
- □ 金制・金融システム安定化委員会の答申（95/12月）で「できるだけ早期に都銀・長信・信託と同様の開示を行うことが望ましい」とされた（この結果、一部行で開示）。
- △ 結果として全行が口頭開示。
- (1) 預金量1千万円以下の信金は任意。
- (2)「金融機関が公衆の縦覧に供するため作成する説明書類に記載することその他これに準じる方式」により公表することとなっている。

    「金融機関が公衆の縦覧に供するため作成する説明書類」とは通常はディスクロージャー誌を指すと考えられる。

(出所) 星岳雄他編『日本金融システムの危機と変貌』日本経済新聞社、2001年、70-71頁。

―ジャー拡充の歴史

95/9	96/3	96/9	97/3	97/9	98/3	98/9	99/3	99/9	2000/3
第二フェーズ					第三フェーズ		第四フェーズ		
●	●	●	●	●	●	●	●	●	●
●	●	●	●	●	●	●	●	●	●
●	●	●	●	●	●	●	●	●	●
	○(1)		○		○		○		○
●		●	●	●	●	●	●	●	●
	●	●	●	●	●	●	●	●	●
	□	□	●	●	●	●	●	●	●
					○		○		○
△	●	●	●	●	●	貸出条件緩和債権に吸収			
	□	□	●	●	●				
	□	□	●	●	●				
					○				
	○	○	●	●	●	貸出条件緩和債権に吸収			
		□	●	●	●				
		□	●	●	●				
					○				
					○	●	●	●	●
					○	●	●	●	●
					○	●	●	●	●
						○			○
					○	●	●	●	●
					○	●	●	●	●
					○	●	●	●	●
						○			○
							○(2)	○(2)	○(2)
							○(2)	○(2)	○(2)
							○(2)	○(2)	○(2)
								○(2)	○(2)
							●	●	●
							●	●	●
							●	●	●
							○		○

【注】

1. 都長信で開示対象とされた段階で自主的に当該開示対象債権額を開示する地銀等はどの時点でもかなりの数に上っている。

2. 地銀・地銀2の一部では1998年3月期から本格的に導入された自己査定結果を踏まえ、個別貸倒引当金（債権償却特別勘定）対象債権について、債務者区分別に与信額、担保等保全額、個別貸倒引当金などの情報を開示している。

3. 一部の銀行では関連ノンバンクからの貸出金にかかるリスク管理債権について、連結リスク管理債権の公表前から公表している。

4. 一部の銀行では、要注意先向け債権の分類も含めた自己査定結果の開示を行っている。

第9講 景気循環と日本

　景気循環は経済成長についてシュムペーター等により開発された経済学の分析手法である。景気拡張期—景気後退期や好況期—不況期として経済の変化を捉える方法で、資本主義経済の活動を時系列的に捉えて経済の実態を捉えていく。第9講ではこの景気循環の区分によって日本の経済をみていく。

1. 日本経済の長期波動

(1) 明治・大正期

　1855年前後すでに自由貿易体制にあり第1次技術革命・産業革命を達成していた欧米列強により開国を迫られた日本は、開国を選択し、明治維新をへて1885（明治18）年前後から本格的に西欧化の道を進むことになった。1885～96年は好況期で紡績工場など近代産業の成長、銀本位による輸出の伸長、日清戦争の刺激による経済成長が実現した。日本は1915年前後までに富国強兵・軽工業化を実現したが重工業化には遅れをとっていた。1897～03年は不況期で成長率が鈍化した。金本位制移行により輸出額減少、国際収支悪化。この時期恐慌状態が発生した。1904～18年は好況期でまず日露戦争が近代産業を刺激した。外債の利子負担累積と輸入の増加により国際収支が悪化したが第1次世界大戦の勃発によって一転して大幅な黒字となった。輸出の未曾有の増大は投資活動を刺激した。経済成長率5～6％を記録した。この間に繊維を中心とする軽工業も急速に拡大したばかりでなく、鉄鋼・機械・造船等の重工業も漸く発展の糸口を掴んだ。これにより労働力に対する需要は拡大し、農村や都市に滞留した過剰労働は一時的に解消した。1919～28年は不況期で実質輸出額は1917年（大正6）年を頂点に減少し、輸出率（輸出のGNEに対する割合）も1920年代中葉には10％程度に低下した。その結果国際収支の不

均衡を招き、1920年には戦後恐慌が発生した。1923年の関東大震災は事態を一層悪化させ、1927年（昭和2）年金融恐慌が発生した。

(2) 昭和前期

1929〜36年は不況期から好況期への転換期で、まず政府は1929年、緊縮政策によって経済を建て直し、国際競争力を強化する政策（井上財政）を採った。1930年旧平価による解禁を断行し実質的には15%の円切上げを断行した。1929年に米国で始まった世界恐慌の影響も重なり、1930〜31年日本経済は激しい恐慌に襲われた。企業は倒産し、失業者が町に溢れた。1931年政府は金輸出を再禁止し、積極財政（高橋財政）を展開した。即ち、国際金本位制から国内通貨機構を隔離したうえ、赤字公債を中心とするインフレ政策の展開によって景気回復を図ったのである。また金輸出再禁止後の為替相場が下落したため、交易条件は低位となり輸出は急速に増加した。これにより日本経済は好況となった。このころから植民地主義の退潮という世界史的変動が生じ、日本もワシントン条約を調印・批准し対米英協調路線を選択した。しかしこの選択は曖昧で日本は中国出兵を繰り返した。特に1931年の満州事変を契機に中国侵攻という軍国主義路線をとった。その結果景気循環第1長波の文字通り下降の30年を辿ることになる。1937〜56年は不況期で、戦中から戦後の混乱期にあたる。1937年には日中戦争、1941年には太平洋戦争が勃発し、日本経済も戦時経済の様相を強めていった。1938年には国家総動員法が発令され、41年にはそれに基づく物価統制令が公布。43年には、平和産業関係の工場を軍需産業に転用する措置も施された。しかし戦局の悪化により制海権を失った日本は、資源の輸送の途を絶たれて経済は危機に瀕した。

(3) 昭和後期ー平成期

太平洋戦争の敗北を契機に1945年から、対米従属の下で、改めて軽武装・富国の道を選択する。この第2長波の上昇の30年で戦前には達成出来なかった第2次技術革命・重化学工業化に成功した。その頂点の1975年前後には経常収支の基調的黒字化を達成する等、産業・経済における工業化・西欧化を完了した。1980年代前半には第3次技術革命・電子化に繋がり、その基盤と

なる中核的部品素材半導体の製造で一時は世界の生産シェアのトップにもなった。しかし 80 年代後半には土地・株式投機を中心とする日本経済史上空前のバブル経済にはまり込み、90 年から始まる第 2 長波下降局面の模索期ではほぼ間違いなく「失われた 15 年」を経て 2005 年前後の谷に至った。戦後の景気循環を見ると日本では戦後現在まで 13 回の循環を経験している。これらの拡張、後退期間を平均すると、拡張期間は 33.1 ヶ月、後退時期は 17.2 ヶ月となる（非常に短期の第 1 循環は除く）。景気の良い時期が 3 年弱続いた後、景気の悪い時期が 1 年半訪れるというのが大まかな周期である。

　景気循環の生じる理由としては外国の景気からの影響、政府の経済政策からの影響、企業の投資政策、ストックとフローの状態、経済活動の基本要因である所得、需要、生産のバランスによる影響があげられる。

　景気変動は、基本的に回復期、加速期、成熟期の三段階に分けられる。これに様々な要因が加わり、バリエーションを作る。

（引用文献）
1.　小峰隆夫『最新日本経済入門（第 2 版）』日本評論社、2003 年。
2.　南亮進『日本の経済発展（第 3 版）』東洋経済新報社、2002 年。
3.　渡辺健一『日本経済とその長期波動 21 世紀の新体制』多賀出版、2003 年。

景気循環　Business Cycle

name of cycles	period of time	cause of cycles	reference index
Kondratieff waves コンドラチェフ波	40〜50years	technologial renovation 技術革新	WPI、r. of interest、production 卸売物価指数、利子率、生産高
Kuznets swings クズネッツ波	15〜25years	construction 建設	WPI、r. of interest、production 卸売物価指数、利子率、生産高
Juglar cycles ジュグラー波	7〜10 years	replacement 設備更新	bank loan、r. of interest、CPI 銀行貸出高、利子率、物価指数
Kitchin cycles キチン波	40months	inventory investment 在庫投資	clearings. WPI、r. of interest 手形交換高、卸売物価、利子率

〔引用文献〕木村武雄「経済時事用語について」『麗澤大学紀要』第 62 巻、1996 年 7 月、202 頁を加筆修正。

第10講　世界企業と日本

　低成長時代からバブル期にかけて、日本の企業は不況時代に対応するための企業努力と競争力をつけるための技術革新を怠らずに努力を続け、その結果ソニーやトヨタなどの世界企業を輩出した。第10講ではこれらの世界企業の変遷を検討する。

1.　経済成長率

　1980年代後半から90年代に掛けて日本の経済成長率を展望すると次のとおりである。1）バブル崩壊後日本の経済成長率は年平均4%台から1%台へ急速に低下した。特に電気機械産業など製造業の落ち込みが大きかった。2）その対策として利益に直結した技術開発の必要が望まれた。収益性を見誤ると莫大な損害を蒙る可能性がある。外部との適切な連携による基礎的研究推進の必要性が高まった。3）日本企業は閉鎖的で外部の企業や研究機関との連携に欠けていた。技術革新について特許出願数等は問題ないが技術開発プロジェクトが大企業に偏り、企業内で技術資源や情報を独占する傾向にある。4）日本企業の総資本営業利益率（ROA）と総資本回転率を分析すると1980年以降ほぼ一貫して日本企業の収益力が低下している。日本企業の病的な収益率体質はバブル以前から存在していた。5）日本的経営の特質がかえって企業成長の足枷となった。長期雇用は経営の不効率性を助長した。品質管理の適応的導入は利益率の上昇にはそれほど貢献していなかった。品質第一主義は時として、コスト、開発期間、環境配慮、製品機能への配慮を欠くことになった。6）その欠点を補うべく、管理会計による分析が重要になった。

2. 日本企業の競争力

　日本企業の競争力を確認してみよう。1) ダボス会議を主催している「世界経済フォーラム（WEF）」が毎年発表している『世界競争力報告』2003 年版では、日本は世界 102 ヶ国・地域の順位付けで 11 位となっている。2) IT の分野では、日本の競争力は徐々に上昇している。WEF による IT の分野に限った競争力の順位づけも 11 位となっている。3) 経済財政白書によれば、日本の競争力は 90 年から 2002 年に掛けて 43% 下落したが、その 8 割は円高要因、2 割は労働生産性の伸び率の低下と分析している。4) 日本企業の国際競争力は、製造業、金融、サーヴィス等の業態によって競争力要因が異なる。製造業でも、素材（鉄鋼、石油化学等）、機械（産業機械、自動車等）、電子（家電、情報、電子部品等）といった各産業での国際競争力のあり様は異なる。(1) 鉄鋼業は需要産業の自動車や家電の海外生産の影響を受け、粗鋼生産減少を余儀なくされ、トップの座も韓国のポスコに奪われた。しかし先端製品での先行性は依然維持している。(2) 石油化学産業はグローバル化が遅れ従来から規模の面で欧米企業に劣っている。液晶等の電子産業向けの特殊な分野も韓国の追撃を受けている。(3) 機械分野において日本企業は、総じて強い国際競争力を維持している。工作機械や金型の普及品では韓国や台湾等のアジア企業の追い上げが著しいが、自動車や電子部品で必要とされる高精度加工用工作機械では依然として優位性を維持している。(4) 自動車産業の場合、最強のトヨタにあっても部品のモジュール化、日本型経営の海外移植、中国で現地生産化等の課題は多いが強い国際競争力は一貫して維持されている。(5) 電子産業の場合は 90 年代に入って先ずパソコンが、そして後半携帯電話が急速に世界市場を形成するのに呼応して、所謂情報通信機器市場の勃興期に世界標準に乗り切れず日本企業の競争力は大幅に低下した。PC、携帯電話、半導体のような先端分野では、新たなデファクトスタンダードやビジネスモデルが誕生したが、スピード経営が求められ、効率的な水平統合型生産システム（設計や組立生産の外部発注）が支持され、垂直統合型生産システムの物作りを得意とする日本企業は意思決定タイミングを誤るという致命的な経営判断ミスを犯した。

(引用文献)

1. 『一橋ビジネスレビュー』特集「競争力の検証　日本企業は本当に復活したのか？」2004 年冬（52 巻 3 号）。
2. 加登豊「日本的品質管理を鍛える」『一橋ビジネスレビュー』2004 年冬号、52〜61 頁。
3. 軽部大「データで振り返る日本企業のパフォーマンスと経営課題」『一橋ビジネス』2004 年冬号、24〜35 頁。
4. 日本経済新聞社『日本経済 100 の常識（2005 年版）』2004 年 9 月。
5. 御手洗久巳「日本の国際競争力は落ちたか」『経済セミナー』2005 年 1 月、18〜21 頁。
6. 元橋一之「「失われた 10 年」に日本の産業競争力は低下したか？」『一橋ビジネス』2004 年冬号、7〜23 頁。

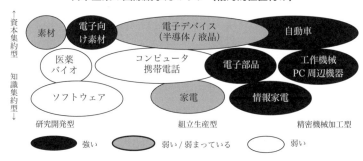

「我が国製造業の生産改革と国際事業展開」（国際協力銀行審査部産業調査リポート）を参考に作成。
〔引用文献〕御手洗久巳「日本の国際競争力は落ちたか」『経済セミナー』2005 年 1 月、19 頁。

第11講　環境問題と日本

　企業が成長過程において大量に排出する老廃物や産業廃棄物によって引き起こされるのが公害問題である。それは自然環境破壊や大気汚染に広がり、地球全体の問題に発展していく。これが環境問題である。第11講ではまず高度成長期に表面化した公害問題を取り上げ、次に個別の公害問題から発展した地球環境の問題を展望する。

1.　公害問題と環境問題

　ミクロ経済学の問題として公害問題を取り上げる場合、経済主体（たとえば企業）が外部（ここでは社会）に対して結果的にコストを強要する行為をしたものとして捉えられ、外部不経済の問題として扱われる。経済主体の外部に対する影響は時には市場の失敗をもたらし政府の介入が必要になる。外部経済の問題はロナルド・コースによって確立された。コースの唱える「外部性の問題は所有権の再割当てにより解決可能である」（スティグリッツ『ミクロ経済学（第1版）』東洋経済新報社、1995年、649頁）は多くの示唆を与えてくれる。

　日本の公害に関する事件としては明治時代の足尾銅山拡毒事件（1880年頃）や別子銅山煙害事件（1890年頃）が有名であるが、本格的訴訟問題の代表例としては、1953年の水俣病（熊本県水俣湾周辺、工場排水中の有機水銀が原因）、60年代前半における阿賀野川流域（有機水銀が原因）、四日市ぜんそく（硫黄酸化物が原因）、イタイイタイ病（神通川流域）等がある。いずれも社会問題となり、60年代後半から70年代にかけて公害反対運動の結果、企業側の責任が認められ被害者への損害賠償が命じられた。これらの例における経済主体はチッソなどの企業であり、外部不経済の結果被害を受けたのは地域住民、そして事件が訴訟問題となり政府（司法）が介入し、市場の失敗が明らかになった。なお高

度経済成長の結果大都市周辺の窒素酸化物等を含む排気ガスの問題もこの頃から深刻化した。切実な社会問題である公害に対し1967年公害基本法、1968年大気汚染防止法や騒音規制法が制定されたが効果は上がらなかった。その後1970年国会において公害問題が集中的に審議され、その結果72年大気汚染防止法と水質汚濁防止法が改正され、汚染により健康被害が生じれば、原因者（企業）は、故意や過失が無くても被害を補償しなくてはならないという無過失責任が定められるまでに至った。

2. 企業の社会的責任

　1970年代には日本では環境庁の設置とともに公害問題への対策が講じられてきたが、その後より大きく、地球（あるいは宇宙も含む）規模で環境問題を取り上げ、その問題を検討していく潮流が主流となっていった。その過程で提出されたテーマが「企業の社会的責任」であった。企業は公害問題によって社会に被害を与える側面と、経済行為の遂行により社会に富をもたらす側面という、矛盾した二つの側面を持つ。公害問題の難しさはこの矛盾に直面することにある。こうした矛盾を乗り越えるために考え出されたのが「企業の社会的責任」である。企業は、公害問題解決のためには先手を打って、製品企画の初期の段階から公害を想定する必要がある。新製品の開発にあたって安全、健康、環境に配慮し、製造方法や材質等を工夫しなければならない。また製造過程において発生する、あるいは製品が不用になってからの、外部不経済を考慮しなければならない。これが製造者の「企業の社会的責任」となる。製品の製造過程における企業の責任を明確にするものとして1994年、PL法（products liability）が制定され、製造業者等の過失の有無を問わない欠陥責任の考えが導入された。その後PL法の概念が検討され製品の廃棄段階での製造者の責任が問題となった。これは拡大製造者責任（EPR：Extended Producer Responsibility）といい、政府の環境負担低減のため、製造・使用段階に加え、廃棄段階でも企業はより広い範囲で責任を負うべきという考えである。企業は廃棄物の減量、リサイクルの促進に積極的に取り組むべきとされ、容器包装リサイクル法や家電リサイ

クル法が制定された。企業の社会的責任について、以前からライフサイクル・アセスメント（LCA :life cycle assessment）という概念が提唱されている。LCAは工業製品の原料資源発掘から使用・廃棄の全過程において環境への負荷の大きさを予測する手法で、環境 LCA ともいう。具体的には二酸化炭素等の地球温暖化、フロン等オゾン層破壊、酸化窒素物等酸性化等の地球規模の環境影響を測定する。ISO に記載され、国際的に義務付けられる方向になっている。

3. 地球環境の問題

国連承認を受けたブルントハルト委員会（環境と開発に関する委員会 WCED）が 1987 年に発表した報告書(Our Common Future) において「持続可能な開発」(sustainable development) という概念が提示された。それによれば「将来の世代の欲求を充足する能力が損なわれないようにしながら、今日の世代が自分達の欲求を満たすようにする」という考えを経済開発の基本とする。環境保全と開発は補完的関係にあり、環境保全を推進する経済成長のみが世界経済を持続可能にする、とした。

1970 年代の公害は、訴訟事件などの形で、一般社会がその現象や事件の問題について、誰が問題を起こし、なにが原因で誰が、どのように被害を受けたか、について一応ははっきりと捉えることが可能であった。それに対して環境問題(特に地球環境問題) は、具体的な問題点がわかりにくく、しかも地球温暖化や熱帯雨林の減少等、被害の及ぼす範囲が地球的であり、かつ直接人体に影響を与えない。今後の課題として一般社会人が実感を込めて地球環境問題を自身の問題として捉える環境づくりが重要になる。

また従来の公害対策は、汚染物質を出した者が公害防止費用を負担するという、汚染者負担の原則（PPP, Polluter Pays Principle）に従って大規模事業所を対象とした直接規制が中心であった。この PPP は、1972 年に OECD の理事会勧告で提唱された。日本では、公害防止費用だけでなく被害者救済・現状回復費用についても汚染者に負担させることを含めて用いられることが多い。公害健康被害補償法、公害防止事業費事業者負担法等にこの考え方が現れている。

これに対して、地球環境問題は、その発生源が企業ばかりでなく消費者も含め、広範囲に渡るため、モニタリングの効率化の観点から税制等の価格メカニズムを活用する間接規制が重視されることになる。

参考文献
1. 浅子和美他編『入門・日本経済（新版）』有斐閣、1997 年。
2. 植田和弘「環境問題と経済政策の課題」『経済セミナー』2005 年 1 月号、46-49 頁。
3. OECD、環境庁・外務省監訳『OECD レポート：日本の環境政策』中央法規出版、1994 年。
4. 木村武雄「コースと企業理論」『経済思想と世界経済論』五絃舎、2004 年。
5. 木村武雄「経済思想と環境倫理」『高崎経済論集』48 巻 2 号。
6. 金森久雄他編『有斐閣経済辞典（第 3 版）』有斐閣、1998 年。
7. 細川隆雄『食糧・資源・環境問題へのアプローチ』創成社、1999 年。

社会的共通資本（social overhead capital）		
「ある一つの社会や地域の人々の人間的尊厳を守り、魂の自立を図り、市民の基本的権利が最大限に享受出来るようなことが目的として非常に重要な役割を果たすもの」		
①自然環境 （national capital） 海、山、川、空気、水、森林	②都市的インフラ （social infrastructure） 道路、公共的な交通体系 電力、上下水道等	③制度資本 （institutional capital） 学校、病院或いは 金融制度、司法制度等

備考）宇沢弘文等の著書より木村武雄が作成した。

第 12 講　世界貿易と日本

　2013 年の世界貿易（ドル建て、輸出ベース）は、2008 年のリーマン・ショック以降の弱い回復が続き、前年比 1.6% 増の 18 兆 2、826 億ドルとなった。伸びは、2012 年（0.5% 減）からプラスに転じたが、小幅に留まった。物価変動の影響を除いた 2013 年の世界の実質輸出（数量ベース）の伸びは、前年比 1. 9% 増、実質輸入は、3.3% 増であった。

　2013 年の日本の貿易（通関・ドルベース）は輸出が前年比 10.3% 減 の 7,192 億ドル、輸入が 5.6% 減の 8,389 億ドルであった。貿易収支は赤字幅が前年比 324 億ドル増の 1,197 億ドル、3 年連続の赤字を記録した。

1.　日本の貿易依存度および輸出・輸入

　貿易依存度は GDP に対する輸出額および輸入額の割合。日本経済における貿易依存度を調べてみると意外にも低水準で 10% 台前半である。日本の輸出依存度（2012 年）は 13.4% である（1998 年 10.2%）。 自由貿易港で中継貿易の香港 (168.2%)、シンガポール（147.7%）、EU や ASEAN 域内の小国（内陸国が多い）のベルギー (92.4%)、スロヴァキア (87.4%)、ハンガリー (82.7%)、チェコ (80.0%)、マレーシア (74.5%)、ベトナム (74.1%) が続き、国土の広い大国は低い (例外はドイツ 41.1%)、オーストラリア (16.4%)。主要国では、韓国 (48.5%)、中国 (24.5%)、フランス (21.3%)、英国 (19.3%)、ロシア (25.9%)、米国 (9.5%) は最低値。日本の 13.4% はブラジル（10.8%）に次いで、3 番目に低い。日本の輸入依存度（2012 年 14.9%）も同様に低い。しかしながら、この輸入額（米園、中国、独に次ぐ 4 位）は、7,986 億ドルである。オランダ等世界 20 位の国の GDP に匹敵する。また対日本輸出に依存している国もあり、インドネシアやアラブ首長国連邦は輸出の 2 割以上が対日本向けである。これらの国は日

本の輸入動向の影響を受けやすく GDP や国民所得が増減する。日本の輸出入
の動向が諸外国への影響は大きく、その意味において日本は経済大国と言える。
しかしその日本経済も、戦後初期から、輸出伸長をしめしても結果的に貿易収
支は赤字という状態が 20 年近く続いていた。資源の無い国の宿命かもしれな
い。景気が好転すると輸入が増加して貿易赤字が増える。政府は金融引締めや
財政支出削減によって景気過熱を抑え、赤字累積を阻止した。景気が悪化する
と景気浮揚策が採られた。こうして貿易収支あるいは経常収支の悪化（好景気）
と好転（不景気）とが交互に現れることを国際収支の天井という。戦後期の日
本の経済成長が国際収支の枠に嵌められていたために起った経済現象であり、
1960 年代中葉、日本経済はこの自縛から解放された。日本経済の高度成長期、
輸出増加が格段の拡大を示した。日本の貿易黒字の拡大は貿易摩擦を招き、相
手国の貿易赤字を拡大させた。ややもすると日本輸出超過（輸出圧力）は相手
国の国内産業を直撃し失業増大を招き、ジャパン・バッシングが起こり、その
結果、ニクソン・ショックや金融変動相場制への移行など、一連の国際規模の
金融改革が実現し、またオイルショックなどの事件も改革を促進した。日本は
外国への直接投資と証券投資を増加させ、その結果資本収支の赤字幅は拡大し
た。このような資本の流出は、米国その他の国々の資本不足を補った。

2. 世界貿易と日本

　21 世紀になってから、世界貿易における中国の躍進が際立っている。まず、
輸出では、2001 年世界 6 位 2,660 億ドルが、仏英を抜き 02 年 4 位 3,255 億
ドル、日本を抜き 04 年 3 位 5,933 億ドル、米国を抜き 07 年 1 兆 2,178 億
ドル、リーマンショックを受けたが独を抜き 09 年 1 兆 2,017 億ドルで、世
界トップの座に就いた。そして、2013 年在まで、その地位を維持し、2 位と
の差も拡大している。その間、日本は、米国、独に次いで 2001 年世界 3 位 4,036
億ドル、中国に抜かれて 04 年 5,657 億ドルで、4 位になり、これが定位置と
なり 2013 年 7,192 億ドルで、現在に至る。つまり 2009 年以降、1 位中国確
定、2 位、3 位は年により独・米が拮抗して順位が入れ替り、4 位日本は定位

置となった。次に輸入面では、2001 年 1 兆 1,791 億ドル、から 2013 年 2 兆 3,313 億ドル、まで、一貫して米国が 1 位を独占している。中国は 2001 年 2,435 億ドル 6 位、仏英日を一機に抜き去り 2003 年 4,127 億ドル 3 位に浮上した。 6 年間定位置だったが、リーマンショック後独を抜き 2009 年 1 兆 9,503 億ドルで 2 位になり、2013 年 1 兆 9,503 億ドルも 2 位で定位置となった。その間日本は 2001 年 3,491 億ドルで米国、独に次いで 3 位だった。4 年間定位置だったが、英国に抜かれ 2007 年 6,198 億ドル 5 位、仏を抜き 2008 年 7,625 億ドル 4 位、仏に抜かれ 2009 年 5,505 億ドル 5 位、2010 年 6,924 億ドル 4 位が、定位置となり、2013 年 8,324 億ドル 4 位となった。つまり、2010 年以降、米、中、独、日の順が定着した感がある。

3. 日本の輸出構造の変化—2008 年と 2013 年を比較して—

2008 年と 2013 年では、輸出に大きな構造変化が起きている。この間、為替は円高が進み、輸出数量が伸び悩むとともに企業の海外進出もさらに進んだ。パソコンにみられるようにデジタル機器では技術面よりも価格面の影響力が高まっており、2012 年までの円高は日本製品の輸出競争力には下方圧力となった。2012 年後半からは円安傾向になっているが、貿易構造に変化が生じたこともあり、輸出は弱含みに推移している。

4. 高付加価値の中間財や資本財が輸出競争力を強化する

貿易赤字を生んだ背景の一つとして指摘されるのは、輸出競争力の低下である。輸出競争力の定まった定義はないが、ここでは、貿易特化指数と顕示比較優位指数（RCA）を用いて、日本製品の競争力をみてみよう。

5. 日本の主要工業分野の貿易特化指数の推移

貿易特化指数は、（輸出額−輸入額）/（輸出額＋輸入額）で計算する。この指数は、ある財の貿易がどの程度輸出に偏っているかを図るもので、0 を上回ると、比較優位があると見なす。推移を追うと、日本製品は全ての分野で、比較優位

を保っているものの、2000年代以降の電気機器の落ち込みが顕著である（図1）。家電製品の海外生産シフトや、近年の電機メーカーの苦戦ぶりとも合致する動向である。一方、輸送機器と鉄鋼は係数が高いまま安定している。一般機械も、一時の落ち込みを経て、傾向としては再び競争力が回復しつつある。

6. 顕示比較優位係数：RCA（revealed comparative advantage）

RCAは（日本のi財の輸出／日本の総輸出）／（世界のi財の輸出／世界の総輸出）で求められ、日本の財の輸出割合が世界平均と比してどの程度なのかを測るものである。1を上回ると、比較優位と見なす。図1よりも細かい品目分類にもとづき、輸出競争力を2000年と2013年の2時点で比較した（図2）。図の左側は、2000年から競争力を強めた品目で、右側は逆に競争力を弱体化させた品目である。優位を維持している品目は、汎用性を回避し、工業用ロボット、繊維機械、ギヤボックス等である。

7. 企業内貿易

企業内貿易とは、国際経済が複雑化し、多国籍企業が出現することにより、ひとつの企業によって貿易が成立することを指す。世界貿易の全体の3分の1が企業内貿易であるといわれている（池間誠・大山道広編『国際日本経済論』文眞堂、2002年、36頁）。

多国籍企業にはタックス・ヘイブンなど、徴税の問題が必ず発生する。移転価格問題は国際二重課税の問題でもあり、厳密な税法のもとで、明確な連結財務諸表により利益が把握される必要がある。移転価格税制の導入により、海外の関連会社が立地する国との間の協議を踏まえ、通常の取引価格（独立企業間価格）を用いた算出方式に基づいて課税することで一応の決着をみて、鎮静化したが、電子取引の拡大により火種を残している。

図1 主要分野の貿易特化係数マップ

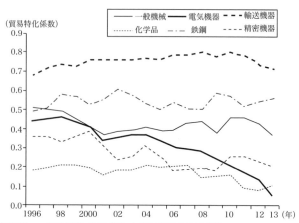

〔注〕貿易特化係数＝（輸出額－輸入額）／（輸出額＋輸入額）。
〔資料〕『貿易統計』（財務省）から作成。

図2 日本製品の輸出競争力（2000年→2013年）

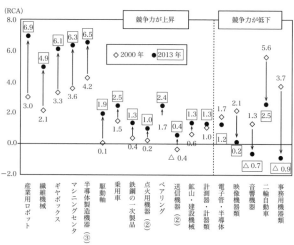

〔注〕①顕示比較優位指数（RCA）＝（日本のi財の輸出／日本の総輸出）／（世界のi財の輸出／世界の総輸出）
　　②点火用機器と送信機器の世界輸出額は、2000年と2013年の統計が取得できる82ヵ国ベース。
　　③半導体製造装置のHSコードは2000年時点では存在しなかったため、2007年時点のデータを使用。
〔資料〕各国貿易統計から作成。

（引用文献）

1. 浅子和美他編『入門・日本経済（新版）』有斐閣,1997年。

2. 岩田一政「移転価格と直接投資」『三田学会雑誌』90巻2号（1997年7月）、168-188頁。

3. 木村福成「直接投資と企業内貿易」池間誠他編『国際日本経済論』文眞堂、2002年。

4. 高坂正堯『海洋国家日本の構想』中央公論社、1965年。

5. 小林威編『移転価格税制の理論・実証研究』多賀出版、1998年。

6. 小峰隆夫『最新日本経済入門（第2版）』日本評論社、2003年。

7. 西川俊作他編『日本経済の200年』日本評論社、1996年。

8. 南亮進『日本の経済発展（第3版）』東洋経済新報社、2002年。

9. 安場保吉「資源」西川俊作他編『日本経済の200年』日本評論社、1996年。

10.『ジェトロ世界貿易投資報告2014年版』ジェトロ（日本貿易振興機構）、2014年。

第13講　世界の直接投資

1．直接投資

IMF は直接投資を、「居住者による、非居住者である直接投資企業（子会社、関連企業、支店）に対する、永続的権限の取得を目的とする国際投資」と定義づけ、株式等の取得を通じた出資については、出資比率 10% 以上を直接投資の対象としている（日本もこれに準ずる）。従って、他国企業の資産、株式の取得において、出資比率が 10% 未満の場合、国際収支統計上、直接投資には区別されない。こうした出資比率 10% 未満の M & A は、対外ポートフォリオ投資（Foreign Portfolio Investment：FPI）の中の対外ポートフォリオ株式投資（Foreign Portfolio Equity Investment：FPEI）に分類される。FPI は資産運用を目的に、外国企業の株式、債券、金融派生商品（デリバティブ）に投資することであり、その中で、外国企業の株式購入・売却を通じた資産運用が FPEI である（図1参照）。

図1　FDI・FPEI・FPI の概念図

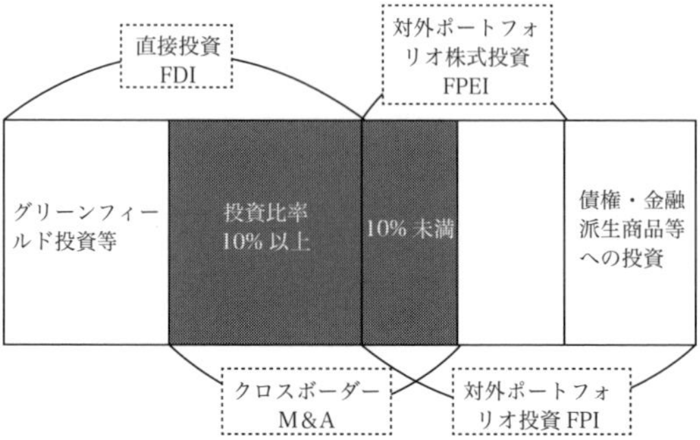

第 13 講 世界の直接投資　*105*

2.　グリーンフィールド投資 -green field investment-

海外に進出する際、現地の既存企業の買収、合併等に因らず、まったく新規に拠点を設立して行う方法をいう（有斐閣『経済辞典（第 3 版)』)。

3.　対外直接投資

出資者に専属する企業、子会社、支店の設置・拡張および既存企業の完全取得、新設または既存企業への参加、5 年以上の長期貸付を対外直接投資としている（OECD の資本自由化規約)。

4.　世界の直接投資

2014 年の世界の対内直接投資（国際収支ベース、ネット、フロー）は、前年比 16.3% 減の 1 兆 2,283 億ドルに減少した（UNCTAD)。米国からの大規模な投資の引き揚げが主因。1 位は中国 1,285 億ドル（シェア 10.5%)、2 位香港 1,032 億ドル（同 8.4%)、3 位米国 923 億ドル（同 7.5%)、4 位英国 722 億ドル（同 5.9%)、5 位シンガポール 675 億ドル（同 5.5%)、6 位ブラジル 624 億ドル（同 5.1%)、7 位カナダ 538 億ドル（同 4.4%)、8 位オーストラリア 518 億ドル（同 4.2%)、9 位インド 344 億ドル（同 2.8%)、10 位オランダ 302 億ドル（同 2.5%)。そして日本は、台湾 28 億ドル（同 0.2%)に次いで 27 位 20 億ドル（同 0.2%)である。この数字は UNCTAD（国連貿易開発会議）の区分に基づく先進国 39 カ国・地域の下位である。

また世界の対外直接投資は、前年比 3.7% 増の 1 兆 3,540 億ドルであった。1 位米国 3,369 億ドル（シェア 24.9%)、2 位香港 1,427 億ドル（同 10.5%)、3 位中国 1,160 億ドル（同 8.6%)、4 位日本 1,136 億ドル（同 8.4%)、5 位ドイツ 1,122 億ドル（同 8.2%)、6 位ロシア 564 億ドル（同 4.2%)、7 位カナダ 526 億ドル（同 3.9%)、8 位フランス 428 億ドル（同 3.2%)、9 位オランダ 408 億ドル（同 3.0%)、10 位シンガポール 406 億ドル（同 3.0%)。

5. タックス・ヘイブン（図2参照）

タックス・ヘイブンについて米国の内国歳入庁（IRS）は「秘密主義を促進し、アームス・レングスでない取引に保護を与える国」と定義している。

1977年 IRS は、典型的なタックス・ヘイブンを5つに分類した。1）実質的には無税または完全な免税を認める国・地域。バハマ、バミューダ、ケイマン諸島およびニューヘブリデスが該当。2）税公課はあるが極めて低率な国・地域。スイス、英領バージン諸島、ジブラルタル等。3）国内源泉所得には税公課があるが外国源泉所得には免税が認められている場合。香港、リベリア、パナマ等。4）持株会社等特定の企業に税誘因あるいはその他の特典を認めるもの。ルクセンブルク、オランダ領アンチルス等。5）特定の活動にのみ免税或いは他の特典を認めるもの。シャノン自由港、アイルランド等。

タックス・ヘイブン・カンパニーは（1）投資会社、（2）持株会社、（3）自家保険会社、（4）無体財産権保有会社、（5）海運会社設立と船籍移転に分けられる。（1）は多国籍企業傘下各社の余剰資金を集中し、証券投資を行うためのもの。（2）は持株会社を当地に設立し、各子会社から受け取る配当を留保して本国における課税を回避するもの。スイス、ルクセンブルク等がある。（3）は低税率国に自家保険会社を設立し、親会社が当該自家保険会社に保険料を支払う形を採って課税所得を高税率国で減額し、低税率国への移転を図る。バミューダが該当する。（4）は低税率国に設立した会社に特許その他の無体財産権を集中保有させて、ロイヤルティを留保させる。（5）は低税率国に海運会社を設立し、同時に船籍を当該会社設立国に移転するもの。

日本では、内国法人がタックス・ヘイブンに名目だけの子会社等を置いてこれに利益を留保させている場合、一定の要件の下にその外国子会社等の留保所得をその親会社である内国法人の所得に合算して課税する。その外国子会社等に課された外国法人税がある時は、その内国法人でみなし外国税額控除の適用が認められている。この合算課税5年以内にその外国子会社が利益配当等をした場合には、課税済みのみ未処分所得のうちその配当等に対応する部分の金額を損金算入で調整できる。

第13講 世界の直接投資 107

図2 世界の主要タックスヘイブン

(注) 大蔵省指定による (全) 全所得軽課税国等に該当。
(外) 国外所得課税国等に該当。
(特) 特定事業所得課税国等に該当。
(出所) 大飼真博『タックスヘイブン活用の実際』日本実業出版社、1987年。
[引用文献] 中村雅秀『多国籍企業と国際税制』東洋経済新報社、1995年、136頁。

（引用文献）

1. 櫻井雅夫『新国際投資法』有信堂、2000 年。
2. 『ジェトロ 貿易投資白書 2015 年版』2015 年 9 月。
3. 『ジェトロ貿易投資白書 2004 年版』2004 年 9 月。
4. 『ジェトロ貿易投資白書 2002 年版』2002 年 9 月。
5. 高橋元監修『タックス・ヘイブン対策税制の解説』清文社、1979 年。
6. 中村雅秀『多国籍企業と国際税制』東洋経済新報社、1995 年。

第14講　国際協定と日本

1.　通商協定と日本

1）日米修好通商条約と自主権放棄：江戸時代後期、西欧は市場開放と植民地政策を実現すべくアジア諸国に対し通商を迫った。日本も例外ではなく1853年米国のペリーが浦賀に来港し開国を迫った。安政の五ヶ国条約に始まる一連の通商条約に基づき、日本は1859年長崎、神奈川（横浜）、箱館（函館）、1868年兵庫（神戸）、大坂（大阪）等を開港した。関税自主権がなく、貿易港が限定され海港場での取引は自由であったという「不平等」条約で外国貿易を営むことになった。この間の貿易収支は、1860～65年出超、1866～81年入超、1882～86年出超、1887年以降は91、92年を除いて再び入超であった。日本は対外的には銀本位制を採用していたので、1870～90年代にかけて銀貨が下落し、そのため生糸・茶等欧米市場向けの輸出にとって有利だった。1897年金本位の採用により、日本の通貨は国際通貨体制にリンクすることになる。

2）関税自主権の部分的回復：1899（明治32）年の関税自主権の部分的回復によって関税率が上昇し1911年全面回復が達成された。関税率上昇は第1次世界大戦中・戦後を除いて1930年代初頭まで続いた。関税構造は原料の輸入は0～5％の低税率で、完成品の輸入は比較的高い税率を課し、国内の加工製造業を保護するシステムになっていた。戦前の貿易の特徴は、欧米貿易で原料・半製品輸出と工業品輸入という後進国型の構造と、アジア貿易では工業品輸出・一次産品輸入という先進国型のそれとの併存タイプであった。

3）1902-1921年の日英同盟：条約改正と金本位制の確立によって、日本は貿易において欧米列強と対等の位置に立ったが、日清戦争以降の東アジア情勢は日本の対外政策を大きく転換させた。日清戦後経営、日露戦争の戦費調達、

日露戦後経営のために国債・地方債等の外債の募集や技術提携による外資の導入が図られ、外資輸入現在高は 1905 年には 14 億円、13 年には約 20 億円に増加し、国際収支は危機的状況になった。第 1 次世界大戦により欧州への物資や東南アジア植民地への代替品供給によって日本の輸出は激増し、特需を迎え国内的には重化学工業が発展し輸入代替化が進展し、債務国から債権国へ転化した。それと同時に大戦は、外国債の購入等日本からの資本輸出を促進し（第 1 次資本輸出期）、資本輸出額は 1914 年 5.3 億円から 19 年 19.1 億円に増加し、資本収支も 1915 〜 18 年には計 14.3 億円のマイナスを記録した。

4）戦間期の貿易：第 1 次世界大戦期が終了し西欧経済が復興すると輸出が停滞し貿易収支は赤字になり、関東大震災復興のため資材輸入増が加わり、入超構造が定着した。1920 年代は第 2 次資本輸入期ともいわれ、財源の確保や正貨流出阻止のために積極的に外資導入が図られた。しかし 1929 年の株価暴落に始まる世界的な不況の拡大で、国際貿易の基調は自由貿易から保護貿易に転換し、日本の輸出は米国向け生糸輸出額の急減により大きな打撃を受けた。しかし、綿織物業を中心とする輸出が「企業努力」により国際競争力を強め、さらに金輸出再禁止以降は高橋財政の低為替政策に支えられて輸出を拡大した。この急拡大は欧米各国との貿易摩擦に発展し、世界の保護貿易化を促進させ、世界貿易を縮小均衡へ導いた。しかし日本の綿織物の輸出は原料である綿花に依存するため、入超構造を転換させるには至らなかった。1930 年代は、満州・朝鮮等の植民地への資本輸出が増加したが、外資導入は為替管理の強化によって難しくなった。1937 年国際収支の危機が表面化したため輸入為替管理令による直接的な経済統制が成された。38 年には指定商品の輸出と原材料輸入権を関連させる輸出入リンク制が導入され、鉱油、鉄鉱石、機械等の軍需資材の輸入が増加し、繊維品輸出は減少。円ブロックの形成により貿易決済は円貨決済圏と外貨決済圏に二分され、対円ブロック貿易における出超、対第三国貿易における入超という構造は外貨不足を誘発し国際収支の危機を招いた。円ブロック経済圏も日満支から次第に南方諸地域を含む「大東亜共栄圏」構想に拡大し、1941 年に米国の対日資産凍結、石油禁輸措置により、その傾向は

第 14 講　国際協定と日本　*111*

一層顕著になった。

　5）ガリオア・エロア協定：ガリオア資金（Fund for Government and Relief in Occupied Areas、占領地域救済資金）は、第 2 次世界大戦後、米国が占領地域の疾病・飢餓による社会不安を防止し、占領行政を円滑にする目的で支出した救済資金。日本向けは 1945 年 9 月〜51 年 6 月に計上され . 食糧・医薬品等の購入に充てられた。エロア資金（Fund for Economic Rehabilitation in Occupied Areas、占領地経済復興援助資金）は、第 2 次世界大戦後、米国が占領地の経済復興を援助する目的でガリオア予算から支出した資金。対日エロアは 1948 年 7 月〜50 年 6 月に計上され、主に綿花、羊毛等の工業原料の輸入代金に充てられた。ガリオア資金（1949 年以降はエロア資金）援助下で、米国の余剰小麦、余剰綿花が日本へ供給された。当初政府も国民も、これらは「贈与」だと思い込んでいたが、後年になって米国はこれらの援助は「貸与」であると通告し、日本の対米債務として 22 億ドル（7,920 億円）を通告してきた。返済額は交渉の結果、最終的には 1962 年、当時のカネで 4 億 9,000 万ドル（1,964 億円）、年利 2 分 5 厘、15 年賦払いと決まった。

　6）自由貿易協定〔FTA〕と日本：日本との FTA 締結は、シンガポールとは 2002 年 11 月に既に発効している。日本の国内の農業が障害となっていたが、シンガポールは農業国ではないので、懸案事項は少なかった。今後締結に当たって農業問題が焦点となる。日本の農業は 3 つのカテゴリーに区別できる。（1）国内政策や制度が構造的に絡み合った問題。米が当たる。（2）日本全体からみれば規模の小さい問題だが、産地や関連団体の政治力が極めて大きいもの。群馬県の蒟蒻イモ等。（3）既にガットによって貿易障害がかなり低い場合。多くの野菜、果物、水産物。通常（1）は WTO 交渉になっている場合が多いので、（2）、（3）の自由化の程度問題に終始する場合が多い（つまり交渉力如何にかかって、政治問題である）。人の移動の問題がある。3 種類の外国人労働者がある。（1）ハイテク技術者、（2）看護師、介護師等の免許を持った人、（3）非熟練労働者。（1）は障害はない。（2）はケースバイケース。（3）はごく僅かしか門戸が開かれていない。中国は積極的に東南アジア諸国を中心に FTA 戦略を行っている。

7）TTP（環太平洋経済連携協定）：2015年10月5目、日米豪等12か国が'ITP大筋合意した。TTPが発効すると、次のことが誕生する。

①世界最大の自由貿易圏が出現する。

ア）TTP12は、人口8.1億人で、世界経済のシェアは36.3%（2014）。EU（28か国）は、同5億人、23.9％。ASEAN（10）は、同6.2億人、3.2%。NAFTA（3か国）は、同4.7億人、26.5%。

イ）医薬品のデータ保護期間は、8年で合意した。

製薬企業を抱える米国は、12年を主張したのに対して、豪州は5年を求めていた。日本の国内法は、元々8年であった。

ウ）乳製品の市場開放について、ニュージーランド（NY）が求めていたが、日米等が受け入れた。

NY経済の屋台骨を支えるのは、生産性の高い乳製品産業。NY乳業大手フォンテラ社の圧力がある。TTPにより、日本のバターは、年間3,188トン（6年目3,719トン）の輸入枠が設定された。年間国内需要7万〜8万トンの5%程度。最近では年間1万トン強が国産だけで不足しており、この3〜4割を補うことになる。

現在は外国産バターが国産より高いが、「TTP枠」だと安くなりそうだ。国内対策として、2016年度より、試験的に（牛乳用途を除く）生乳の入札制度を導入。

エ）自動車の関税撤廃条件で、部品の55%を域内調達すれば、輸出にかかる関税ゼロに。（原産地規則）

オ）著作権の保護期間を50年から原則70年に延長。

カ）国有企業に対する優遇を規制する。国内市場を外国企業に開放。

キ）ISDS条項（Investor‐State Dispute Settlement）企業の投資先国が投資協定に違反した場合、企業が国を相手どって投資仲裁を申したてられる条項。日揮が2015年6月スペイン政府を「現地企業と組んだ太陽熱による発電事業に対して、買い取り価格の当初約束を破り、投資家に不利な条件に追い込んだ」として、世界銀行の傘下の投資紛争解決国際センターに仲裁を

訴えた。TTP では、この仲裁裁定の公開による透明性確保が担保された（日経 2015.8.24 朝刊）。

ク）①輸出工業製品は関税撤廃率 99.9%、②輸入工業製品は関税撤廃率 100%。③輸入農産品は関税撤廃率 81.0%、④輸出農産物は関税撤廃率 98.5%（日本の場合）（日経 2015.10.21 朝刊）。

ケ）③で発効時即時撤廃品目は、ぶどう、キウイ、えび、かに、まぐろ缶詰め等。

コ）①で発効時即時撤廃品目は、NZ、メキシコ、ペルー向け乗用車、②で同、自動車用揮発油を除く石油つまり軽油、重油、灯油、プラスチック原料・製品、化合繊製オーバーコート等を除く繊維・繊維製品は全て。④で、米国・カナダ向け即席麺、イチゴ、日本酒。カナダ、メキシコ向け醤油。

8）OECD および G 2 0（2015.10.9）多国籍企業の租税回避地対策の国際課税新規則採択。

ア）タックスヘイブン（租税回避地）で稼得した利益にも適切な課税。

イ）特許を子会社に格安で譲渡した親会社に追徴課税。

ウ）子会社への利払いに対する税優遇を制限。

エ）国内に倉庫があるネット通販会社に課税。

オ）税理士に節税策の報告義務。

カ）2 年を目安に二重課税の課税を目途。

（日経 2015.10.9 夕刊）

(引用文献)

1. 木村福成「自由貿易協定と日本の戦略」『経済セミナー』600 号、2005 年 1 月。
2. 杉山伸也「貿易と資本移動」 西川俊作他編『日本経済の 200 年』日本評論社、1996 年。
3. 西川俊作他編『日本経済の 200 年』日本評論社、1996 年。
4. 林直道『現代の日本経済（第 5 版)』青木書店、1996 年。
5. 南亮進『日本の経済発展（第 3 版)』東洋経済新報社、2002 年。
6. 渡辺健一『日本経済とその長期波動 21 世紀の新体制』多賀出版、2003 年。
7. 『日本経済新聞』2015 年 8 月 24 日付朝刊、10 月 9 日付夕刊、10 月 21 日付朝刊。

第3部　経済思想

第1講 リカードと比較生産費説

1. リカードとその時代

　デヴィッド・リカード (1772-1823) の経済学は、19世紀はじめ英国において、穀物法反対の立場から（廃止は 1846 年、リカードの死後に実現）自由貿易を推進しようという、極めて実践的な問題意識の下で展開された。彼は、アダム・スミスの理論にあった未整理な部分を検討し、価格理論、賃金論、地代論を展開し、分配の問題から資本蓄積経済成長の問題へと発展させていった。

　リカードの父は、オランダからロンドンに移住し商業地区シティで証券仲介業を営むユダヤ人でリカード自身は小さい頃から父の手伝いをした。ロンドンの小学校とアムステルダムの商業学校で学問を学んだ。結婚問題（宗教上の問題）で親と縁を切り証券仲買業者として独立。その頃読んだ、アダム・スミスの『国富論』に感化され家業の傍ら経済学についての著述をするようになる。主著は『経済学及び課税の原理』(1817)。刊行の 2 年後には証券仲買業をやめ下議院議員になった。

2. リカードの経済学

(1) 価格の決定

　リカードは彼の主著『経済学及び課税の原理』のはじめにおいて価格決定についての検討を行ってる。そこで彼は、「各財の価値が、その生産のために直接、間接に投下された労働の相対量に依存するという労働価値説に厳密な基礎づけ」（宇沢弘文『経済学の考え方』岩波新書）を与えた。これは価格決定に必要であり、「正常利潤率が減少するとき実質賃金は増大するという、リカードの賃金・利潤論の基本命題」（森嶋通夫『思想としての近代経済学』岩波新書、17 頁）が得られる。アダム・スミスは、均衡価格が投下労働量に等しいという投下労働価値論は前資

本主義の段階原始社会、狩猟社会にみられるとした。リカードはアダム・スミスの考えを検討し、投下労働価値論は利潤の存在する資本主義経済の下でも基本的に成立すると主張した。確かに各産業の付加価値の大きさがそこで働く労働者の数に比例していると考える妥当性を持つ。しかし絶えず競争に晒される資本主義経済では長期的に、どの産業に投下された資本にも均等に利潤率が保障される筈である。その時、各産業の利潤の大きさは、投下された資本の量に比例する筈だから、雇用されている労働者の数とは必ずしも比例しない。

(2) 賃金基金説

リカードは賃金や地代についてもアダム・スミスの考えを検討し、より正確なものにしようと試みた。マルサスの『人口論』から影響を受け、賃金基金説、人口法則を受け入れ「賃金は長期的には労働者が生存を維持できるくらいの水準に固定されるだろう」（竹内靖雄『経済思想の巨人たち』171 頁）と考えた。実質賃金率がこの水準を上回る状態が続くと、労働者の家計には余裕ができ、よって多くの子供ができる。人口が増加するとやがて労働市場で供給超過になり、実質賃金率の下落が起こる。よって労働者家計が貧しくなり、人口の抑制に繋がり、やがて労働市場の需給均衡が回復する。逆に、もし実質賃金率が生理的必要水準を下回る状態が長く続くと、労働者の家計は圧迫され、子供の数が減り、人口が減少する。するとやがて労働市場で需要が供給を超過し、実質賃金率の上昇が起こる。こうしていずれにせよ実質賃金率は労働者の生存費に相当する水準を中心にして変動し長期的にはこの均衡水準へと引き寄せられる。

(3) 価値分解説

労働価値説によれば商品の価値は大方その投下労働量によって決まる。付加価値部分についてもそうである。従って、その一定の付加価値に占める賃金部分に価値の分量が確定すれば、利潤部分の価値額は残余として自動的に確定する。ところが賃金部分の価値は、労働者に生存費分の消費財を買い取らせるような額であるからその分量の消費財の価値（投下労働量）によって決まる。それを付加価値総額から控除すると利潤部分の価値額が確定し、延いては利潤率も確定する。

この価値分解説は、実質賃金率が変動した時に利潤率にどのような変化が起こ

るかについて、情報を提供している。たとえば、実質賃金率が上昇すると、労働者が賃金によって買い取る消費財の分量が増加することを意味するから、生産技術に変化がなければ賃金として支払われる部分の価値額を増大させる。従って利潤率は下落する。逆に実質賃金率の下落は利潤率の上昇をもたらす。

(4) リカードの比較生産費説

1) リカードの比較生産費説は穀物法論争のなかから生まれた。リカードは穀物法廃止および穀物の自由化を主張したので、彼の考えは人件費削減、高利潤率などの恩恵を受ける資本家に支持された。逆にそれらの利益を失うことになる地主階級と対立した。それらの利害関係の狭間で、リカードは地主階級を含めより多くの国民を納得させるべく比較生産費説が英国全体にとって有益になることを実証することに全力を注いだ。

2) リカードの比較生産費説は有名な貿易に関する例をもって説明される。ポルトガル、英国の2国を想定し、ポルトガルは葡萄酒、英国はラシャを生産している。英国はラシャ1単位を生産するのに100人、葡萄酒1単位を生産するのに120人の労働者を必要とし、ポルトガルはラシャ同量を生産するのに90人、葡萄酒同量を生産するのに80人の労働者を必要とする。この場合英国はラシャの生産に専念し、ポルトガルに輸出し、代わりに葡萄酒を輸入することが有利である。何故なら、同じ1単位の葡萄酒を入手するのに、英国国内で生産すれば120人の労働が必要であるのに対してポルトガルから輸入するなら、代わりに輸出するラシャを生産する100人の労働だけで済むからである。他方、ポルトガルは葡萄酒を英国に輸出して代わりにラシャを輸入することが有利である。何故なら同じ1単位のラシャを入手するのに、ポルトガル国内で生産するれば90人の労働が必要であるのに対して、英国から輸入するならば、代わりに輸出する葡萄酒を生産する80人の労働だけで済むからである。この考え方がリカードの比較生産費説である。この考え方は現在でも多くの支持を得ているが、一国経済を標携するドイツ制度学派などからの批判の対象ともなっている。

3. 今日の経済とリカード

　現代の経済情勢をみても比較生産費説の考えかたが見受けられる。たとえば世界市場に適応して輸出を延ばそうとする東アジアの発展戦略や戦後日本の急速な重化学工業化などである。新鋭設備を支える高い国民貯蓄率、良質な労働力、有利な臨海工業立地等、資源賦存を生かした視点からみると戦後日本の重化学工業化も比較優位説による説明が可能である（香西泰『D・リカード　証券ブローカー出身の経済理論家』41 頁）。

　また現代経済学においてはイタリアのスラッファがリカード経済学の復興を試み、リカードの学説のうち、未解決であった「不変の価値尺度」に答えを提出した。スラッファの説に影響を受けたパシネッティ、スティードマンらを新リカード学派と呼んでいる。この新リカード学派は米国にも広まり、また、もともとマルクスとリカードの類似が指摘されてきた経緯もあり、現代マルクス経済学もスラッファおよび、新リカード学派の手法に注目した。

（引用文献）

1. 伊坂市助他編『原典経済学』同文舘、1953 年。
2. 内田義彦『経済学史講義』未来社、1961 年。
3. 香西泰『D・リカード 経済学の先駆者たち』日本経済新聞社、1995 年、32-43 頁。
4. 久留間鮫造・玉野井芳郎『経済学史』岩波全書、1954 年。
5. 真実一男『リカード経済学入門』新評論、1975 年。
6. 羽鳥卓也『古典派資本蓄積論の研究』未来社、1963 年。
7. 水田洋他編『経済思想読本』東洋経済新報社、1978 年。
8. 三土修平『経済学史』新世社、1993 年。
9. 湯浅越男『世界の哲学・思想のすべて』日本文芸社、1997 年。
10. 吉沢芳樹他著『リカードウ・経済学と課税の原理・入門』有斐閣新書。
11. リカード、小泉信三訳『経済学及び課税の原理』岩波文庫。
12. David Ricardo, *On the Principles of Political Economy and Taxation*, London, 1817, 3rd ed., London, 1821, ed. by Sir E. C. K. Gonner, London,1929（G 版と略す）、ed.by P.Sraffa, Camb. Univ. Press, 1952.（S 版と略す）。

第2講　ミードと国際収支

　ジェームズ・エドワード・ミードはケインズ・グループの俊英で、ケインズの遺志を受け継ぎ第2次世界大戦後の英国経済や世界経済についての指針提示に尽力した。彼は1907年イングランド生まれ、オックスフォード大学に学び、「サーカス」と呼ばれる『貨幣論』研究グループをロビンソン夫妻等と共に結成した。30年卒業後同大学講師、37年まで勤務。38年国際連盟経済部部員としてジュネーブに赴いた。第2次世界大戦が勃発するとロンドンに戻り、40年内閣経済部経済補佐官。46年同部部長、翌47年ロンドン大学教授。57年ケンブリッジ大学教授。77年国際貿易・国際資本移動の理論的研究によりB.G.オリーンと共にノーベル経済学賞を受賞。95年12月22日逝去。ケインジアンらしく、ミードも市場原理に基づく経済主体の行動を分析するというよりはマクロ経済学的なテーマ、福祉や品行、厚生に対する関心が高かった。第2次世界大戦後、英国経済建て直しの政策立案過程で経済成長に注目し、戦後の彼の研究テーマとなった。51年の『国際収支』(『国際経済政策論』第1巻)では国際資本移動の側面から国際収支理論を展開。55年の『貿易と厚生』(同書第2巻)では厚生経済学に社会的厚生の増加という新しい概念を与えた。61年の『経済成長の理論』により、新古典派経済成長論への先駆的貢献に対して77年ノーベル経済学賞受賞。

　ミードは国際貿易の国内生活水準に対する影響を研究した。「経済学者として初めて、自らが名付けた「国際均衡 (external balance：対外均衡)」と「国内均衡 (internal balance：対内均衡)」のどちらを達成するかによって経済政策の目的を分類した」(マリル・ハートマッカーティー著、田中浩子訳『現代経済思想』日経BP社、2002年、424頁)。国際均衡は国際支払いの均衡に関するもので、輸入への支払額および海外からの長期投資の買入額が、輸出の受取額および海外

投資家への長期投資の売却額に等しい状態を指す。国内均衡は国内経済の状況、具体的には完全雇用と物価の安定が達成された状態を指す」（前掲書、424頁）。ミードは国際均衡については金融政策によって解決することに反対し、金融政策は圏内の必要性に基づき、単独で決定されるべき、とした（前掲書、425頁）。1978年に『直接税の構造と改正』として出版されたミード報告は、ミードの下に英国の指導的立場にある税制の専門家を総動員して作成されたもので、英国の税制を検討し、現行税制の不備を指摘して、経済効率を高め、しかも公平な税制を提案したものであったが、税務行政的には非現実的な提案であった。

〔参考：国際収支統計と新旧発表形式、122頁〕

(引用文献)

1. 小林威「ミード報告」『財政学を築いた人々——資本主義の歩みと財政・租税思想』ぎょうせい、1983年。
2. ノーベル賞人名事典編集委員会編『ノーベル賞受賞者業績事典(新訂版)』日外アソシエート、2003年。
3. M. ハートマッカーテイ、田中浩子訳『現代経済思想』日経BP社、2002年。
4. ミード、北野熊喜男他訳『経済学入門　分析と政策』東洋経済新報社、1952年。
5. ミード、山田勇監訳『経済成長の理論』ダイヤモンド社、1964年。
6. ミード、大和瀬達二他訳『経済学原理1、2～1966年。
7. ミード、渡部経彦他訳『理性的急進主義者の経済政策』岩波書店、1977年。
8. ミード『直接税の構造と改正～(通称ミード報告)、1978年。
9. ミード、柴田裕他訳『公正な経済』ダイヤモンド社、1980年。
10. J. E. Meade, "Exchange-Rate Policy, " in *Readings in Money, National Income and Stabilization Policy*, Warren L. Smith et al., eds., Homewood (Ⅲ) : Richard D. Irwin,1970.
11. J. E. Meade, "The International Money Mechanism, " *Reading in Macroeconomics*, M. G. Mueller, ed., NY: Holt Rinechart & Winston, 1966.

国際収支統計の新旧発表形式

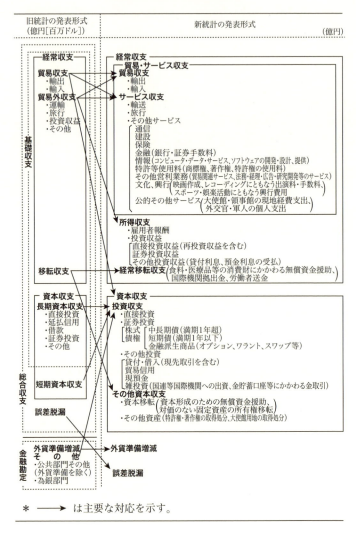

* ──→ は主要な対応を示す。

(出所) 日本銀行国際収支統計研究会『国際収支のみかた』日本信用調査、1966 年、27 頁。

第3講　オリーンと貿易理論

　ベルティル・オリーン（1899.4.23-1979.8.3）は1899年4月23日、スウェーデン、クリパンに生まれ、16歳でルンド大学に入学、数学、統計学、経済学を学び、1919年ストックホルム商科大学を卒業、ハーバード大学留学後1924年、ストックホルム商科大学で博士号取得。同年コペンハーゲン大学教授、29年、ストックホルム商科大学教授に就任。また、38年から70年までは国会議員も勤め、44-45年商務大臣、44年-67年、野党自由党総裁、55-70年まで、北欧理事会スウェーデン代表、56-65年同主席代表を務める。77年国際貿易、国際資本移動の理論的研究により、E.ミードと共にノーベル経済学賞受賞。79年8月3日、ストックホルムで逝去。享年80歳。

　オリーンは29年『賠償問題―論考』で第一次世界対戦の賠償問題について分析、ドイツに課せられた賠償について、ドイツの負担が重すぎるとするケインズと対立、一大論争を起こした。この論争は近代の一国主義的な国際収支に関する理論を考える上で重要なものとして評価されている。1933年、オリーンは *Interregional and International Trade*（『地域貿易と国際貿易』）を発表。この作品の中でオリーンは、オリーンと師であり、リカードの比較優位説を徹底的に検証したヘクシャーの博士論文を継承し、国際取引に関する経済理論を構築した。この理論は貿易理論に関する標準的モデルとして使用される国際分業のパターンの決定に関する定理であり、ヘクシャー＝オリーンの定理として知られている。オリーンは多数市場の存在を仮定し、各国国内での生産要素の移動を考慮した、相互依存価格理論を一般均衡分析の手法を用いて展開した。

1.　ヘクシャー・オリーン・サミュエルソンの定理

　自由貿易が行われると、生産要素の自由な移動が行われるときと同様な、賃

金、地代、利潤など生産要素の価格の均等化が生じるという命題。ヘクシャーの 1919 年の論文をもとに、オリーンが 1933 年に発表した見解が、のちにラーナー、サミュエルソンらによって定式化され、証明された（長谷田彰彦『完全体系　経済学辞典』富士書店 1994 年、240 頁）。相対的に豊富な生産要素を用いる商品を輸出し、逆に希少な生産要素のそれを輸入する（ヘクシャー・オリーンの定理）。

2.　為替理論

(1) 価格弾力性と貿易収支

　貿易収支が為替レート切下げにより改善される可能性は、輸出入需要曲線の傾きが緩やかであるほど大きくなる。つまり輸出入財への需要の価格弾力性（価格が 1% 変化した時に需要量が何 % 変化するかを示す無名数）が比較的高いとき、輸出入量の切下げに対する反応は大きくなり、貿易収支の赤字は縮小（黒字は増大）する傾向にある。逆に、輸出入財への需要の価格弾力性が比較的低ければ、輸出入量の切下げに対する反応は小さくなり、貿易収支の赤字が増大（黒字は縮小）する可能性が強まる。

　1）弾力性アプローチ（輸出入の関係に着目した弾力性アプローチ）：為替レートの変化が貿易収支に与える影響についてのもっとも伝統的アプローチであり、輸出入需要の価格弾力性に基づく。ひとつの貿易財の生産に特化する日本（自国）と米国（外国）からなる世界を想定し、自国財の価格（P_X）は円建て、外国財の価格（$P_m{}^*$）はドル建てで固定する。この仮定は両国の供給の価格弾力性が無限大であり、供給量は需要のみにより決定されるとする。自国の貿易収支（J）は自国財の輸出量を X、外国財の輸入量を M とし、

　$J = P_X{}^*X - P_m{}^*M$……（5-1）、但し上付添字 * は価格がドル建てを示し、自国財のドル建て価格は先の仮定から、

　$P_X{}^* = (P_X/E)$ ……（5-2）、ここで E は名目為替レート（ドルの円価格）であり、E の上昇は円の切下げ（減価）を意味する。（5-1）は、日本の貿易収支をドル建ての輸出額からドル建ての輸入額を控除したもの。自国財の輸出は、外国で

の自国財への需要で決まるとする。

X＝X〔(PX/E)、……〕……(5-3)、ここで〔 〕内の……は、所得水準等自国財価格以外の要因を指すが、それらはみな一定とする。(5-3) 式は、自国財の輸出需要がそのドル建て価格の負の関数である。したがって自国財の円建て価格が一定であるとき、円切下げ（E の上昇）は、そのドル建て価格の下落により、日本からの輸出が増大する。ドル建て価格を縦幅、輸出量を横幅にしたグラフでは、この輸出需要曲線は右下がり、次に価格弾力性が無限大であるという仮定により、輸出供給曲線は水平に描かれる。したがって、円切下げは自国財をより低いドル価格で無制限に購入できるので、供給曲線は下方移動する。

一方、自国の輸入は外国財への需要により決定する。

M＝M〔(E・P_m*)、……〕……(5-4)、ここで (5-3) 式と同様に価格以外の要因は一定と置く。(5-4) 式は、外国財の輸入需要がその円建て価格の負の関数。したがって、外国財のドル建て価格が一定であるとき、円切下げは、その円建て価格を上げて、外国財の輸入を減少させる。ドル建て価格を縦軸、輸入量を横軸にしたグラフではこの輸入需要曲線は右下がりで、円切下げはその下方に移動させる。なおドル建て価格を縦軸とした場合、輸入の供給曲線は水平となり、ドル価格が固定されている限り為替レートの変化にしても移動はしない。

2) マーシャル＝ラーナー条件：先の例では、貿易財価格は生産国通貨で固定される（供給の価格弾力性は無限大）という仮定での、切下げで貿易収支が改善する必要な弾力性の条件を「マーシャル＝ラーナー条件」とする。仮定が限定的なため、マ条件がそのまま現実に適用するとは考えられないが、為替レートと貿易収支との関係を考慮する際、基本的枠組みとして有益な概念である。

(5-1) 式に (5-2) 式を代人し、その全微分を取ると、次の式が導出される。

dJ＝(P$_X$/E) dX−P_m*dM−(P$_X$X/E^2) dE……(5-5)

ここで輸出需要の価格弾力性を$\varepsilon$$_X$〔≡−(dlnX/dlnPX*) >0〕、輸入需要の価格弾力性を$\varepsilon$$_m$〔≡−(dlnM/dlnP$_m$) >0〕と置くと、(5-5) 式は次のようになる。

$$dJ = [P_X{}^*X(\varepsilon_x - 1) + P_m{}^*M\varepsilon_m]\, d\ln E \quad \cdots\cdots (5\text{-}6)$$

ここで当初の貿易収支をゼロ（$P_X{}^*X = P_m{}^*M$）と置くと、為替レート切下げにより、貿易収支が正の変化をする条件は、

$$(dJ/d\ln E) = (\varepsilon_x + \varepsilon_m - 1) > 0 \quad \text{或いは} \quad \varepsilon_x + \varepsilon_m > 1 \quad \cdots\cdots (5\text{-}7)$$

即ち、輸出と輸入の価格弾力性の和が 1 より大きい場合は、為替レートの切下げが貿易収支を改善へ導く。弾力性アプローチの応用として J カーヴ効果がある。

3) アソープション・アプローチ：貯蓄・投資の関係に着目した分析手法で、1950 年代にシドニー・アレクサンダーを中心とする IMF のエコノミスト達により提唱された。貿易収支（あるいは経常収支）は国内生産と国内消費の差に等しいという事実に着目したことによる。アソープション（A）とは、民間消費、民間投資そして政府支出という国民所得（Y）の 3 要素を集合した概念。$Y = A + B \quad \cdots\cdots (5\text{-}8)$、但し、$B = (\equiv E - M)$。E、M は輸出量と輸入量の名目値。B はサーヴィス貿易や要素受取・支払を考慮すれば、貿易収支とも経常収支とも解釈できる。

（5-8）を転換すると、$B = Y - A \quad \cdots\cdots (5\text{-}9)$、（5-9）式は、貿易収支が国内生産と国内消費の差額を示している。したがって、貿易収支の赤字は A が Y を凌駕しているから生じるので、A を減じるか Y を増加させればよい。伝統的ケインズ経済学では、前者を「支出削減政策」、後者を「支出切り替え政策（需要を外国財から自国財へ転換する）」と呼ぶ。しかし完全雇用の世界では Y を政策により増加できないので、貿易収支の調整は主として A の動向如何による。

では切下げの効果はどうか。(1) 切下げは一般的に交易条件を悪化させ、国民の実質所得を減らし、消費を抑制する。(2) 切下げは物価水準を上げ、通貨や債券といった名目資産の実質価値を下げる資産効果を通じて、消費を抑制する。一部の実証研究では資産効果が微々たるものなので、切下げによる消費抑制現象の貿易収支改善効果は、限定的かつ一時的である。

3. 為替レートの決定要因

1）購買力平価説：長期的な均衡為替レートは内外通貨の一般的購買力の比率によるとする説。20世紀初頭、スウェーデンの経済学者グスタフ・カッセルによって提唱された。長期的な均衡為替レートは内外通貨の一般的購買力の比率によって決定される。通貨の一般的購買力は一般物価水準の逆数であるから、日本と米国の一般物価水準を各自 p、p*、為替レートを e（1ドル＝e円）とすれば、均衡レートは e = p/p* となる。相対的に物価上昇率の低い（高い）国の通貨の相対価値は上昇（下落）することになる。

2）アセット・アプローチ：中・短期均衡為替レートは内外の金融資産の選択（金利差・為替レート）とする。近年の国際的資本取引の活発化を反映して、内外金融資産の選択が為替レートを決定するというのがこの理論である。

4. クローサーの国際収支の発展段階説

体制転換において重要なのが為替の信用である。為替は国家の経済力を示し、他国からの信用を反映する。国家の発展段階にそった分析をクローサーが行っている。彼によれば発展段階は、第1段階：未成熟の債務国、第2段階：成熟債務国、第3段階：債務返済国、第4段階：未成熟の債権国、第5段階：成熟した債権国、第6段階：債権取崩し国に分けられる。

第1段階「未成熟の債務国」は、経済発展の初期段階で、開発に必要な投資財は輸入により調達され、国内貯蓄は充分とはいえないので、必要な資本は海外に仰ぐことになる。したがって経常収支は赤字、長期資本は流入超過となる。第2段階「成熟した債務国」は、輸出産業の発達に連れて財貨サーヴィス収支は黒字化するが、過去の債務の利子返済が続く為、経常収支は赤字が続く。第3段階「債務返済国」は、輸出がさらに拡大し経常収支は黒字化するが、それまで累積していた対外債務を返済し始めるため、長期資本は流出超過となる。第5段階「成熟した債権国」は、依然として投資収益は黒字であるが、貿易収支は輸出産業が発達してくるに連れて財貨・サーヴィス収支は黒字化する一方、過去の債務の利子支払いが継続する為経常収支は赤字が続く。第6段階「債権取

国際収支の発展段階 － イギリス、アメリカ、西ドイツ、日本

	財貨・サービス収支	投資収益収支	経常収支	長期資本収支	戦前(上段)戦後(下段)	イギリス 期間(年)	イギリス 経常収支/名目GNP	アメリカ 期間(年)	アメリカ 経常収支/名目GNP	西ドイツ 期間(年)	西ドイツ 経常収支/名目GNP	日本 期間(年)	日本 経常収支/名目GNP
I. 未成熟の債務国	－	－	－	＋	前							(1868-1880)	－
					後								
II. 成熟した債務国	＋	－ －	－	＋	前			(1871-1890)	(▲0.6)			(1881-1914)	－
					後							1955-1964	▲0.2
III. 債務返済国	＋＋	－	＋	－	前			(1891-1910)	(0.7)			(1914-1920)	(7.2)
					後							1965-1969	0.8
IV. 未成熟の債権国	＋	＋	＋＋	－ －	前	(1851-1890)	(3.8)	(1910-1940)	(2.4)	1951-1970	1.3		
					後			1946-1970	0.6			1970-1983	0.7
V. 成熟した債権国	＋	＋＋	＋	－	前	(1891-1925)	(3.4)	1971-1981	0.4	1971-1982	0.5		
					後	1948-1982	0.3						
VI. 債権取崩し国	－ －	＋	－	＋	前	(1926-1944)	(2.6)						
					後								

(出所) 経済企画庁『昭和59年度 経済白書』。
(引用文献) 小峰隆夫『最新日本経済入門（第2版）』日本評論社、2003年、193頁。

第3講　オリーンと貿易理論　*129*

崩し国」は、財貨・サーヴィス収支は遂に赤字化するが、過去に累積した債権の存在により投資収益は黒字であり、経常収支も黒字である。

5.　相互需要の原理

　二国間の貿易の交易条件は、相互に相手の輸出品に対する輸入需要が均等する点で定まるという、ミル、マーシャルの理論。

　ミルは、リカードの比較生産費説を批判し、「国際交易の条件は国際需要の方程式に依存するとし、交易条件そのものの決定は二国間の相互需要に依存するという現代貿易論の原型を提出した。相互需要の原理は交易条件の決定論であり、国際価値論と呼ばれている。

　比較生産費説は、交易条件の範囲を限定するに止まったが、財貨・サーヴィス収支は黒字化する一方、過去の債務の利子支払いが継続する為経常収支は赤字が続く。第6段階「債権取崩し国」は、財貨・サーヴィス収支は遂に赤字化するが、過去に累積した債権の存在により投資収益は黒字であり、経常収支も黒字である。

(引用文献)

1.　小峰隆夫『日本の経済発展（第3版）』東洋経済新報社、2002年。
2.　高木信二『世界経済の政治学』同文舘、1991年。
3.　西川俊作『日本経済読本（第16版）』東洋経済新報社、2004年。
4.　長谷田彰彦『経済統計で見る世界経済2000年史』柏書房、2004年。
5.　トーマス・カリアー、小坂恵理訳『ノーベル経済学賞の40年（上・下）』筑摩書房、2012年。

第4講 マンデルとオープン経済論

　今日、国際貿易を積極的に行ってる経済のことをオープン経済というが、このオープン経済に深く関わる学者がロバート・A・マンデルである。彼は1932年カナダのオンタリオ州生れ。1956年MIT（マサチューセッツ工科大学）で博士号をとり、シカゴ大学などで教鞭をとった。1999年ノーベル経済学賞を受賞。彼の功績は、(1)ヒックスのIS=LM分析をオープン経済体系に適用し、為替制度の相違ならびに資本取引規制の有無によって金融政策と財政政策の効果が異なることを示したことと、(2) ある特定の各国が独自の通貨や金融政策を放棄して共通通貨を保有するのが適している経済条件を明示したことである。(2) の理論は欧州通貨制度における通貨統合の妥当性を判断する基準として適用され、「最適通貨圏理論」と呼ばれている。

1.　マンデル＝フレミング・モデル

　マンデル＝フレミング・モデルは、輸出や輸入が盛んなオープン経済における IS=LM 分析の適用であることはすでに述べたとおりである。基本的なマンデル＝フレミング・モデルは、自国の経済規模がマクロ経済全体に影響を与えないという理由により、価格が硬直的な短期、資本移動が完全に自由な状態、外国金利や外国の財価格を所与とする小国の開放経済を仮定する。資本移動は自国と外国の金利格差の変化に反応して変動し、貿易収支の動向は自国と外国の相対価格の変化に依存すると想定する。

　国際取引は、為替の変動相場制・固定相場制により状況が大幅に変化する。各国間の通貨交換比率を固定する固定相場制では自国通貨と外国通貨のバランスは中央銀行の通貨交換によって行われるが、変動相場制では外国為替市場における交換比率の変化によって行われる。つまり、中央銀行は、固定相場制で

は自国通貨のバランスを維持するための外貨を必要に応じて売り買いするが、変動相場制では、売り買いはない。

　固定相場での金融政策をみてみよう。中央銀行が公開市場操作を通じて貨幣供給を増やすと国内金利が低下して資本が海外へ流出する。外国通貨への需要が高まると自国通貨の金利切り下げ圧力が生じ、中央銀行は自国通貨と交換に外貨準備を取り崩して市場へ放出する。こうして外貨準備が減少する結果、国内で流通する自国通貨残高が減少し、貨幣供給はもとの水準まで減少する。結局、国内所得は元の状態に戻り、金融政策は経済調整手段として無効であることがわかる。

　次に固定相場での財政政策をみる。中央政府が財政支出を増加させると、財・サーヴィスに対する総需要が高まり、貨幣需要が増加し国内金利が上昇する。国内金利の上昇は外国との金利格差を生み、国外資本が国内に流入する。外国通貨に比べて自国通貨への需要が高まり、金利切り上げ圧力が生じる。こうした圧力を抑制して固定平価を維持する為に、中央銀行は外国通貨と交換に自国通貨を市場に放出する。これにより市場に出回る自国通貨の流通残高が増加し、貨幣供給が増えることで国内所得は上昇し国内金利は元の水準に戻る。財政政策は有効であることがわかる。

　今度は変動相場での金融政策をみてみよう。資本が海外に流出すると自国通貨の為替レートは減価する。この結果、純輸出が拡大するので、純需要が増えて国民所得は増加することになる。変動相場制の場合には中銀は外国為替市場に介入しないので、外貨準備を取り崩す必要がないことから、貨幣供給は減少しない。したがって金融政策は有効となる。

　次に変動相場での財政政策をみる。国際資本が流入することで自国通貨の為替レートは増価する。この結果、純輸出が低下して財・サーヴィスに対する総需要が低下するので国民所得は元の水準に戻ってしまい、財政政策は有効に機能しない。

　このようにマンデル＝フレミング理論は固定相場制と変動相場制では、正反対の結果となる。

2. 最適通貨圏理論

　ある特定の各国が独自の通貨や金融政策を放棄して共通通貨を保有するのが適している経済条件を明示し、欧州通貨制度における通貨統合の妥当性を判断する基準として適用された「最適通貨圏理論」が成立する条件として、マンデルは、貿易の取引費用が低いこと、相対価格に関する不確実性が低いことを挙げている（白井早由里「時代を先取りした天才的資質」『経済セミナー』1999年12月号（No.539）、40-41頁）。

　また、EUの単一通貨ユーロは、最適通貨圏理論の実践の場でもある。最適通貨理論は、ロバート・マンデルの有名な理論であるが、賃金の伸縮性と労働の自由な移動が前提となっている。しかしながら、EU域内では、この2つの条件は、国家の主権がからむ問題でもあり、必ずしも満たされていないのが現状である（木村武雄『EUと社会システム』創成社、2008年、126頁）。

表1　国内不均衡と国際収支不均衡の組合せと財政・金融政策の政策混合

	需要不足 （デフレ） $D < Z$	供給不足 （インフレ） $D > Z$
国際収支黒字	(1) 内需拡大 $\{$ 財政支出拡大 （減税） 金融緩和政策	(2) 財政支出抑制（増税黒字） 金融緩和政策 （貨幣供給増加、 利子率引下げ）
国際収支赤字	(3) 財政支出拡大 （減税赤字） 金融引締め政策 （貨幣供給抑制、利 子率引上げ）	(4) 内需抑制 $\{$ 財政支出抑制 （増税） 金融引締め政策

　D：総需要

　Z：総供給能力

（出所）丸尾直美『入門経済政策（改訂版）』、498頁。

3. ポリシー・ミックス・モデル（図1、表1参照）

変動相場制における金融政策では、国際収支を均衡させる政策は国内均衡と経済の均衡成長にとって好ましい場合もあるが、そうでない場合もあり、そのときは金融政策と財政政策を合わせた政策をとることがある。これをポリシー・ミックスという。マンデルはこのジレンマを解決する策としてマンデルのポリシー・ミックス・モデル（図1）を提案した。横軸に金融政策を代表するものとして利子率をとり、縦軸に財政政策を代表するものとして財政支出抑制と増税による財政黒字の程度をとっている（丸尾直美『入門経済政策』（改訂版）中央経済社、1993年）。

図1で、たとえば、ある国の状態がA点（デフレで国際収支赤字）にあるとする。

図1　国内均衡と国際収支不均衡の同時達成の為の財政政策と金融政策の政策混合

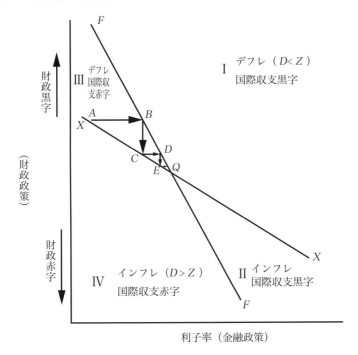

（出所）丸尾直美、前掲書、499頁。

その時は、国際収支の赤字に対して、利子率の引き上げを行い、デフレ対策に財政黒字減少を行う為、減税と財政支出を拡大させ、矢印の方向に進み、国内・国際均衡点の Q 点へ向かうことが提示される。

4. 貿易の利益と各種貿易政策

ミクロ的分析にはいり、小国の貿易の利益をみてみよう。ここで言う小国は輸入量が少なく、世界価格に影響を与えないケースである。図 2 において、S、D は各自国内の供給曲線、国内の需要曲線。P^*、P_w は各自国内の均衡価格と世界価格。A は国内の均衡点、B は世界価格と国内の供給曲線の均衡点、C は世界価格と国内の需要曲線の均衡点。P_1、P_2 は各自国内の需要曲線と国内の供給曲線の切片を示す。その際、貿易が無い場合の消費者余剰と生産者余剰の合計は、三角形 $P_1 AP_2$。貿易が行われ、各種の貿易政策がないなら、販売価格は世界価格で、消費者余剰と生産者余剰の合計は三角形 ABC だけ増加する。次に各種の貿易政策の事例研究を示す。

(1) 関　税（図 2 参照）

図 2 において、世界価格 P_w に $P^* - P_w$ だけの関税を賦課すると、市場価格は P^* となり、輸入を完全に排除できる。また、T だけ関税をかけると、この

図 2　貿易の利益

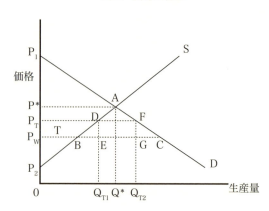

財の価格は P_T になり、国内生産量は Q_{T1} となる。無関税の場合と比べて、生産者余剰は四角形 $P_T P_w$ BD だけ増加。関税収入は四角形 DEFG。消費者余剰は四角形 $P_T P_w$ CF だけ減少し、総余剰は三角形 BDE 及び三角形 CFG を合わせた分だけ減少する。

(2) 輸入割当

$Q_{T2}-Q_{T1}$ だけ輸入割当する場合を想定する。この際、国内価格は関税 T を賦課した場合と同じ価格 P_T となる。結局、関税と輸入割当は同じ効果。但し、関税の場合による収入は政府収入となるが、輸入割当の場合、業者に入る。

(3) 輸出税（図 3 参照）

図 3 は図 2 と同じ国内の需給バランスを設定する。貿易がない場合の国内均衡点は A である。国際価格 P_w が企業の販売価格。この時輸出量は IL。国内の人は高い価格で購入せざるを得ない。今、t だけの輸出税を課すと、企業の販売価格は国際価格 P_w より t だけ低い価格 P_T で販売。この時輸出量は OP だけ減少。四角形 JKNO は輸出税収。消費者余剰は四角形 $P_t P_w$ NI だけ増加で、生産者余剰は四角形 $P_T P_w$ LO だけ減少。結局、三角形 IJN+ 三角形 KLO の分だけ総余剰の減少がある。OP に相当するだけの輸出数量制限した時の効果は

図 3　輸出税

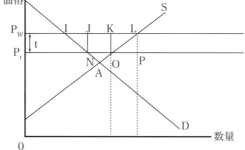

輸出税の場合と同じ。輸出量は NO に減少するが、四角形 JKNO の分が業者の収入となる。

(4) 輸出補助金（図4参照）

図4は図2と同じ国内の需給バランスを設定する。今、輸出補助金付与後の世界価格を P_S とし、t だけの輸出補助金を与えるとする。国際価格は P_W となる。輸出補助金がない場合の国内価格は世界価格と同水準。国内需要量は $P_W X$、輸出量は XY。輸出補助金後の国内需要量は $P_S T$ に減少するが、輸出量は TU に増加。補助金総額は四角形 TUWZ になる。消費者余剰は四角形 $P_S P_W$ TX だけ減少。生産者余剰は四角形 $P_S P_W UY$ だけ増加する。しかし、TUWZ の補助金の分を考慮すると、三角形 TXW + 三角形 UYZ の分だけ総余剰は減少する。結局、この政策は消費者の犠牲で生産者に利益を付与する政策である。

図4 輸出補助金

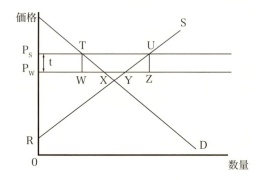

（引用文献）

1. 木村武雄『経済体制と経済政策』創成社、1998 年。
2. 酒井邦雄他著『経済政策入門第 2 版』成文堂、2011 年。
3. 白井早由里「時代を先取りした天才資質」『経済セミナー』1999 年 12 号(No.539)、40-41 頁。
4. 丸尾直美『入門経済政策改訂版』中央経済社、1993 年。
5. ロバート・A・マンデル、渡辺太郎、箱木侃澄、井川一宏訳『新版国際経済学』ダイヤモンド社、2000 年（Robert Mandell, *International Economics*, New York：Maemillian Company, 1968）。
6. ロバート・A・マンデル、竹村健一訳『マンデルの経済学入門』ダイヤモンド社、2000 年（Robert A. Mandell, *Man and Economics*, New York：McGraw-Hill, 1968）。
7. ロバート・A・マンデル、柴田裕訳『新版マンデル貨幣理論』ダイヤモンド社、2000 年（Robert A. Mandell, *Money Theory*, Pacific Palisades（CA）：Goodyear Publishing 1971）。

第5講 ヒックスと IS・LM 分析

　J. R. ヒックスは、1904 年 4 月 8 日、イングランド・ウォーリックシャーに生まれ、ブリストルのクリフトン・カレッジを経て 1922 年オックスフォード大学ベイリオール・カレッジに入学。1926 年同大学卒業後ロンドン大学講師となる。ここで経済理論を学び、L. ロビンスの指導のもと、1929 年から一般均衡理論の講義をするようになった。1930 年から、L. ロビンス、N. カルドア、A. ラーナー、F.A. ハイエク、らと共同研究を行い、このなかからのちの『価値と資本』につながるアイデアが芽生える。1935 年ケンブリッジ大学講師、38 年マンチェスター大学教授、46 年オックスフォード大学ナフィールド・カレッジ・フェローを経て、52 年同大学教授。64 年ナイト（爵位）授与。65 年同大学名誉教授。72 年経済の一般均衡論と福祉理論の発展への寄与によりノーベル賞受賞。89 年 5 月 20 日逝去。享年 85 歳。

1. IS・LM 理論

　ヒックスは労働経済学者として出発したが、32 年に『賃金の理論』を出版し、ここで限界生産力理論の適用、代替の弾力性など新しい概念を導入、1936 年オックスフォード大学で開催された計量経済学会でケインズ『雇用・利子および貨幣の一般理論』を IS・LM 理論を用いて説明し、ケインズ経済学の標準的解説を与えた。IS・LM 理論は投資 I（利子率の関数）と貯蓄 S（国民所得の関数）の均衡によって描かれる IS 曲線と、L（貨幣の需要量）と M（貨幣の供給量）の均衡によって描かれる LM 曲線から、その交点として利子率と国民所得の値を導出できることを示した理論。IS・LM 理論は、ケインズの考えと乖離しているという指摘もあり、このため厳密にケインズの理論を解釈しようとするポストケインジアンからは「ヒックスの理論」(IS-LM 理論) はケインズ経済学では

なくてヒックス経済学である」と指摘されている。なおヒックスは著書『価値と資本』("Value and Capital"、1939) の中で、無差別曲線の理論やこれを用いた効用最大化の理論、一般均衡の静学的安定性の条件、予想の弾力性概念による一般均衡理論の現代化と、補償変分、等価変分などの消費者余剰の概念の明確化による新厚生経済学の確立に尽力した。

IS-LM 理論の概要は以下のとおり。

（金融市場の均衡）（図1）
利子率と投資の関係（第4象限）　　　　　　　$I=I(r)$, $I'(r) < 0$
2) 貯蓄と国民所得の関係（第2象限）　　　　$S=S(r)$, $S'(Y) > 0$
3) 貯蓄と投資の関係（第3象限）　　　　　　$I=S$
4) IS 曲線の導出（第1象限）
（財市場の均衡）（図2）
1) 投機的動機の貨幣需要と利子率の関係（第4象限）
$$L_2=L_2(r) , L_2'(r) < 0$$
2) 取引的動機の貨幣需要と国民所得の関係（第2象限）
$$L_1=L_1(Y) , L_1'(Y) > 0$$
3) 貨幣量と取引的動機の貨幣需要及び投機的動機の貨幣需要の関係　（第3象限）
$$\overline{M}=L_1 + L_2$$
4) LM 曲線の導出

（金融市場と財市場の結合）
1) 投資家の心理変化による投資増加　　→　　IS 曲線の右方シフト
2) 貯蓄意欲の増大　　→　　IS 曲線の左方シフト
3) 貨幣供給量の減少　　→　　LM 曲線の左方シフト
4) 貨幣の流通速度の増加　　→　　LM 曲線の右方シフト

（引用文献）

1. Hicks, John Richard,*The Theory of Wages*,1932, London : Macmillan.2nd edn, London : Macmillan, 1963（内田忠義訳『新版・賃金の理論』東洋経済新報社、196 年）

2. Hicks, John Richard, *Value and Capital : An Inquiry into Some Fundamental Principles of Economic Theory*,1939,Oxford:Clarendon Press,2nd ed., 1946（安井琢磨・熊谷尚夫訳『価値と資本 1・Il』岩波書店、1951 年, 改訂版、1965 年）

3. Hicks, John Richard, *The Social Framework*, 1942, Oxford:Clarendon Press, 4.ed., 1971（酒井正三郎訳『経済の社会的構造』同文舘、1951 年）

4. Hicks, John Richard, *A Contribution to the Theory of the Trade Cycle*, 1950, Oxford:Clarendon Press (古谷弘訳『景気循環論』岩波書店、1951 年)
5. Hicks, John Richard, *A Revision of Demand Theory*, 1956, Oxford : Clarendon Press (早坂忠・村上泰亮訳『需要理論』岩波書店、1958 年)
6. Hicks, John Richard, *Essays in World Economics*,1959, Oxford : Clarendon Press (大石泰彦訳『世界経済論』岩波書店、1964 年)
7. Hicks, John Richard, *Capital and Growth*,1965, Oxford:Clarendon Press (安井琢磨・福岡正夫訳『資本と成長 1 . Il』岩波書店、1970 年)
8. Hicks, John Richard, *Critical Essays in Monetary Theory*, 1967, Oxford : Clarendon Press (江沢太一・鬼木甫訳『貨幣理論』オックスフォード大学出版局、1969; 東洋経済新報社、1972 年)
9. Hicks, John Richard, *A Theory of Economic History*, 1969, Oxford : Clarendon Press (新保博訳『経済史の理論』日本経済新聞社、1970)
10. Hicks John Richard, *Capital and Time:a neo・Austrian theory*, 1973, Oxford : ClarendonPress (根岸隆訳『資本と時間』東洋経済新報社、1974 年)
11. Hicks John Richard, *The Crisis in Keynesian Economics*, 1974, Oxford : Basil Blackwell (早坂忠訳『ケインズ経済学の危機』ダイヤモンド社、1977 年)
12. Hicks John Richard, *Economic Perspectives : Further Essays on Money and Growth*, 1977, Oxford : Clarendon Press (貝塚啓明訳『経済学の思考法』岩波書店、1985)

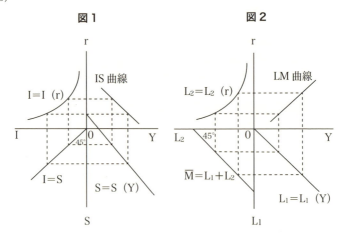

r：利子率、Y：国民所得、S：貯蓄、I：投資、L_1：取引動機の貨幣需要
L_2：投機的動機の貨幣需要、M：貨幣供給

第6講　クズネッツと近代経済成長

　ケインズ経済学が開拓したマクロ経済学分野において一国経済の分析や、経済成長、景気循環などの研究が発展した。この分野ではケインズやマルクスを批判的に検討し、独自の景気循環論を提唱したシュムベーターが著名であるが、本講で取り上げるクズネッツやレオンチェフら、ロシア・ソ連から亡命した経済学者の統計分野における貢献も大きい。S.S. クズネッツは1901年ロシアに生まれ、22年米国へ移住。26年コロンビア大学で博士号を取得 (テーマは「景気循環」)。全米経済研究所研究員を経てペンシルヴァニア大学教授、ジョンズ・ホプキンズ大、ハーヴァード大教授を歴任し、71年ハーヴァード大名誉教授。49年米国統計学会会長、54年米国経済学会会長。1971年経済、社会構造と発展過程の研究に関する貢献に対してノーベル経済学賞が授与された。85年7月9日、マサチューセッツ州ケンブリッジの自宅で逝去。

　クズネッツの主要な業績や理論は次のとおりである。

　1) クズネッツの経済学における功績は国民総生産 (GNP) の概念を確立したことにある。彼は経済成長や国民生産についての研究に専心し、1930年、25年周期でおこる景気循環「クズネッツ循環」を発見した。また「近代経済成長過程のなかでは、所得分布は初め不平等化し後に平等化に転ずる」(南亮進『日本の経済発展』東洋経済新報社、2002年、278頁) という「クズネッツの逆U字型仮説」を提唱した。それによれば「初期の不平等化は、近代工業の成長によって農工間格差が拡大するためであり、後期の平等化は、農業労働の都市移住によって農工間格差が縮小し、しかも農業の比重が減少するため」(南、前掲書、278頁) としている。また近代経済の特徴については (1) 人口と1人当たり生産が共に急成長すること、(2) 産業構造が急速に変化し、人口の都市化が生ずること、(3) 以上の変化が一時的ではなく、長期に渡って持続すること、

としている（南、前掲書、4頁）。

2) 主要著書として『国民所得と資本形成 1919-1935』（1937年）、『所得と貯蓄における所得上位層の割合』（1953年）、『近代経済成長の分析』（1966年）などがある。

3) 論争：ケインズの「1人当たり所得の増加によって貯蓄率が上昇する」という考え（絶対所得仮説）に対しクズネッツは米国の貯蓄率は長期的にみて一定であるとして、批判した。

1. クズネッツの経済成長分析と日本

古いデータになるが、クズネッツが1971年に著した "Economic Growth of Nations : Total Output and Production Structure"（中山伊知郎他編『日本経済事典』講談社、110-113頁）によって、近代化の開始時から1967年ころまでの先進国の経済成長率を見てみよう（表1、2）。

表1から、10年当たり人口1人当たり生産物に着目すると（表の右端）、経済成長率の低い国は豪、和蘭、英（10-12%）で、高い国はスウェーデン、日本（29-32%）、その他（14-23%）となる。10年当たりの経済成長率10%、20%, 30%は、1年当たり換算で1%, 1.8%, 2.7%となり、その差は1.7%で、先進国間において大きな差はないといえる。

人口の成長率（培加率、表1の右から2番目）に着目すると、米国、豪州、加州など、新たに「発見」された大陸の国々が著しく増加し、旧大陸（欧州）は停滞を示している。

総生産10年当たりの経済成長率（表1の右から3番目）に着目すると、日本（48.3%）、米国（42.4%）、加州（41.3%）、豪州（36.4%）からベルギー（20.3%）、英国（23.7%）、仏（21.8%）と開きが明瞭になる。

これら3部門の間に相関関係は見受けられないが、日本の成長率48%（年当たり4%）に注目すると. 明治期から戦前まで1年当たり成長率は約4%であり、第2次世界大戦期に経済成長が止まり、それを挽回するために戦後高度成長10% が実現されたので、総合的に明治期から1967年ころまでの経済成長を

表1　先進国の長期的成長率

	期間	年数	10年当り成長率（%）		
			総生産物	人口	人口一人当り生産物
イギリス	1765-85 〜 1963-67	180.5	23.7	10.1	12.4
フランス	1831-40 〜 1963-66	128.5	21.8	3.2	18.1
ベルギー	1900-04 〜 1963-67	63	0.3	5.3	14.3
オランダ	1860-70 〜 1963-67	100.5	27.7	13.4	12.6
ドイツ	1850-59 〜 1963-67	110.5	31.0	10.8	18.3
スイス	1910 〜 1963-67	55	26.3	8.8	16.1
デンマーク	1865-69 〜 1963-67	98	32.5	10.2	20.2
ノルウェー	1865-69 〜 1963-67	98	31.4	8.3	21.3
スウェーデン	1861-69 〜 1963-67	100	37.4	6.6	28.9
イタリア	1895-99 〜 1963-67	68	31.4	6.9	22.9
日本	1874-79 〜 1963-67	88.5	48.3	12.1	32.3
アメリカ	1834-43 〜 1963-67	125.5	42.4	21.2	17.5
カナダ	1870-74 〜 1963-67	93	41.3	19.0	18.7
オーストラリア	1861-69 〜 1963-67	100.5	36.4	23.7	10.2

（出所）：Kuznets, S., *Economic Growth of Nations : Total Output and Production Structure*, 1971.

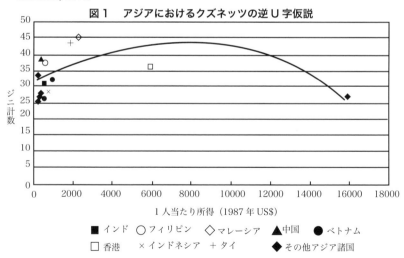

図1　アジアにおけるクズネッツの逆U字仮説

（出所）ジニ係数は世界銀行『世界開発報告』各年版より算出、1人当たり所得は、World Bank, *World Tables*, 1995.

〔引用文献〕原洋之介『アジア経済論』31頁。

144

みると、この戦後の成長率 10% は戦前の 4% という経済成長への回帰する（ク
ズネッツの逆 U 字仮説）。

　なお、経済成長を近代以後と近代以前でみてみると、生産力が相対的に低い
近代以前のデータは近代以後との比較には適用できないことはいうまでもない。

2. クズネッツの経済分析からみた経済成長格差

　近代経済成長の開始時期のデータについては表 2 を参照されたい。各国とも 200 ドルから 500 ドルと高水準から近代化が開始されたのに対し、日本の 70 ドルは、今日の発展途上国の 100 ドルよりも低い水準だったといえる。

　次に表 3 から、近代経済成長の開始時に着目すると、1967 年当時、先進国と発展途上国（後進国）の所得格差は大きかった。当時発展途上国の平均所得を 100 ドルとすると先進国のそれは 1900 ドルで、19 倍になった。その理由は、次のとおりである。

表 2　先進国の初期条件

	1965 年の人口一人当り生産物（ドル）	近代経済成長の開始時期（年）	近代経済成長の開始時期における人口一人当り生産物（1965 年のドル）
イギリス	1,870	1765-85	227
フランス	2,047	1831-40	242
ベルギー	1,835	1865	483
オランダ	1,609	1865	492
ドイツ	1,939	1850-59	302
スイス	2,354	1865	529
デンマーク	2,238	1865-69	370
ノルウェー	1,912	1865-69	287
スウェーデン	2,713	1861-69	215
イタリア	1,100	1895-99	271
日本	876	1874-79	74
アメリカ	3,580	1834-43	474
カナダ	2,507	1870-74	508
オーストラリア	2,023	1861-69	760

（出所）表 1 に同じ。

表3 先進国と後進国の成長率

		絶対水準			年成長率（%）		
		1954-58	1959-63	1964-68	1954-58〜59-63	1959-63〜64-68	1954-58〜64-68
国内総生産	先進国	785	953	1229	3.9	5.2	4.6
（1963年10億ドル）	後進国	151	190	238	4.7	4.6	4.7
人口（100万人）	先進国	603	639	678	1.2	1.2	1.2
	後進国	1237	1391	1569	2.3	2.5	2.4
人口一人当り国内総生産	先進国	1301	1491	1812	2.8	4.1	3.4
（1963年ドル）	後進国	121	136	152	2.3	2.1	2.2

注
1) 先進国に含まれる国：ヨーロッパの非共産国（キプロス、トルコを除く）、カナダ、アメリカ、日本、オーストラリア、ニュージーランド、フィジー、イスラエル、南アフリカ。
2) 後進国に含まれる国：東アジア・東南アジアの非共産国（日本を除く）、中東（イスラエルを除く）、アフリカ（南アフリカを除く）、ラテン・アメリカ（キューバを除く）、その他のオセアニア。

（出所）Kuznets, S.,"Problems in Comparing Recent Growth Rates for Developed and Less Developed Countries", *Economic Development and Cultural*, January 1972.

図2 アジア諸国における投資率と経済成長率

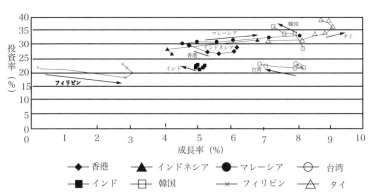

（出所）Asian Development Bank, *Key Indicators* より算出。1980年より利用できる最新のものまで、基本的に10年間の平均値をプロットしている。
〔引用文献〕原洋之介編『アジア経済論』33頁。

戦後の経済成長率に限ってみると、先進国も発展途上国も 100 年にわたる長期的成長率に比べると著しく高く、また国民層成長率も先進国と発展途上国のあいだでそれほど差はない。

人口成長率をみると、発展途上国のそれは極めて高く、これが人日 1 人当たり生産物の成長率を低くさせている原因となる。結果的に先進国と発展途上国の所得格差を拡大させたのである。

（引用文献）

1. ノーベル賞人名事典編集委員会編『ノーベル賞受賞者業績事典（新訂版）』日外アソシエート、2003 年。
2. 原洋之介編『アジア経済論』NTT 出版、1999 年。
3. 南亮進『日本の経済発展（第 3 版）』東洋経済新報社、2002 年。
4. クズネッツ、塩野谷祐一訳『近代経済成長の分析（上・下）』東洋経済新報社、1968 年。[Simon Smith Kuznets, *Modern Economic Growth:Rate, Structure and Spead*, New Haven, Connecticut and London :Yale University Press, 1966.]
5. クズネッツ、西川俊作他訳『諸国民の経済成長総生産高及び生産構造』ダイヤモンド社、1977 年。[S. S. Kuznetz, *Economic Growth of Nations : Total Out Put and Production Structure*, Cambridge, Massachusetts:Harvard University Press,1971.]

第7講　ルイスと二重経済

　発展途上国経済について二重構造的発展モデルを提唱したウィリアム・アーサー・ルイスは、1915年、当時英国領であった西インド諸島セントルシア島で生まれ、29年セント・メリー・カレッジ卒業後、下級官吏となった。33年ロンドン大学入学後、同大学講師、博士号取得（40年、ロンドン大学）を経て、48年マンチェスター大学教授。59年西インド大学副総長、63年プリンストン大学ジェームズ・マディソン記念政治経済学講座教授。同時に、英国政府植民省の臨時長官、ガーナ等、アフリカ各国の経済顧問なども兼任した。79年経済開発論研究の先駆的業績により、黒人として初のノーベル経済学賞を受賞。91年6月15日バルバドス島の自宅で逝去。

　1937年ロンドン大学を卒業したルイスは、産業組織を研究、間接費に対するより現実的なアプローチを示し、それに基づいて産業内の価格体系を詳細に調査した。49年これら一連の産業構造分析に関する論文を集めた『間接費経済分析に関する論文集』を出版。以後、研究テーマの関心は次第に経済発展へ移り、54年論文「労働の無制限供給下の経済発展」を発表。開発途上国における経済の二重構造的発展をルイス・モデルと呼ばれるモデルにより理論化し、一躍脚光を浴びた。79年開発途上国の経済発展論に関する一連の研究に対してノーベル経済学賞が贈られた。

　ルイス・モデルを簡潔に説明すると「規模に関して収穫一定の生産関数の下では、賃金率が一定であるかぎり、利潤極大技術に対応した資本生産高比率は一定にとどまる。すべての利潤は貯蓄され投資にまわされるので、利潤率は資本ストックの増加率と等しくなる。もし労働力の増加が資本ストックを下回るならば、やがてすべての労働が完全雇用される「転換点」が訪れる。この点から経済は異なったシステムに移行する」（絵所秀記『開発経済学とインド』日本評

論社、2002 年、213 頁）というものである。

　たとえば東アジア諸国の発展の過程では、生産と雇用の比重が農業から工業へ推移している。この過程をルイス・モデルが模写している。多くの途上国経済は、昔ながらの伝統部門（零細な家族農業）と新たに持ち込まれた近代部門（都市の工業）からなる「二重経済」である。当初その国の労働者全員が農業に従事していると仮定する。農業労働は限界生産性にあり、労働投入が増加すると生産は減少する。この時賃金は慣習により生存水準により決められており、村の作物を農業全員で分け合っている。これ以下の収入では生きていかれず農村が崩壊する。限界的な労働者の生産性がゼロにもかかわらず、すべての人が雇用されているのは、この村が利潤原理でなく共生原則に則って運営されているからである。近代工業が導入されると、そこでの労働は利潤極大条件、即ち「労働限界生産性＝賃金」を満たすように雇用される。工業労働の限界生産性はこの部門の労働需要曲線に等しい。一方、労働供給は、農村に余剰労働が残っている限り、最低賃金で幾らでも雇うことが可能である。この時、特定の労働者だけが農業から工業へ移動する。工業の発展に伴って、労働移動の増加が起こると国全体の農業生産は減少しはじめる。人口を不変とすれば、食料が不足気味になり、食料価格が上昇し、賃金もそれに合わせて上昇しはじめる可能性がある。この問題を克服してさらに工業が拡夫すると、やがて労働移動がさらに増加し限界点を越える。この時、農業の限界生産性は賃金に等しくなる。工業が農業からこれ以上の労働者を雇用するためには、賃金水準が農業の限界生産性曲線に沿って上昇しなくてはならない。かくして余剰労働は完全に消滅する。この点を「転換点」と呼ぶ（以上大野健一『東アジアの開発経済学』有斐閣アルマ、1997 年 22 頁を要約）。

　ルイスの転換点については様々な議論がある。ルイスは、経済発展の初期は過剰労働で特徴づけられる段階があると考えた。この段階で賃金は、古典派と同様生存水準で決定されるので、彼の理論は「古典派的接近」と呼ばれる。一方経済発展のどの段階でも過剰労働は存在せず、賃金は新古典派の限界生産力説によって説明されるというのが「新古典派的接近」と呼ぶ。経済発展論には

この2つの理論が対立している。ルイスは1958年の論文で、日本経済はここ10年ぐらいの間に転換点に達するであろうと予想した。この説に対して反論もあるが、南亮進は1960年転換点説を採用している（南亮進『日本の経済発展（第3版）』東洋経済新報社、2002年、213頁）。

　農業部門の限界生産性が制度的賃金を上回るか否か。即ち転換点以前において、賃金は限界生産性より高いが、転換点以降は賃金は限界生産性によって決定される。（1）賃金・限界生産性比率、（2）労働供給の賃金弾力性（近代部門への労働供給増加率／近代部門賃金上昇率）、（2）は戦前は1.69〜4.91の範囲、戦後は0.78〜0.86の範囲、従って戦前では限界生産性を上回る賃金が支払われたが戦後はそれが逆転した。（2）は戦前は59年までは1.3で、1959〜1964年は0.1である。日本の場合、1960年前後が「転換点」と実証され、社会的観察とも一致する（渡辺利夫『開発経済学（第2版）』日本評論社、1996年（初版1986年）、72頁）。

（引用文献）
1.　大野健一『東アジアの開発経済学』有斐閣アルマ、1997年。
2.　ノーベル賞人名事典編集委員会編『ノーベル賞受賞者業績事典（新訂版）』日外アソシエート、2003年。
3.　南亮進『日本の経済発展（第3版）』東洋経済新報社、2002年。
4.　W.プレイト他編、佐藤隆三他訳『経済学を変えた7人』勁草書房、1988年。
5.　渡辺利夫『開発経済学（第2版）』日本評論社、1996年（初版1986年）。
6.　ルイス、石崎昭彦他訳『世界経済論』新評論、1969年。
7.　ルイス、原田三喜雄訳『国際経済秩序』東洋経済新報社、1981年。
8.　ルイス、益戸欽也他訳『人種問題のなかの経済』産業能率大学出版部、1988年。
9.　W. Arthur Lewis, "Economic Development with Unlimited Supplies of Labor," Paradigmas in Economic Development、Rajani Kanth, ed., Armonk (NY) :M. E. Sharpe, 1994.
10.　W. Arthur Lewis, *Theory of Economic Growth*, NY・Harper and Row, 1965.

図1 ルイスの二重経済モデル

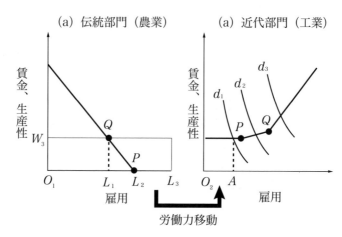

〔引用文献〕大野健一『東アジアの開発経済学』23頁。

第8講　トービンと q 理論

　ジェイムズ・トービンは 1918 年、米国イリノイ州に生まれた。ハーバード大学に入学後 J.M. ケインズの『雇用・利子及び貨幣の一般理論』を読み経済学に専心する。39 年同大学を卒業後、同大学院に進学。40 年修士。42 年米国海軍将校として 46 年まで勤務。同年ハーバード大学ジュニア・フェローになり、47 年博士号（同大学）取得。50 年エール大学准教授を経て、55 年同大学教授、および同大学コウルズ経済研究所所長に就任。同年 1. B. クラーク賞受賞。58 年米国計量経済学会会長、71 年米国経済学会会長を歴任。その間、61 年から 62 年に掛けて米国第 35 代、故ケネディ大統領の経済諮問委員会委員も務める。81 年金融市場と歳出、雇用、生産、価格との関係の分析によりノーベル経済学賞受賞。2002 年 3 月 11 日逝去。

1.　トービンの q

　投資家がリスク回避的であって、安定資産が存在する時、危険資産の最適組合せは、投資家の効用関数とは独立に決定される。この「分離定理」は、1950 年代にトービンによって示された。この定理は資産価格決定理論を考慮する際、重要な意味を持っている。彼は投資家のある特定の効率的な資産選択と、その投資家の総資産に於ける証券と現金の配分を関連付けた。つまり、リスク回避型の投資家、リスク許容型のそれぞれに向けた複数の効率的資産選択を、どちらのタイプにとっても効率的なひとつの資産選択に置き換えた。日本の場合を例にとって説明すると、「市場には 3 種類の資産しかないと仮定。それらは (1) マイクロソフト（MS）株、(2) NTT 株、そして (3) 国債とし、それらの時価総額が、300 兆円、200 兆円、500 兆円とする。ある投資家はリスク回避度が市場全体の平均と同じと考えれば、各資産の保有比率は、市場の時価総額

と同じ比率となる。その人が 1,000 万円の資産を (1) 300 万円、(2) 200 万円、(3) 500 万円を投資をする。一方別の投資家は市場全体の平均値より高く、1,000 万円の総資産のうち (3) に 600 万円投資するなら、(1) 240 万円、(2) 160 万円を投資するだろう。いずれの投資家についても、(1) と (2) の保有比率は 3 対 2 になっている」(野口悠紀雄他『金融工学』ダイヤモンド社、2000 年、50, 51 頁) となる。

　ケインズ理論によりその発展が促進された経済成長論は、R. ハロッドと E. ドーマーによりハロッド＝ドーマー・モデルとして定式化された。このモデルでは資本と労働の間の代替性は仮定されていなかったが、これに対して J. トービン、R. M. ソローらは、資本と労働の代替性が存在する成長モデルを構築した。また初期の経済成長モデルでは貨幣的要因は軽視されたが、55 年論文「動学的集計モデル」を発表、新古典派の経済成長モデルに貨幣的要因を導入した。その後、貨幣が均衡成長経路にどのように効果を与える等を研究した。58 年論文「危険に対する行動としての流動性選好」において、不確実性下における資産保有者の資産選択の際の危険回避行動を分析した。これによりケインズが『雇用・利子及び貨幣の一般理論』の中で展開した流動性選好理論を資産選択理論へ発展させた。またこの論文は、不確実性下での経済モデルの構築に甚大な影響を与えた。61 年ケネディ大統領の経済諮問委員になると、ケインズ経済学と新古典派経済学を総合したニューエコノミックスによる経済政策を主張した。69 年に発表した論文「貨幣理論に対する一般均衡アプローチ」では q 理論と呼ばれる投資理論を展開、新古典派的投資理論の欠陥を補った。81 年これら一連の業績に対してノーベル経済学賞が贈られた。

　投資理論には、限界効率、加速度原理、ストック調整モデル、調整費用モデルに加え、トービンの q 理論がある。実物的な投資の世界における調整は、通常の金融資産取引のように瞬時に金利裁定が行われる世界とは基本的に異なることに着目し、実物資産が取引される資本財市場 (調整費用が大きい) と金融資産が取引される金融市場 (調整費用は殆ど存在しない) を明白に峻別したところに基本的な立脚点を持っている。ここでいう「調整費用」とは、ある一定の設

備投資をして生産能力を拡大する時に、成長率を高くしようとすれば余分に掛かる追加的諸経費のことで、たとえば、短期間に設備を 2 倍に拡大しようとすると、専門知識を持つ技術者を大量に育成したり、販売網の拡充、組織の大幅な改造等をする場合に余計に掛かる費用を指す。トービンの q とは「企業の市場価値」と「現存する企業資本ストックを現在の市場価格でそっくり購入する費用」の比率である。q=(企業の市場価値)/(現存資本を買い換える費用総額)。「企業の市場価値」は、株式市場での企業の株価の総額(即ち、一株当たりの株価に発行株式を乗じたもの)と債務の総額を合計したもの。企業の投資の視点からは q が 1 より大きい時、現存の資本設備は過小設備で、投資が必要。q が 1 より小さい時は現在の資本ストックは過大となる。投資家の立場からは、前者の場合つまり、企業の市場価値が資本ストックの価値よりも大きい時、市場がこの会社の成長力を現在の資本ストックの市場価値以上に評価している。今この会社に投資を行えば、1 単位余分に行う時、それに要する費用よりも、そこから得られる予想利益の方が大きいので、投資家にとり有利と判断される。あくまで現行の時点での資料なので、将来のことは誰も予想できない。q 理論は「平均概念」に基づいているが、投資により直接的に関与するのは「限界概念」に基づく q でなければならない。企業は「追加的な」投資をすべきか否かについて決定を迫られているのであって、会社を解散して新たにすべての資産を買い換えるべきかについての決心を迫られた訳ではないからである。林文夫により、ある条件の下での「平均の Q(トービンの Q)」と「限界の q」が一致することが証明された(中谷巌『マクロ経済学(第 4 版)』日本評論社、2000 年、386 頁より要約)。

2. 日本経済とトービンの q

　日本経済におけるトービンの限界 q と平均 q の時系列を観察してみる。高度成長期が終わりを告げる 1971 年から 73 年の間には、限界 q は 2 を越えており、企業家は設備投資から高い収益を得られると予想していたことが分かる。第一次石油危機の到来とともに、収益性は大幅に低下する。75 年には限界 q

は 1.07 と僅かに 1 を越える水準まで低下。75 年を除く 74 ～ 91 年までの期間、限界 q は 1.26（83 年、91 年）から 1.51（80 年）の間を推移する。ところが 92 年以降、限界 q は急速に低下しており、98 年には 0.55 と 1 を大きく割り込んでいる。一方平均 q は、80 年代中頃迄は 1 前後で推移しており、その範囲は、0.81（83 年）か 1.33（73 年）である。しかし、87 年から 90 年に掛けて平均 q は急上昇しており、90 年には 1.81 にまで至っている。その後は、再び 1 前後を推移。90 年代に入り、限界 q が急降下したのとは対照的に、平均 q はそれほどの落ち込みを示していない。限界 q と平均 q の相関係数は 0.24 とそれほど高くない。これは、バブル以降、株式市場における企業の評価が、利潤率に基づく設備投資の収益性から乖離したことを反映しているかもしれない。因みにバブル期以降を除いて 71 年から 86 年までの期間に限定して、両者の相関係数を計算すると 0.82 まで上昇する（小川一夫『日本経済：実証分析のすすめ』有斐閣、2002 年、139 頁）。

（引用文献）

1. 小川一夫他『日本経済：実証分析のすすめ』有斐閣ブックス、2002 年。
2. 中谷巌『マクロ経済学（第 4 版）』日本評論社、2000 年（初版 1981 年）。
3. 中村洋一「需要・所得面からみた日本経済の姿」、貝塚啓明他監修『日本経済事典』日本経済新聞社、1996 年。
4. ノーベル賞人名事典編集委員会編『ノーベル賞受賞者業績事典（新訂版）』日外アソシエート、2003 年。
5. 野口悠紀雄他『金融工学』ダイヤモンド社、2000 年。
6. M. ハートマッカーティ、田中浩子訳『現代経済思想』日経 BP 社、2002 年。
7. Fumio Hayashi , " Tobin's Marginal Q and Average Q A Neoclassical Interpretation, " *Econometrica*, 1982.
8. W. ブレイト、佐藤隆三他訳『経済学を変えた 7 人』動草書房、1988 年。
9. トービン、間野英雄他訳『国民の為の経済政策』東洋経済新報社、1967 年。
10. トービン、矢島欽次他訳『インフレと失業の選択』ダイヤモンド社、1976 年。
11. トービン、浜田宏一他訳『マクロ経済学の再検討』日本経済新聞社、1981 年。

巻末付録

研究課題
キーワード
参考文献
全世界会社名鑑
全国会社名鑑
旧国別日本全図
2040年若年女子変化率上位都市とその要因表
18世紀頃の東アジアの国際秩序
日本経済年表

研究課題

第1部　地方創生

1-1　何故ニセコ町が観光業や人口増加で成功したのか。
2-1　何故鯖江市が眼鏡業で成功したのか。
2-2　鯖江の眼鏡業の課題は何か。
3-1　何故神山町が企業誘致や人口増加で成功したのか。
4-1　何故真庭市がバイオマス業で成功したのか。
4-2　真庭市のバイオマス業の課題は何か。
5-1　何故丸亀町商店街は成功したか。
5-2　今後の課題は何か。
6-1　「あわじ環境未来島」の概要を記せ。
6-2　あわじ特区の今後の課題は何か。
7-1　青森県の攻めの農業戦略を評価しなさい。
7-2　今後の課題は何か。
8-1　何故川北町は成功したか。
8-2　今後の課題は何か。
9-1　大潟村について記せ。
9-2　今後の課題は何か。
10-1　川上村について記せ。
10-2　川上村の今後の課題について。
11-1　沖縄県のサトウキビ産業は成功したと言えるか。（赤土、TPP）
12-1　大豊町はどのようなやり方で苦境を脱しようとしているか。
13-1　何故日吉津村が企業誘致や人口増加で成功したのか。

第2部　日本経済論

1-1　近代化以前の日本について記せ。
1-2　明治維新の背景について記せ。
1-3　明治維新の過程と近代化について記せ。
2-1　近代化の意義を記せ。
2-2　市民革命及び産業革命の観点から近代化を論ぜよ。
2-3　日本の経済近代化について記せ。
3-1　近代経済成長とは何か。それは工業化とどういう関係にあるのか。
3-2　近代経済成長の前近代化（〜 1867 年）・過渡期（1868 〜 85 年）・近代経済成長（1886 年以降）［そのうち 1886 年〜 20 世紀初頭は「初歩的形態の近代経済成長」という］を明確な根拠で区別せよ。
3-3　ウォーラースティンの近代経済システムについて記せ。
3-4　英国の 19 世紀の近代経済システムを阿片戦争前後で、変遷を記せ。

巻末付録　*159*

3-5　幕末から明治維新にかけて、日本は何故、西欧列強の世界戦略に組み込まれずに済んだのか。
4-1　全要素生産性とは何か。
4-2　高度成長を齎した要因を説明せよ。
5-1　物価変動の要因について説明しなさい。
6-1　バブル発生を誘発しやすい経済構造を説明せよ（日米経済関係、金融緩和政策、金融的環境）。
6-2　バブルの形成過程を説明せよ（企業、金融機関、株価、地価）。
6-3　バブルと実体経済について論ぜよ。
6-4　バブルを資金流路（調達面と運用面）から論ぜよ。
6-5　資産価格の高騰について、収益還元モデルから説明せよ（株価、地価）。
6-6　バブルの経済的影響について説明せよ。
6-7　バブルによる資源配分の歪みについて論ぜよ。
6-8　バブル崩壊後の経済状況を記せ。
6-9　バブルの後遺症であるバランスシート問題の発生について記せ。
7-1　デフレの要因を掲げ、説明せよ。
7-2　デフレの弊害について論ぜよ。
7-3　松方デフレ、大正デフレ、井上デフレ、ドッジ・デフレ、平成デフレの経過と原因、政府の対応等について比較せよ。
7-4　デフレ・スパイラルを説明せよ。
7-5　デフレ・スパイラルが実体経済に及ぼす2つの側面について記せ。
8-1　日本版ビッグバンの問題意識の背景は何か。
8-2　何故日本の金融業は市場原理が働いていなかったのか。
8-3　何故日本の金融市場は、透明性がなく、信頼に足る市場ではなかったのか。
8-4　何故日本の金融業は、国際性に欠けていたのか。
8-5　日本版のビッグバンを契機に日本の金融業が市場原理が働くように何をしたのか。
8-6　日本版ビッグバンで日本の金融市場が透明性を確保し信頼性を増した処置を記せ。
8-7　日本版ビッグバンで日本の金融業が国際性を充実させるために何を講じたか。
8-8　BIS 8%基準の概要を説明せよ。
8-9　不良債権とは何か。
8-10　日本に於ける1990年以降の不良債権の発生と展開を説明せよ。
8-11　日本の国富で見るバブルの発生と崩壊を説明せよ。
8-12　不良債権問題の経済への影響を記せ。
8-13　金融機関の破綻の悪影響を記せ。
8-14　住専の問題を検証せよ。
8-15　日本のメインバンク制は破綻したかどうか検討せよ。
9-1　1855–2035年の日本経済社会の長期変動について説明せよ（渡辺健一、15頁）。
9-2　波動（キッチンの波、ジュグラーの波、クズネッツの波、コンドラチェフの波）について記せ。

9-3 事実による長期変動の説明を戦前・戦中について記せ。

9-4 戦後の景気循環について記せ。

9-5 景気循環の生ずる理由について記せ。

9-6 景気循環の三段階論について解釈し、2000 ～ 2002 年の日本経済について適用せよ。

10-1 失われた 10 年に日本の産業競争力は低下したか。

10-2 日本の産業競争力の低下分野での低迷原因を分析せよ。

10-3 日本的経営の失敗では何が問題となったか、その対策を記せ。

10-4 「世界競争力報告」での日本の競争力を説明せよ。

10-5 OECD と経済財政白書での日本の競争力を説明せよ。

10-6 日本企業の国際競争力での産業別強弱を、垂直及び水平結合型生産システムを使って記せ。

10-7 日本企業の弱点である、経営判断・戦略性・人知財に関して説明せよ。

11-1 公害問題と現在問題となっている地球環境問題との異同を記せ。

11-2 持続可能な開発を実現する為にすべき 2 つの課題を解説せよ。

11-3 地球環境問題に対する対策が従来の公害対策と違う点は何か。

11-4 社会的共通資本について記せ。（自然環境、都市的インフラ、制度資本）

12-1 日本の輸出入依存度は、意外に低い。何故か。

12-2 国際収支の天井について説明せよ。

12-3 世界貿易（輸出入）の構造は、２１世紀に入ってどのように変化したか。

12-4 日本の輸出競争力に関して、2000 ～ 2013 年の変化を貿易特化係数及び顕示比較優位指数を使って詳述せよ。

12-5 企業内貿易と多国籍企業の関係について記せ。（タックスヘイブン、連結会社）

12-6 世界貿易の主要環節（1985 ～ 2000 年）について記せ。

13-1 世界直接投資に関して、対内直接及び対外直接投資の 2000 年から 2013 年の間のベストテンの上位国の変遷を記せ。

13-2 タックスヘイブンについて、知るところを述べよ。

14-1 日米修好通商条約は、どういう性格の条約か。

14-2 戦間期の日本の貿易の特徴を記せ。

14-3 ガリオア・エロア協定について述べよ。

14-4 日本の FTA・EPA 戦略について記せ。

14-5 TPP について記せ。

14-6 OECD 及び G20 が、2015 年 10 月に採択した、多国籍企業の租税回避国対策の要旨を述べよ。

第 3 部　経済思想

1-1 投下資本価値説を説明せよ。

1-2 賃金基金説を説明せよ。

1-3 価値分解説について述べよ。

巻末付録　*161*

1-4　比較生産費について説明せよ。

1-5　差額地代論を説明せよ。

1-6　等価定理を説明せよ。

1-7　戦後日本経済の高度成長とその終焉をリカードの比較生産費論と資源制約論を使って説明せよ。

1-8　リカードの国際収支均衡メカニズムを説明せよ。

2-1　ミードのいう「豊かさの中の貧困」とは具体的には何を指すのか。

2-2　国際均衡と国内均衡との均衡化への3つの目標を説明せよ。

2-3　国際均衡と国内均衡とを均衡化させる手段を説明せよ。

2-4　何故、国際均衡を達成する手段として金融政策に反対したのか。その替わりの手段は何か。

2-5　ミード報告書を説明せよ。

3-1　弾力性アプローチを説明せよ。

3-2　マーシャル＝ラーナー条件とは何か。

3-3　アソープション・アプローチを説明せよ。

3-4　購買力平価説を説明せよ。

3-5　アセット・アプローチを説明せよ。

3-6　クローサーの国際収支発展説を説明し、日本経済はどの段階か確認せよ。

3-7　ヘクシャー・オーリンの定理を説明せよ。

3-8　相互需要の原理を説明せよ。

3-9　レオンチェフの逆説を説明せよ。

4-1　マンデル＝フレミング・モデルを説明せよ。

4-2　マンデルの最適通貨圏とユーロを説明せよ（賃金の伸縮性、労働の自由な移動）。（木村武雄著『EUにおけるポーランド経済』創成社、242頁、注2参照）。

4-3　マンデルのポリシー・ミックスを説明せよ。

4-4　余剰分析を使って、貿易利益を①関税②輸入割当③輸出税④輸出補助金の各々の場合を比較して事例研究せよ。

4-5　ユーロ参加条件を日本経済に適用せよ。ユーロ発足時及び最近統計を使うこと（木村武雄著『EUにおけるポーランド経済』創成社、249頁、木村武雄著『10か国語経済・ビジネス用語辞典』創成社、162-163頁、参照）

5-1　金融市場の均衡を図示せよ。

5-2　財市場の均衡を図示せよ。

5-3　IS・LM分析を用いて、①投資家の投資増加②貯蓄意欲の増大③貨幣供給量の減少④貨幣流通速度の増加、に於ける利子率及び国民所得の変化を分析せよ。

5-4　日本経済にIS-LM分析は可能か。(ゼロに近い利子率、巨額の財政赤字、貿易摩擦)

6-1　クズネッツの逆U字型仮説は日本に適用可能か、表1を使って説明せよ。

6-2　経済成長の先進国と後進国の格差を、表2、3を使って詳しく説明せよ。

6-3　日本の経済成長を、投資率と限界産出・資本比率で、説明せよ。

162

補問（拙著『経済用語の総合的研究』『10 ケ国語経済・ビジネス用語辞典』創成社参照）

A-1 　現代経済学の 20 流派とその代表的論者を挙げ、学説間の親疎の程度がよく取れ
　　　るような系統樹にして図示せよ。但し、直接の師弟関係や学派の継承関係を実線
　　　で、学説上の影響を破線で示すこと。

A-2 　経済学の代表的な古典を 10 冊とその著者及び発表年を挙げよ。

A-3 　限界革命の 3 学派とその代表的論者とその著書を挙げよ。

A-4 　英国古典派の論者（5 名）とその代表的な著書（3）とその発表年を挙げよ。

A-5 　重商主義の論者（2 名）とその代表的な著書とその発表年を挙げよ。

A-6 　重農主義の論者（2 名）とその代表的な著書とその発表年を挙げよ。

A-7 　ドイツ歴史学派の論者（3 名）とその代表的な著書とその発表年を挙げよ。

A-8 　米国歴史学派の論者（3 名）とその代表的な著書とその発表年を挙げよ。

A-9 　ケンブリッジ学派の論者（3 名）とその代表的な著書（2）とその発表年を挙げよ。

A-10 ローザンヌ学派の論者（2 名）とその代表的な著書とその発表年を挙げよ。

A-11 オーストリア学派の論者（4 名）とその代表的な著書とその発表年を挙げよ。

A-12 スウェーデン学派の論者（2 名）を挙げよ。

A-13 20 世紀マルクス主義の論者（2 名）とその代表的な著書とその発表年を挙げよ。

A-14 ケインズ左派の論者（4 名）を挙げよ。

A-15 新古典派総合の論者（2 名）を挙げよ。

A-16 シカゴ学派の論者（4 名）を挙げよ。

A-17 制度派経済学の論者（2 名）を挙げよ。

A-18 新制度学派の論者（2 名）を挙げよ。

A-19 環境経済学の論者（2 名）を挙げよ。

A-20 レギュラシオン学派の論者（3 名）を挙げよ。

A-21 現代のマルクス経済学の論者（2 名）を挙げよ。

A-22 ポスト・ケインズ派の論者を挙げよ。

A-23 新ケインズ派の論者（3 名）を挙げよ。

A-24 現代の新古典派の論者（2 名）を挙げよ。

A-25 金融経済学の論者（2 名）を挙げよ。

A-26 ゲーム理論の論者（2 名）を挙げよ。

A-27 現代オーストリア学派の論者（2 名）を挙げよ。

A-28 経済倫理学派の論者を挙げよ。

A-29 複雑系経済学の論者を挙げよ。

A-30 経済心理学の論者を挙げよ。

A-31 実験経済学の論者を挙げよ。

B-1 　ノーベル経済学賞特定回の受賞者（複数の場合は全員で最大 3 名）に関して、
　　　氏名、国籍、生年月日及び（存命中の者を除き）死亡年月日、出身地、主な業績、
　　　発表年も）及び代表的著作、博士号の取得大学及び主な職歴を記せ。なお、特定

巻末付録　*163*

回（複数）は無作為に教官が試験当日指定する。

C-1　日本の首相、財務大臣（大蔵大臣、大蔵卿）、日本銀行総裁を古い順に並べよ。（巻
　　　末の日本経済年表を参照）

キーワード

第1部
第1講 パウダースノー、小規模事業所、株式会社化、人口増加化

第2講 ブランド化、眼鏡の町、マーケティング、素材、デザイン、イノベーション、ファション

第3講 神山プロジェクト、グリーンバレー、サテライトオフィス、ワーク・イン・レジデンス、神山塾、緩さ

第4講 バイオマス事業、バイオマス産業杜市構想、地域活性化モデルケース、バイオマス発電株式会社

第5講 巨大ドームアーケイド、株式会社、借地方式、まちづくり戦略計画、オーナー変動地代家賃制、コンパクトシテイ、テナント・ミックス（店舗構成）、後継者難

第6講 特区、3つの持続、発電スキーム、PDCA サイクル

第7講 食料自給率、移出額、耕地面積、販売農家数、専業農家数、女子起業家、産出増加率

第8講 企業誘致、全国1位、子育て支援、ベッドタウン、職員数、教育、福祉

第9講 国策の村、農地、所得、税額、消滅都市、後継者、コンパクトヴィレジ

第10講 年収、高原野菜、洋風化、農地、年齢層、住民サービス

第11講 甘味資源、環境保全、観光業、本土復帰、赤土等流出、夏植えさとうきび

第12講 森林率、限界自治体、雇用、第三セクター、持続可能、環境保全、バイオマス発電

第13講 市町村税額、若年女性人口変化率、王子製紙、イオン

第2部
第1講 封建主義統治、高い教育水準、商業・金融の発達、交通網の整備、循環型環境システムの完成

第2講 近代化、政治的近代化、社会的近代化、文化的近代化、経済的近代化、前近代化的条件、近代経済成長の条件準備、ゲマインシャフト、ゲゼルシャフト

第3講 近代化、三角貿易、開国、中核、覇権、周辺

第4講 全要素生産性、技術革新. 耐久消費財、円レート、貯蓄率

第5講 インフレ、GDE デフレータ、超過需要、インフレ的成長、マネーサプライ、狂乱物価、第4次中東戦争、過剰流動性、日本列島改造論、インフレ、石油価格高騰説、キャッチ・アップ

第6講 バブル、プラザ合意、前川レポート、財テク、ノンバンク、規律付け機能の緩み、ファンダメンタルズ、ワラント債、転換社債、四全総、リゾート法、モラル・ハザード、銀行離れ（ディスインターミディエーション）、収益還元モデル、PER（株価収益率）、バランス・シート

第7講 松方デフレ、大正デフレ、井上デフレ、ドッジ・デフレ、平成デフレ、資産デフレ、デフレ・スパイラル

第8講 日本版ビッグバン、BIS 8% 基準、貸し渋り、ディスクロージャー、不良債権、

益出し、住専問題
第 9 講　第 1 次技術革命・産業革命、ワシントン条約、第 2 次技術革命・重化学工業化、第 3 次技術革命・電子化、キッチンの波、ジュグラーの波、クズネッツの波、コンドラチェフの波
第 10 講　総資本営業利益率（ROA）、総資本主義回転率、戦略なき投資、世界競争力報告、デファクトスタンダード、水平統合型生産システム、垂直統合型生産システム、アライアンス
第 11 講　PPP、PL 法、EPR、LCA、持続可能な開発、社会的共通資本、自然環境、都市的インフラ、制度資本
第 12 講　輸出入依存度、国際収支、貿易収支、移転収支、資本収支、国際収支の天井 . 世界最大の債権国、IS バランス、中国、世界経済、世界貿易、EU、貿易特化係数、RCA、企業内取引
第 13 講　対内直接投資、対外直接投資、中国 . 米国、日本、EU、タックス・ヘイブン、特定外国子会社
第 14 講　日米修好通商条約、関税自主権、日英同盟、ガリオア・エロア協定、自由貿易協定（FTA）、TTP（環太平洋経済連携協定）、医薬品、乳製品、原産地規則、著作権、国有企業、ISDS 条項、OECD、G20

第 3 部
第 1 講　比較生産費、特化、差額地代、等価定理、価値分解説、賃金基金説、投下労働価値説、資源制約論
第 2 講　豊かさの中の貧困、国際均衡、国内均衡、均衡化への 3 つの目標、ミード報告、国際収支
第 3 講　国際収支の発展段階論、未成熟の債権（債務）国、成熟した債権（債務）国、債務返済国、債権取り崩し国、弾力的アプローチ、マーシャル＝ラーナー条件、アソープション・アプローチ、購買力平価説、アセット・アプローチ、ヘクシャー・オリーンの定理、相互需要の原理、国際価値論
第 4 講　マンデル＝フレミング・モデル、最適通貨圏理論、ポリシーミックス・モデル、貿易の利益、関税、輸入割当、輸出税、輸出補助金、余剰分析、生産者余剰、消費者余剰
第 5 講　IS-LM 分析、金融市場の均衡、財市場の均衡、IS 曲線、LM 曲線。
第 6 講　逆 U 字型仮説、近代経済成長、クズネッツの波、投資率と限界産出・資本比率
第 7 講　二重構造的発展、過剰労働論、転換点
第 8 講　ポートフォリオ分離定理、トービンの q 理論、限界 q、平均 q

地方創生論　参考文献（発行順）

①日本政策投資銀行編『PPP ではじめる実践 " 地域再生 "』ぎょうせい、2004 年 3 月10 日。
②西村清彦監修御園真一郎他編『地方再生システム論』東京大学出版会、2007 年 10 月日。
③真山達志他編著『地域力再生の政策論』ミネルヴァ書房、2010 年 4 月 30 日。
④山浦晴男『最新地域再生マニュアル』朝日新聞出版、2010 年 6 月 30 日。
⑤清成忠男『地域再生への挑戦』有斐閣、2010 年 10 月 25 日。
⑥中西穂高『地域活性化モデル』彩流社、2011 年 1 月 30 日。
⑦松本源太郎他編『地方は復活する』日本評論社、2011 年 11 月 15 日。
⑧筧裕介監修編他『地域を変えるデザイン』英治出版、2011 年 11 月 30 日。
⑨森川稔他編著『地域再生　滋賀の挑戦』新評論、2011 年 11 月 30 日。
⑩高崎経済大学編『イノベーションによる地域活性化』日本経済評論社、2013 年 3 月5 日。
⑪高橋徳行他『地域が元気になるために必要なこと』同友館、2013 年 3 月 30 日。
⑫中道實『地域再生の担い手たち』ナカニシヤ出版、2013 年 4 月 24 日。
⑬川崎一泰『官民連携の地域再生』勁草書房、2013 年 5 月 25 日。
⑭鳥塚亮『ローカル線で地域を元気にする方法』晶文社、2013 年 7 月 10 日。
⑮海野進『人口減少時代の地域経営』同友館、2014 年 3 月 31 日。
⑯二神恭一他編著『地域再生のための経営と会計』中央経済社、2014 年 4 月 25 日。
⑰和田武他編著『市民・地域共同発電所のつくり方』かもがわ出版、2014 年 6 月 1 日。
⑱鈴木克也他編『地域における国際化―函館をモデルに』エコハ出版、2014 年 8 月 20 日。
⑲増田寛也編著『地方消滅』中央公論新社、2014 年 8 月 25 日。
⑳池田潔『地域マネージメント戦略』同友館、2014 年 10 月 11 日。
㉑山下祐介『地方消滅の罠』筑摩書房、2014 年 12 月 10 日。
㉒椎川忍他『知られざる日本の地域力』今井出版、2014 年 12 月 8 日。
㉓大川陸治『地方創生はアクティブシニアのワープステイから始まる』住宅新報社2014 年 12 月 19 日。
㉔中央公論「脱「地方消滅」成功例に学べる」『中央公論』2015 年 2 月号、1 月 10 日。
㉕橋本行史編著『地方創生の理論と実践』創成社、2015 年 1 月 20 日。
㉖高寄昇三『「地方創生」で地方消滅は阻止できるか』公人の友社、2015 年 2 月 16 日。
㉗時事通信社編著『全論点　人口急減と自治体消滅』時事通信社、2015 年 2 月 20 日。
㉘今村奈良臣『私の地方創生論』農村漁村文化協会、2015 年 3 月 20 日。
㉙野口秀行他『「地方創生！それでも輝く地方企業の理由』ベストブック 2015 年 3 月30 日。
㉚宇野輝『官製金融改革と地銀再編』金融財政事情研究会、2015 年 3 月 26 日。
㉛岩佐礼子『地域力の再発見』藤原書店、2015 年 3 月 30 日。
㉜宝島社『図解ひと目でわかる地方消滅』宝島社、2015 年 3 月 12 日。
㉝相川俊英『国に頼るからバカを見る反骨の市町村』2015 年 3 月 18 日。
㉞清丸惠三郎『北陸資本主義』洋泉社、2015 年 3 月 26 日。
㉟佐々木信夫『人口減少時代の地方創生論』PHP 研究所、2015 年 3 月 30 日。
㊱増田寛也監修編著『地方創生ビジネスの教科書』文藝春秋 ,2015 年 8 月 30 日。

巻末付録　*167*

（統計データ）

㊲榊原可人『実践的日本経済データ解読法』シグマベイスキャピタル、2002 年 6 月 10 日。

㊳日本エネルギー経済研究所『図解エネルギー経済データ』省エネルギー、2011 年 10 月 12 日。

㊴矢部洋三編著『現代日本経済史年表 1868~2010 年』日本経済評論社、2012 年 2 月 15 日。

㊵『総力予測　ニッポンの 10 年後』日経 BP 社、2012 年 8 月 2 日。

㊶『ハニカム式日経新聞ワークブック超実践編』日経 BP 社、2012 年 12 月 25 日。

㊷東洋経済『会社四季報 2013 年 3 集夏号』東洋経済新報社、2013 年 6 月 14 日。

㊸寺島実郎監修『全 47 都道府県幸福度ランキング 2014 年版』東洋経済新報社、2014 年 2 月 6 日。

㊹東洋経済『都市データパック 2014 年版』東洋経済新報社、2014 年 7 月 16 日。

㊺矢野恒太記念会編・発行『日本国勢図会 2014/15 年版』2014 年 6 月 1 日。

㊻『地域経済総覧 2015』週刊東洋経済臨時増刊、東洋経済新報社、2014 年 10 月 1 日。

㊼矢野恒太記念会編・発行『データでみる県勢第 24 版』2014 年 12 月 1 日。

㊽『図解ひと目でわかる地方消滅』株式会社宝島社、2015 年 3 月 12 日。

㊾『地方自治体財務総覧 2015 年版』東洋経済新報社、2015 年 7 月 8 日。

㊿『日経業界地図 2016 年版』日本経済新聞社、2015 年 8 月 27 日。

51『民力 2015　2014-2015』朝日新聞出版、2015 年 8 月 30 日。

52『会社四季報　業界地図 2016 年版』東洋経済新報社、2015 年 9 月 10 日。

全世界会社名鑑（人口の少ない国順：2012年売上上位500社、単位億ドル、米誌フォーチュン）

国名（人口2012）・会社名（下段）	売上高（単位億ドル）	業種	世界順位	国内順位
1. ルクセンブルク（53万人）1社				
アルセロール・ミタル	842億ドル	鉄鋼業	91位/500社	1位
2. アイルランド（462万人）1社				
CRH	239億ドル	建材	486位	1位
3. ノルウェー(504万人)1社				
スタトイル	243億ドル	石油・天然ガス	39位	1位
4. フィンランド（542万人）1社				
ノキア	387億ドル	通信機器	274位	1位
5. デンマーク（561万人）1社				
A・P・モラー・マースク	590億ドル	海運・海洋関連	157位	1位
6. オーストリア（849万人）1社				
OMV	548億ドル	石油・天然ガス	176位	1位
7. アラブ首長国連邦（934万人）1社				
IPIC（国際石油投資会社）	494億ドル	政府系投資機関	204位	1位
8. ハンガリー（995万人）1社				
MOLハンガリアン・オイル・アンド・ガス	246億ドル	石油・ガス	274位	1位
9. サウジアラビア（2882万人）1社				
SABICサウジアラビア基礎産業会社	504億ドル	石油化学	201位	1位
10. マレーシア（2971万人）1社				
ペトナス	942億ドル	石油	75位	1位
11. ベネズエラ・ボリバル共和国（3040万人）1社				
PDVSA 国営ベネズエラ石油	1244億ドル	石油	38位	1位
12. ポーランド（3821万人）1社				
PKN オルレン	369億ドル	石油化学	297位	1位
13. コロンビア（4832万人）1社				
ECO PETROL コロンビア石油会社	383億ドル	石油	280位	1位
14. タイ（6701万人）1社				
PTT タイ石油公社	899億ドル	エネルギー	81位	1位
15. トルコ（7493万人）1社				
コチHG（ホールヂィング）	471億ドル	商社	217位	1位
16. シンガポール（541万人）2社				
ウィルマーク・インターナショナル	454億ドル	食品	224位	1位
フレクストロニクス	236億ドル	電子機器	492位	2位
17. ベルギー（1110万人）3社				
アンバイザー・ブッシュ・インクブ	397億ドル	ビール	264位	1位
デレーズ	297億ドル	小売	391位	2位
デクシア	245億ドル	金属	476位	3位
18. スェーデン（957万人）3社				
ボルボ	448億ドル	自動車	227位	1位
エリクソン	336億ドル	通信機器	333位	2位
バッテンファル	247億ドル	電力	473位	3位

国名 （人口）・会社名（下段）	売上高（単位億ドル）	業種	世界順位	国内順位
19. メキシコ（1億2233万人）3社				
PEMEX メキシコ石油公社	1251 億ドル	石油	36 位	1 位
アメリカ・モビル	589 億ドル	通信	158 位	2 位
CFE メキシコ電力公社	236 億ドル	電力	491 位	3 位
20. 香港特別区（720万人）4社				
ノーブル・グループ	940 億ドル	商社	76 位	1 位
華潤	524 億ドル	商社（中国政府系）	187 位	2 位
ジャーヂン・マセソン	395 億ドル	商社（英系）	266 位	3 位
ハチソンワンポア	313 億ドル	港湾・通信	363 位	4 位
21. 台湾（2331万人）5社				
鴻海精密工業	1320 億ドル	金型・電子部品	30 位	1 位
台湾中油（中国政府100%）	364 億ドル	石油	305 位	2 位
広達電脳クアンターコンピューター	301 億ドル	石油	379 位	3 位
ペガトロン	298 億ドル	電子機器	384 位	4 位
キャセイ生命保険	232 億ドル	保険	499 位	5 位
22. 露（1億4283万人）7社				
ガスプロム	1535 億ドル	ガス	21 位	1 位
ルクオイル	1163 億ドル	石油	46 位	2 位
ロフネスチ	796 億ドル	石油	99 位	3 位
ズベルバンク（旧郵便局）	448 億ドル	銀行	228 位	4 位
システマ	354 億ドル	持株会社	308 位	5 位
TNK・BP	317 億ドル	石油	358 位	6 位
スルグトネフチガス	262 億ドル	石油・ガス	445 位	7 位
23. オーストラリア（2334万人） 7社 +2社（英国との二重国籍）				
ウェストファーマーズ	599 億ドル	小売・エネルギー	153 位	1 位
ウールワース	586 億ドル	小売	159 位	2 位
NAB ナショナル・オーストラリア銀行	490 億ドル	銀行	205 位	3 位
オーストラリア・コモンウェルス銀行	486 億ドル	銀行	207 位	4 位
ウェストパック	435 億ドル	銀行	237 位	5 位
ANZG オーストラリア・ニュウジーランド銀行	371 億ドル	銀行	291 位	6 位
テルストラ	263 億ドル	通信	444 位	7 位
BHP ビリトン（英国との二重国籍）	722 億ドル	鉱業	115位/500社	
リオ・テイント（英国との二重国籍）	509 億ドル	鉱業	195位/500社	
24. スペイン（4692万人）8社				
サンタンデール銀行	1060 億ドル	銀行	58 位	1 位
テレフォニカ	801 億ドル	通信	97 位	2 位
レプソル YPF	734 億ドル	石油	112 位	3 位
BBVA ビルバオ・ビスカヤ・アルヘンタリア銀行	517 億ドル	銀行	58 位	4 位
ACS	500 億ドル	建設	202 位	5 位
イベルトローラ	439 億ドル	電力	234 位	6 位
ガスナチュラル	320 億ドル	ガス	353 位	7 位
マフレグループ	286 億ドル	保険	405 位	8 位
25. イタリア（6099万人） 8社				
ENI	1679 億ドル	石油	17 位	1 位
エクソール・グループ	1422 億ドル	投資会社	26 位	2 位

国名 （人口）・会社名 （下段）	売上高 (単位億ドル)	業種	世界順位	国内順位
ゼネラリ保険	1137 億ドル	保険	49 位	3 位
ENEL	1090 億ドル	電力	52 位	4 位
ウニクレジット	522 億ドル	金融	188 位	5 位
インテザ・サンパオロ	458 億ドル	銀行	221 位	6 位
テレコムイタリア	382 億ドル	通信	281 位	7 位
ポステイタリアネ	309 億ドル	郵便	368 位	8 位
26. ブラジル（2 億 0036 万人）8 社				
ペトロブラス	1441 億ドル	石油	25 位	1 位
ブラジル銀行	720 億ドル	銀行	116 位	2 位
ブラデスコ銀行	559 億ドル	銀行	168 位	3 位
バーレ	476 億ドル	資源開発	210 位	4 位
JBS	387 億ドル	食品	275 位	5 位
インベスチィメントス・イタウ	310 億ドル	金融	366 位	6 位
ウルトラパール	276 億ドル	持株会社	420 位	7 位
ポンジアスーカル・グループ	260 億ドル	小売	449 位	8 位
27. インド（12 億 5214 万人）8 社				
インド石油	855 億ドル	石油	88 位	1 位
リライアンス・インダストリーズ	744 億ドル	エネルギー・化学	107 位	2 位
バーラット・ペトロリアム	447 億ドル	石油	229 位	3 位
ヒンドゥスタン石油	399 億ドル	石油	260 位	4 位
インドステイト銀行	368 億ドル	銀行	298 位	5 位
タタ自動車	347 億ドル	自動車	316 位	6 位
石油天然ガス公社	308 億ドル	石油天然ガス	369 位	7 位
タタ製鉄	247 億ドル	製鉄	471 位	8 位
28. カナダ（3518 万人）9 社				
サンコア・エナジー	386 億ドル	エネルギー	276 位	1 位
カナダ・ロイヤル銀行	382 億ドル	銀行	282 位	2 位
パワー・コーポレーション	329 億ドル	保険	341 位	3 位
ジョージ・ウェストン	327 億ドル	食品加工	344 位	4 位
マグナ・インターナショナル	308 億ドル	自動車部品	370 位	5 位
トロント・ドミニオン銀行	302 億ドル	銀行	378 位	6 位
マニュライフ・ファイナンシャル	299 億ドル	保険	381 位	7 位
オネックス	274 億ドル	投資会社	424 位	8 位
ノバスコシア銀行	219 億ドル	銀行	431 位	9 位
29. オランダ（1675 万人）10 社 +2 社 (両社とも英国との二重国籍)				
ING グループ	1283 億ドル	金融	32 位	1 位
欧州航空防衛宇宙会社 EADS	725 億ドル	航空防衛機器	114 位	2 位
エイゴン	606 億ドル	保険	151 位	3 位
ライオンデルバセル・インダストリーズ	456 億ドル	化学	223 位	4 位
アホールド	422 億ドル	小売	249 位	5 位
ラボバンク	349 億ドル	銀行	314 位	6 位
フィリップス	325 億ドル	電器	347 位	7 位
ガステラ	300 億ドル	天然ガス	380 位	8 位
SHV・HG	257 億ドル	ガス	456 位	9 位
ハイネケン	255 億ドル	ビール	458 位	10 位

国名 （人口）・会社名（下段）	売上高 (単位億ドル)	業種	世界順位	国内順位
ロイヤル・ダッチ・シェル	4817 億ドル	石油	1 位 /500 社	
ユニリーバ	659 億ドル	食品・家庭用品	135 位 /500 社	
30. スイス（807 万人）14 社				
グレンコア・インターナショナル	2144 億ドル	資源商社	12 位	1 位
ネスレ	984 億ドル	食品	69 位	2 位
チューリッヒ・インターナチオナル・グループ	704 億ドル	保険	123 位	3 位
ノバルティス	575 億ドル	医薬品・化学	162 位	4 位
ロシュ	506 億ドル	医薬品・化学	197 位	5 位
クレディスイス	415 億ドル	金融	255 位	6 位
UBS	397 億ドル	金融	263 位	7 位
ABB	393 億ドル	重電・プラント	268 位	8 位
アライアンス・ブーツ	353 億ドル	ドラックストア	309 位	9 位
スイス再保険	336 億ドル	保険	334 位	10 位
エクストラータ	316 億ドル	鉱業	360 位	11 位
コープ	285 億ドル	小売	409 位	12 位
ミグロ	266 億ドル	小売	438 位	13 位
アデコ	203 億ドル	人材派遣	443 位	14 位
31. 韓国（4926 万人）　14 社				
サムソン電子	1785 億ドル	電機	14 位	1 位
SK	1062 億ドル	持株会社	57 位	2 位
現代自動車	749 億ドル	自動車	104 位	3 位
ポスコ（POSCO）	564 億ドル	鉄鋼	167 位	4 位
現代重工業	488 億ドル	造船・プラント	206 位	5 位
LG 電子	452 億ドル	電機	225 位	6 位
韓国電力公社	436 億ドル	電力	235 位	7 位
GS カルテクス	434 億ドル	石油	239 位	8 位
起亜自動車	419 億ドル	自動車	252 位	9 位
韓国ガス公社	311 億ドル	ガス	365 位	10 位
S オイル	308 億ドル	石油	371 社	11 位
現代モービス	273 億ドル	自動車部品	426 位	12 位
サムスン生命保険	272 億ドル	保険	427 位	13 位
LG ディスプレイ	261 億ドル	液晶パネル	447 位	14 位
32. 英国（6313 万人）26 社 +4 社				
（豪2、蘭2との二重国籍→豪、蘭参照）				
BP	3882 億ドル	石油	6 位	1 位
香港上海銀行（HSBC）	1052 億ドル	銀行	60 位	2 位
テスコ	1044 億ドル	小売	63 位	3 位
プルーデンシャル	879 億ドル	保険	84 位	4 位
ロイズ・バンキング・グループ	818 億ドル	銀行	85 位	5 位
アビバ	738 億ドル	保険	109 位	6 位
ボーダフォン	701 億ドル	通信	124 位	7 位
リーガル・アンド・ゼネラル	554 億ドル	保険	173 位	8 位
バークレイズ	546 億ドル	金融	177 位	9 位
ロイヤルバンクオブスコットランド RBS	476 億ドル	銀行	211 位	10 位
SSE（スコティシュ・サザン・エナジー）	446 億ドル	電力	230 位	11 位
グラクソ・スミスクライン	418 億ドル	医薬品	253 位	12 位

国名　（人口）・会社名（下段）	売上高（単位億ドル）	業種	世界順位	国内順位
セントリカ（2009年、フランス電力による買収）	379億ドル	電力・ガス	284位	13位
J・セインズベリー	368億ドル	小売	300位	14位
オールド・ミューチュアル	327億ドル	保険	346位	15位
スタンダード・ライフ	304億ドル	保険	375位	16位
BTグループ	290億ドル	通信	394位	17位
ウィリアムモリソンスーパーマーケッツ	287.7億ドル	小売	397位	18位
アングロ・アメリカン	287.6億ドル	銀行	399位	19位
アストラゼネカ	279億ドル	医薬品	413位	20位
スタンダード・チャータード銀行（旧東印度会社）	268億ドル	銀行	434位	21位
コンパス	266億ドル	給食	439位	22位
BAEシステムズ	264億ドル	航空防衛機器	441位	23位
ブリティッシュ・アメリカン・タバコ	240億ドル	タバコ	485位	24位
インターナショナル・エアライン・グループ	233.9億ドル	航空	497位	25位
イオネス・グループ・ホールディング	233.7億ドル	石油化学	498位	26位
（本社スイス）				
33. ドイツ（8272万人）　29社				
フォルクス・ヴァーゲン（VW）	2476億ドル	自動車	9位	1位
エーオン	1697億ドル	エネルギー	15位	2位
ダイムラー	1468億ドル	自動車	23位	3位
アリアンツ	1307億ドル	保険	31位	4位
ジーメンス	1089億ドル	電機・金融	53位	5位
BASF	1011億ドル	化学	65位	6位
BMWベーエムヴェー	987億ドル	自動車	68位	7位
メトロ	857億ドル	小売	87位	8位
ミュンヒィエン再保険	840億ドル	保険	92位	9位
ドイツテレコム	747億ドル	通信	105位	10位
ドイツポスト	741億ドル	郵便・金融	108位	11位
ドイツ銀行	674.4億ドル	銀行	130位	12位
ロバート・ボッシュ	674.2億ドル	自動車部品	131位	13位
RWE	652億ドル	エネルギー	139位	14位
ティッセン・クルップ	594億ドル	鉄鋼	155位	15位
バーデン・ビュルテンブルク州立銀行	538億ドル	銀行	180位	16位
バイエル	510億ドル	医薬品	194位	17位
ドイツ鉄道	505億ドル	鉄道	199位	18位
コンチネンタル	420億ドル	タイヤ	250位	19位
ルフトハンザ	390億ドル	航空	271位	20位
フランツ・ハニュエル	349億ドル	医薬品卸売	317位	21位
DZ銀行	336億ドル	銀行	335位	22位
エデカ	331億ドル	小売	339位	23位
フェニックス・ファーマハンデル	273億ドル	医薬品卸売	425位	24位
ヘレウス・ホールヂングス	259億ドル	金融	451位	25位
コンメルツ銀行	249億ドル	銀行	468位	26位
フレセニウス	247.9億ドル	医療サービス	470位	27位
エネルギー・バーデン・ビュルテンベルク	247.3億ドル	電力	472位	28位
TUI	237億ドル	旅行	488位	29位
34. フランス（6429万人）　31社				

国名 （人口）・会社名（下段）	売上高（単位億ドル）	業種	世界順位	国内順位
トタル	2342 億ドル	石油	10 位	1 位
アクサ	1545 億ドル	保険	20 位	2 位
GDF スエズ	1246 億ドル	エネルギー	37 位	3 位
BNP パリバ	1230 億ドル	銀行	41 位	4 位
カルフール	1059 億ドル	小売	59 位	5 位
ソシエテジェネラル	1050 億ドル	銀行	61 位	6 位
クレディ・アグリコル	951 億ドル	銀行	73 位	7 位
フランス電力	934 億ドル	電力	77 位	8 位
プジョー	712 億ドル	自動車	121 位	9 位
BPCE	609 億ドル	金融	133 位	10 位
オーシャン	603 億ドル	小売	152 位	11 位
CNP 保険	559.3 億ドル	保険	169 位	12 位
フランステレコム	559.2 億ドル	通信	170 位	13 位
サンゴバル	555 億ドル	建材・ガラス	171 位	14 位
フォンシェル・ユーリ	548 億ドル	小売	175 位	15 位
ルノー	530 億ドル	自動車	184 位	16 位
バンジ	496 億ドル	建設	202 位	17 位
サノフィ	462 億ドル	医薬品	219 位	18 位
仏国鉄（SNCF）	434 億ドル	鉄道	238 位	19 位
ブイグ	432 億ドル	建設	240 位	20 位
ベオリア・エンヴァイオメント	397 億ドル	エネルギー環境事業	265 位	21 位
クリスチャン・ディオール	288 億ドル	高級服飾	288 位	22 位
ビベンディ	372 億ドル	メディア娯楽	289 位	23 位
エールフランス KLM	329 億ドル	航空	340 位	24 位
ラポスト	324 億ドル	郵便	349 位	25 位
シュナイダー・エレクトリック	307 億ドル	電機	372 位	26 位
ロレアル	288 億ドル	化粧品	396 位	27 位
ミシュラン	275 億ドル	タイヤ	421 位	28 位
ダノン	268 億ドル	食品飲料	433 位	29 位
アルムストム	260 億ドル	鉄道車両・重電	448 位	30 位
ソデクソ	237 億ドル	給食	487 位	31 位
35. 日本（1 億 2729 万人）　62 社（1995 年は 141 社あった）				
トヨタ自動車	2657 億ドル	自動車	8 位	1 位
日本郵政	1908 億ドル	郵便・金融	13 位	2 位
NTT	1288 億ドル	通信	32 位	3 位
JX ホールディングス	1194 億ドル	石油	44 位	4 位
ホンダ	1189 億ドル	自動車	45 位	5 位
日産自動車	1159 億ドル	自動車	47 位	6 位
日立製作所	1088 億ドル	電機	54 位	7 位
パナソニック	879 億ドル	電機	83 位	8 位
日本生命保険	867 億ドル	保険	86 位	9 位
ソニー	818 億ドル	電機	94 位	10 位
東京電力	719 億ドル	電力	77 位	11 位
三菱商事	718 億ドル	商社	78 位	12 位
東芝	698 億ドル	電機	126 位	13 位
イオン	693 億ドル	小売	127 位	14 位

国名 （人口）・会社名（下段）	売上高（単位億ドル）	業種	世界順位	国内順位
第一生命保険	636 億ドル	保険	142 位	15 位
セブン＆アイ・ホールヂィングス	608 億ドル	小売	150 位	16 位
三井物産	591 億ドル	商社	156 位	17 位
丸紅	585 億ドル	商社	160 位	18 位
三菱 UFJ フィナンシャル・グループ	573 億ドル	金融	163 位	19 位
明治安田生命保険	569 億ドル	保険	164 位	20 位
伊藤忠商事	551 億ドル	商社	174 位	21 位
新日鐵住金	528 億ドル	鉄鋼	185 位	22 位
富士通	527 億ドル	電算機半導体	186 位	23 位
三井住友フィナンシャル・グループ	521 億ドル	銀行	190 位	24 位
MS&AD インシュアランス・GHs	519 億ドル	保険	191 位	25 位
住友生命保険	504 億ドル	保険	200 位	26 位
出光興産	472 億ドル	石油	215 位	27 位
東京海上 Hs	404 億ドル	保険	218 位	28 位
KDDI	441 億ドル	通信	233 位	29 位
キャノン	436 億ドル	精密機器	236 位	30 位
デンソー	431 億ドル	自動車部品	242 位	31 位
三菱電機	429 億ドル	電機	244 位	32 位
ソフトバンク	401 億ドル	通信	257 位	33 位
JFE ホールヂィングス	384 億ドル	鉄鋼	278 位	34 位
ブリヂストン	380 億ドル	タイヤ	283 位	35 位
三菱ケミカル Hs	371 億ドル	化学	290 位	36 位
NEC	369 億ドル	電算機半導体	295 位	37 位
住友商事	363 億ドル	商社	306 位	38 位
みずほ FG	350 億ドル	銀行	312 位	39 位
関西電力	344 億ドル	電力	320 位	40 位
NKSJ ホールヂィングス	342 億ドル	保険	325 位	41 位
三菱重工業	339 億ドル	造船・機械	327 位	42 位
メヂィパル Hs	338 億ドル	医薬品卸売	330 位	43 位
コスモ石油	327 億ドル	石油	345 位	44 位
JR 東日本	321 億ドル	鉄道	351 位	45 位
中部電力	319 億ドル	電力	356 位	46 位
スズキ	310 億ドル	自動車	367 位	47 位
アイシン精機	304 億ドル	自動車部品	374 位	48 位
シャープ	298 億ドル	電機	384 位	49 位
T&D ホールヂィングス	291 億ドル	保険	392 位	50 位
アルフレッサ Hs	287 億ドル	医薬品医療機器卸売	400 位	51 位
昭和シェル石油	266.8 億ドル	石油	436 位	52 位
富士フィルム Hs	266.7 億ドル	フィルム医療画像	437 位	53 位
マツダ	265 億ドル	自動車	440 位	54 位
住友重機械工業	260 億ドル	電線・金属製品	450 位	55 位
マルハン	257 億ドル	娯楽（パチンコ）	455 位	56 位
日本たばこ産業（JT）	255 億ドル	タバコ	459 位	57 位
野村 Hs	250 億ドル	金融持株会社	467 位	58 位
大和ハウス工業	241 億ドル	住宅	481 位	59 位
住友化学	235 億ドル	化学	494 位	60 位

巻末付録　175

国名　（人口）・会社名（下段）	売上高 (単位億ドル)	業種	世界順位	国内順位
キリン Hs	234 億ドル	食品	496 位	61 位
リコー	231 億ドル	事務機器	500 位	62 位
36. 中国（13 億 8556 万人）85 社				
中国石油化工集団 SINOPEC (シノペック)	4281 億ドル	石油石油化学	4 位	1 位
中国石油天然ガス集団 CNPC (ペトロチャイナ)	4086 億ドル	石油天然ガス	5 位	2 位
国家電網	2984 億ドル	電力	7 位	3 位
中国工商銀行	1336 億ドル	銀行	29 位	4 位
中国建設銀行	1133 億ドル	銀行	50 位	5 位
中国農業銀行	1034 億ドル	銀行	64 位	6 位
中国銀行	984 億ドル	銀行	70 位	7 位
中国移動通信集団	968 億ドル	通信	71 位	8 位
中国建築工程	906 億ドル	建設	80 位	9 位
海洋石油	834 億ドル	石油	93 位	10 位
中国鉄建	771 億ドル	建設	100 位	11 位
中国中鉄（有）	767 億ドル	建設	102 位	12 位
上海汽車	762 億ドル	自動車	103 位	13 位
中国人壽保険	736 億ドル	保険	111 位	14 位
中国中化集団 sinochem	718 億ドル	化学	119 位	15 位
中国南方電網	666 億ドル	電力	134 位	16 位
中国第一汽車	648 億ドル	自動車	141 位	17 位
東風汽車	617 億ドル	自動車	146 位	18 位
中国兵器工業集団	580 億ドル	防衛機器自動車	161 位	19 位
中国中信集団	554 億ドル	金融	172 位	20 位
神華集団	537 億ドル	保険	178 位	21 位
中国平安保険	537 億ドル	保険	181 位	22 位
中国電信	533 億ドル	通信	182 位	23 位
中国五鉱集団	518 億ドル	非鉄	192 位	24 位
中国郵政集団	509 億ドル	郵便	196 位	25 位
中国兵器装備集団	479 億ドル	自動車二輪車	209 位	26 位
中国航空工業集団	473.5 億ドル	航空防衛機器	212 位	27 位
中国交通建設集団	473.3 億ドル	建設	213 位	28 位
宝鋼集団（有）	456 億ドル	鉄鋼	222 位	29 位
中国華能集団	443 億ドル	電力	231 位	30 位
交通銀行	430 億ドル	銀行	243 位	31 位
中国人民保険集団（有）	407 億ドル	保険	256 位	32 位
中国聯合網絡通信集団（有）	406 億ドル	通信	258 位	33 位
河北鋼鉄集団	392 億ドル	鉄鋼	268 位	34 位
中国アルミニウム（チャルコ）	388 億ドル	非鉄	273 位	35 位
中国航空油料集団	384 億ドル	航空燃料	277 位	36 位
中国鉄路物質	371 億ドル	鉄道	292 位	37 位
中国国電集団	368 億ドル	電力	299 位	38 位
中国活倉科工集団	367 億ドル	鉄鋼	302 位	39 位
冀中能源集団	353 億ドル	石炭・化学	311 位	40 位
ファーウェイ Hs	349 億ドル	通信機器	315 位	41 位
沙鋼集団	345 億ドル	鉄鋼	318 位	42 位
中国建築材料	344 億ドル	建設	319 位	43 位

176

国名　（人口）・会社名（下段）	売上高（単位億ドル）	業種	世界順位	国内順位
首鋼集団（ショーガン）	343億ドル	鉄鋼	322位	44位
中国機械工業集団	339億ドル	機械	326位	45位
武漢鋼鉄集団	338.8億ドル	鉄鋼	328位	46位
聯想（レノボ）	338.7億ドル	パソコン	329位	47位
北京汽車集団	333億ドル	自動車	336位	48位
天津市物資	328億ドル	流通	343位	49位
中国電力建設	319.7億ドル	電力設備	354位	50位
中国化工集団	319.6億ドル	化学	355位	51位
中糧集団（COFCO）	317.5億ドル	商社	357位	52位
緑地集団	317.3億ドル	不動産	359位	53位
浙江物産	311億ドル	物流	364位	54位
山東能源集団	307億ドル	石炭	373位	55位
中国大唐集団	303億ドル	エネルギー	376位	56位
正威国際集団	295.8億ドル	非鉄	387位	57位
山東魏橋創業集団	295.6億ドル	綿紡織	388位	58位
中国華電集団公司	293.4億ドル	発電	389位	59位
山西爆炭運鎖集団	293.2億ドル	石炭	390位	60位
中国電子信息産業集団	290億ドル	電子情報通信	395位	61位
中国遠洋運輸集団	287億ドル	海運	401位	62位
山西焦爆業集団	286.4億ドル	石炭	403位	63位
河南爆業化工集団	286.3億ドル	石炭・化学	404位	64位
新興際崋集団	285.79億ドル	鉄鋼	406位	65位
陽兒爆業集団	285.79億ドル	石炭	407位	66位
中国電力投資	285.5億ドル	電力	408位	67位
中国民生銀行	284億ドル	銀行	411位	68位
招商銀行	280億ドル	銀行	412位	69位
江西銅業集団	278.8億ドル	非鉄	414位	70位
開楽集団	278.4億ドル	石炭	415位	71位
中国船舶重工	277億ドル	造船	417位	72位
中国興業銀行	272億ドル	銀行	428位	73位
中国太平洋保険	271.7億ドル	保険	429位	74位
山西興安集団	271.6億ドル	石炭	430位	75位
大同爆鉱集団	269億ドル	石炭	432位	76位
山西晋爆集団	267億ドル	石炭	435位	77位
国崋鋼	261億ドル	製鉄	446位	78位
上海浦東発展銀行	254億ドル	銀行	460位	79位
山西延長石油	253億ドル	石炭	464位	80位
百聯集団	252億ドル	商社	466位	81位
浙江吉利控股集団	245億ドル	自動車	477位	82位
中国有色工業集団	241.46億ドル	非鉄	482位	83位
広州汽車集団	241.45億ドル	自動車	483位	84位
鞍山鋼鉄	235億ドル	鉄鋼	493位	85位
37. 米国（3億2005万人）133社				
ウォールマート・ストアーズ	4691億ドル	小売	2位	1位
エクソンモービル	4498億ドル	石油	3位	2位
シェブロン	2338億ドル	石油	11位	3位

国名　（人口）・会社名（下段）	売上高〔単位億ドル〕	業種	世界順位	国内順位
フィリプス	1695 億ドル	石油	16 位	4 位
バークシャー・ハサウェイ	1624 億ドル	投資	18 位	5 位
アップル	1565 億ドル	電子機器	19 位	6 位
ゼネラル・モーター G(GM)	1522 億ドル	自動車	22 位	7 位
ゼネラル・エレクトリック (GE)	1468 億ドル	電機・金属	24 位	8 位
バレロエナジー	1382 億ドル	石油	27 位	9 位
フォード・モーター	1342 億ドル	自動車	28 位	10 位
AT&T	1274 億ドル	通信	34 位	11 位
連邦住宅抵当金庫（ファニーメイ）	1272 億ドル	金融	35 位	12 位
CVS ケアマーク	1231 億ドル	小売	40 位	13 位
マッケンソン	1224 億ドル	医薬品・卸売	42 位	14 位
ヒューレド・パッカード (HP)	1203 億ドル	コンピューター	43 位	15 位
ベライゾン・コミュニケーション	1158 億ドル	通信	48 位	16 位
ユナイテッド・ヘルス・グループ	1106 億ドル	医療サービス	51 位	17 位
JP モルガン・チェース	1081 億ドル	金融	55 位	18 位
カーヂナルヘルス	1075 億ドル	医療機器	56 位	19 位
IBM	1045 億ドル	コンピューター	62 位	20 位
バンク・オブ・アメリカ	1000 億ドル	金融	66 位	21 位
コストコ・ホールセール	991 億ドル	会員制量販店	67 位	22 位
クローガー	965 億ドル	小売	72 位	23 位
エクスプレス・スクリプツ Hs	944 億ドル	医療サービス	74 位	24 位
ウェルブ・ファーゴ（WFC）	912 億ドル	金融	78 位	25 位
シティ・グループ	907 億ドル	金融	79 位	26 位
アーチャー・ダニエルズ・ミッドランド (ADM)	890 億ドル	穀物商社	82 位	27 位
プロテクター・アンド・ギャンブル (P&G)	851 億ドル	家庭用品	89 位	28 位
プルデンシャル・フィナンシャル	848 億ドル	保険	90 位	29 位
ボーイング	816 億ドル	航空宇宙機器	95 位	30 位
連邦住宅貸付抵当会社 (フレディマック)	806 億ドル	金融	96 位	31 位
アメリソースバーゲン	797 億ドル	医療品卸売	98 位	32 位
マラソン・ペトロリアム	767 億ドル	石炭	101 位	33 位
ホーム・デポ	747 億ドル	住宅用品販売	106 位	34 位
マイクロソフト	737 億ドル	ソフトウェア	110 位	35 位
ターゲット	733 億ドル	小売	113 位	36 位
ウオルグリーン	716 億ドル	小売	120 位	37 位
アメリカン・インターナショナル・グループ (AIG)	701 億ドル	保険	125 位	38 位
INTL・FC ストーン	692 億ドル	金融	128 位	39 位
メットライフ	682 億ドル	保険	129 位	40 位
ジョンソン・アンド・ジョンソン	672 億ドル	医薬品	132 位	41 位
キャタピラー	658 億ドル	建設機械	136 位	42 位
ペプシコ	654 億ドル	飲料・食品	137 位	43 位
ステートファーム保険	652.8 億ドル	保険	138 位	44 位
米郵政公社	652.2 億ドル	郵便	140 位	45 位
バンギ	634 億ドル	農業関連・食品	143 位	46 位
コノコフィリップス	633 億ドル	石油	144 位	47 位
コムキャスト	625 億ドル	ケーブルテレビ	145 位	48 位
ウェルポイント	617 億ドル	医療サービス	147 位	49 位

国名 （上段）・会社名（下段）	売上高（単位億ドル）	業種	世界順位	国内順位
フェザー	612 億ドル	医療品	148 位	50 位
アマゾン	610 億ドル	小売	149 位	51 位
ユナイテッド・テクノロジーズ	597 億ドル	航空機器	154 位	52 位
デル	569 億ドル	コンピューター	165 位	53 位
ダウ・ケミカル	567 億ドル	化学	166 位	54 位
ユナイテッド・パーセル・サービス (UPS)	541 億ドル	郵便	179 位	55 位
インテル	533 億ドル	半導体	183 位	56 位
グーグル	522 億ドル	インターネット検索	189 位	57 位
ロウズ	505 億ドル	住宅用品販売	198 位	58 位
コカ・コーラ	480 億ドル	飲料	208 位	59 位
メルク	472 億ドル	医療品	214 位	60 位
ロッキード・マーチン	471 億ドル	航空防衛機器	216 位	61 位
シスコ・システムズ	460 億ドル	通信機器	220 位	62 位
ベスト・バイ	450 億ドル	家電販売	226 位	63 位
セーフウェイ	442 億ドル	小売	232 位	64 位
シュルンベルジェ	431 億ドル	エネルギー	241 位	65 位
フェデックス	426 億ドル	運輸	245 位	66 位
エンタープライズ・プロダクツ・パートナーズ	425 億ドル	エネルギー	246 位	67 位
シスコ	423 億ドル	食品卸売	247 位	68 位
ウォルト・ディズニー	422 億ドル	娯楽・メディア	248 位	69 位
ジョンソン・コントロールズ	419 億ドル	自動車部品	251 位	70 位
ゴールドマン・サックス	416 億ドル	金融	254 位	71 位
CHS	405 億ドル	会社型農協	259 位	72 位
アボット・ラボラトリーズ	398.7 億ドル	医療品	261 位	73 位
シアーズ・ホールディング	398.5 億ドル	小売	262 位	74 位
デュポン	395 億ドル	化学	267 位	75 位
ヒューマナ	391 億ドル	医療サービス	270 位	76 位
ワールド・フュエル・サービス	389 億ドル	石油・ガス	272 位	77 位
ヘス	383 億ドル	石油	279 位	78 位
イングラム・マイクロ	378 億ドル	コンピューター関連卸売	285 位	79 位
プレインズ・オール・アメリカン・パイプライン	377 億ドル	パイプライン	286 位	80 位
ハネウェル	376 億ドル	航空宇宙機器・制御機器	287 位	81 位
ユナイテッド・コンチネンタル・ホールディングス	371.5 億ドル	航空	293 位	82 位
オラクル	371 億ドル	ソフトウェア	294 位	83 位
リバティ・ミューチュアル保険	369 億ドル	保険	296 位	84 位
HCA	367 億ドル	医療サービス	301 位	85 位
デルタ航空	366 億ドル	航空	303 位	86 位
エトナ	365 億ドル	医療サービス	304 位	87 位
ジョン・デア	361 億ドル	農業・建設機械	307 位	88 位
スプリント・ネクステル	353 億ドル	通信	310 位	89 位
クラフト・フーズ	350 億ドル	食品	313 位	90 位
スーパーバリュー	343.2 億ドル	食品卸売	323 位	91 位
ニューヨーク生命	343.0 億ドル	保険	324 位	92 位
アメリカン・エキスプレス（アメックス）	338 億ドル	金融・旅行	331 位	93 位
ニューズ・コーポレーション	337 億ドル	メディア	332 位	94 位
オールステート	333 億ドル	保険	337 位	95 位

巻末付録　*179*

国名　（人口）・会社名（下段）	売上高（単位億ドル）	業種	世界順位	国内順位
タイソン・フーズ	332億ドル	食品	338位	96位
マサチューセッツ生命保険	328億ドル	保険	342位	97位
テソロ	324億ドル	石油製品	348位	98位
モルガン・スタンレー	323億ドル	金融	350位	99位
教員保険協会・大学退職株式基金(TIAA-CREF)	321億ドル	年金基金	352位	100位
ゼネラル・ダイナミックス	315億ドル	防衛機器	361位	101位
フィリップ・モリス・インターナショナル	313億ドル	タバコ	362位	102位
ネーションワイド	303億ドル	保険	377位	103位
3M（スリーエム）	299億ドル	化学・事務用品	382位	104位
アクセンチュア（本社アイルランド）	297.7億ドル	経営コンサルタント	385位	105位
ディレクTVグループ	297.4億ドル	衛星放送	388位	106位
シグナ	291億ドル	保険	393位	107位
マーフィー石油	287.7億ドル	石油	398位	108位
タイム・ワーナー	287.2億ドル	メディア・娯楽	402位	109位
ハリバートン	285億ドル	石油	410位	110位
インターナショナル・ペーパー	278億ドル	紙・パルプ	416位	111位
パブリクス・スーパーマーケット	277億ドル	小売	418位	112位
メーシーズ	276億ドル	百貨店	419位	113位
フルーア	275.7億ドル	エンジニアリング・建設	422位	114位
マクドナルド	275.6億ドル	ファーストフード	423位	115位
ハートフォード	264億ドル	保険	442位	116位
ノースウェスタン・ミューチュアル	259億ドル	保険	452位	117位
TJX	258億ドル	アパレル	453位	118位
トラベラーズ	257.4億ドル	保険	454位	119位
アヴネット	257.0億ドル	半導体・電子部品商社	457位	120位
ライト・エイド	253.9億ドル	ドラッグ・ストア	461位	121位
アメリカンファミリー生命保険(アフラック)	253.64億ドル	保険	462位	122位
テクデータ	253.61億ドル	IT関連製品卸売	463位	123位
ノースロップ・グラマン	252億ドル	防衛機器	465位	124位
AMR	248億ドル	航空	469位	125位
ステープルズ	246億ドル	事務用品販売	475位	126位
エマソン・エレクトリック	245億ドル	電機	478位	127位
レイセオン	244億ドル	航空防衛機器	479位	128位
オキシデンタル・ペトロリウム	242億ドル	石油・ガス	480位	129位
ナイキ	241億ドル	スポーツ用品	484位	130位
キャピタル・ワン・ファイナンシャル	237.7億ドル	金融	489位	131位
アルコア	237.0億ドル	アルミ	490位	132位
エクセロン	234億ドル	電力	495位	133位

全国会社名鑑（人口の少ない都道府県順）

県名（人口）・会社名	業種	所在地
1. 鳥取県（61万人）		
鳥取三洋電機	電算機周辺機器	鳥取市南吉方
鳥取中央農業協同組合	農業協同組合	倉吉市越殿町
鳥取いなば農業協同組合	農業協同組合	鳥取市湖山町東
2. 島根県（75万人）		
（株）島根富士通	パソコン	簸川郡菱川町大字三絡
（株）出雲村田製作所	コンデンサ	簸川郡菱川町上連江
ジュンテンドー	スーパーストア	益田市下本郷町
3. 高知県（80万人）		
旭食品	食品飲料卸売	高知市南はりまや町
キタムラ	カメラ等小売	高知市堺町
（株）慶尚	パチンコホール	高知市和泉町
4. 徳島県（81万人）		
シンクス	パチンコホール	徳島市沖浜東
日亜化学工業	化学薬品	阿南市上中町岡
大塚製薬工業	医薬品製剤	鳴門市撫養町立岩字芥原
5. 福井県（82万人）		
三谷商事	商社	福井市豊島
福井県経済農業協同組合連合会	農業協同組合	福井市大手町
福井村田製作所	コンデンサ	武生市岡本町
6. 佐賀県（87万人）		
久光製薬	医薬品製剤 ［消炎鎮痛剤大手］	鳥栖市田代大宮
サンクスジャパン	ディスカウントストア	佐賀市高木瀬町字長瀬
松尾建設	建設	佐賀市八幡小路
7. 山梨県（88万人）		
ファナック	工業用ロボット ［世界シェア50％］	南都留郡忍野村忍草字古馬場
東京エレクトロンAT	半導体等製造装置	韮崎市藤井町北下条
NECコンピューターテクノ	専用端末機器	甲府市大津町
8. 香川県（102万人）		
四国電力	電気事業	高松市丸の内
（株）加ト吉	冷凍調理食品	観音寺市美国町
NTTドコモ四国	通信	高松市天神前
9. 和歌山県（107万人）		
（株）オークワ	スーパーストア	和歌山市中島
和歌山県農業	農業協同組合	和歌山市美園町
ノーリツ鋼機	写真処理機器	和歌山市梅原
10. 富山県（111万人）		
北陸電力	電気事業	富山市牛島町
三協アルミニウム工業	建設用金属製品	高岡市早川

山信商会	パチンコ	富士市上袋
11. 秋田県（117.3万人）		
マックスバリュ東北	スーパーストア	秋田市土崎港北
	[イオン系]	
秋田県厚生農業協同組合連合会	農業協同組合	秋田市八幡南
由利工業	電子部品	秋田県由利郡西目町
12. 石川県（117.5万人）		
カナカン	缶詰瓶詰食品卸売	金沢市尾張町
NTTドコモ北陸	通信	金沢市大手町
PFU	システム構築サーヴィス	河北郡序ノ気町宇野気
13. 宮崎県（117.7万人）		
宮崎中央農業協同組合	農業協同組合	宮崎市丸島町
児湯食鳥	養鶏・鶏肉加工	児湯郡川南町大字川南
ホンダロック	自動車部品	宮崎郡佐土原町大字下那河字和田山
14. 山形県（122.5万人）		
山形日本電気	半導体・集積回路	鶴岡市宝田
第一貨物	輸送	山形市諏訪町
山形スリーエム	化学製品	東根市大字若木
ゼオンケミカルズ米沢	化学製品	米沢市八幡原
15. 大分県（122.7万人）		
アステム	医薬品販売	大分市大道町
大分キヤノン	カメラ等	東国東郡安岐町下原
（株）マルショク	スーパーストア	大分市東春日町
16. 滋賀県（135万人）		
（株）平和堂	スーパーストア	彦根市小泉町
日本電気硝子	電子管	大津市晴嵐
	[ブラウン管用ガラス大手]	
関西日本電気	半導体	大津市晴嵐
17. 沖縄県（136万人）		
沖縄電力	電気事業	浦添市牧港
（株）サンエー	スーパーストア	宜野湾市大山
	[沖縄県トップ]	
南西石油	石油精製	中頭郡西原町字小那覇
18. 岩手県（140万人）		
日立メディアエレクトロニクス	ディスプレイ用部品	水沢市真城字北野
東日本ハウス	建設 [木造注文住宅]	盛岡市長田町
岩手東芝エレクトロニクス	半導体素子	北上市北工業団地
19. 奈良県（143万人）		
ユーテック	産業用機器卸売	大和郡山市池沢町
	[縫製、カーテンレール]	
村本建設	建設	北葛城郡広陵町大字平尾
（株）森精機製作所	金属工作機械	名古屋市中村区名駅
20. 青森県（147万人）		
東芝メディア機器	磁気媒体	五所川原市大字吹畑字皆瀬
	[光ディスクドライブ]	

（株）吉田産業	鉄鋼・加工品卸売 ［鋼材・セメント］	八戸市大字廿三日町
丸大堀内	缶詰・瓶詰食品卸売	青森市問屋町
21. 愛媛県（149万人）		
大王製紙	パルプ［紙パルプ大手］	四国中央市三島紙屋町
（株）フジ	スーパーストア ［愛媛地盤の］	松山市宮西
松下寿電子工業	磁気媒体・家電販売	温泉郡川内町南方
22. 長崎県（151.1万人）		
長崎物産商事	卸売	長崎市丸山町
平和物産	事務用品等卸売	佐世保市俵町
ジャパネットたかた	通信販売	佐世保市日字町
23. 山口県（151.2万人）		
（株）ファーストリティリング	服飾小売（ユニクロ）	山口市大字佐山
西部石油	石油精製	山陽小野田市西沖
山口日本電気	半導体・集積回路	厚狭郡楠町万倉神元
24. 鹿児島県（176万人）		
鹿児島経済農業協同組合	農業協同組合	鹿児島市鴨池新町
（株）タイヨー	スーパーストア	鹿児島市南栄
城山観光	ホテル経営	鹿児島市新照元町
25. 三重県（185万人）		
住友電装	自動車用電装品等	四日市市西末広
鈴鹿富士ゼロックス	事務用機器	鈴鹿市仲船町
シャープ広重三重	精密電子機器回路	
26. 熊本県（186万人）		
九州日本電気	半導体・集積回路	熊本市八幡
東京エレクトロン九州	半導体製造装置	菊地郡合志町福原
岩下兄弟	パチンコホール	人吉市中青井町
27. 岡山県（195万人）		
（株）ベネッセコーポレーション	出版	岡山市南方
（株）天満屋	百貨店	岡山市岡町
（株）大本組	建設	岡山市内山下
28. 栃木県（200万人）		
（株）コジマ	家電小売 ［家電量販店大手］	宇都宮市星が丘
（株）カワチ薬品	医薬品小売 ［ドラッグ・ストア大手］	小山市大字卒島
北関東国分	食品卸売	小山市大字出井
29. 群馬県（202万人）		
（株）ヤマダ電機	家電小売 ［家電量販店最大手］	前橋市日吉町
群馬県信用保証協会	金融業	前橋市大手町
カインズ	スーパーストア ［DIY. イシテリア］	高崎市高関町
（株）興亜	建設 ［建材・エンジニアリング］	高崎市本町
30. 岐阜県（210万人）		

西濃運輸	輸送［陸運大手］	大垣市田口町
イビデン	半導体・集積回路	大垣市神田町
	［プリント基板大手］	
（株）バロー	スーパーストア	多治見市大鉢町
31.福島県（211万人）		
（株）ヨークベニマル	スーパーストア	郡山市朝日
	［東北最大の］	
富士通アイソテック	パソコン・プリンター	伊達郡保原町東野崎
佐藤	缶詰・瓶詰食品卸売	福島市泉字清水内
32.長野県（220万人）		
セイコーエプソン	プリンター・液晶ディス	諏訪市大和
	プレイ	
（株）マルイチ産商	生鮮魚介卸売	長野市市場
	［長野県最大の］	
新光電気工業	半導体・集積回路	長野市小島田町
33.宮城県（235万人）		
東北電力	電気事業	仙台市青葉区本町
	［東北と新潟へ供給］	
カメイ	商品卸売	仙台市青葉区国分町
	［東北一の石油販社］	
NTTドコモ東北	通信	仙台市青葉区
34.新潟県（245万人）		
（株）コメリ	スーパーストア	白根市茨曾根
	［ホームセンター大手］	
（株）福田組	建設	新潟市一番堀通町
アイビー企画	パチンコホール	新潟市万代
35.京都府（256万人）		
佐川急便	輸送［貨物運送］	京都市南区上鳥羽角田町
京セラ	半導体・集積回路	京都市伏見区竹田鳥羽
	［電子部品大手］	
任天堂	ゲーム機器［世界規模の］	京都市南区上鳥羽錦立町
36.広島県（286万人）		
マツダ	自動車［フォード傘下の］	安芸郡府中町新地
中国電力	電力事業	広島市中区小町
（株）イズミ	スーパーストア	広島市南区京橋町
	［広島地盤の］	
37.茨城県（299万人）		
インテル	半導体製品	つくば市東光台
（株）ケーズデンキ	家電小売［家電量販店］	水戸市桜川
（株）カスミ	スーパーストア［中堅の］	つくば市西大橋
38.静岡県（377万人）		
スズキ	自動車・自動二輪［大手］	浜松市高塚町
ヤマハ発動機	自動二輪［大手］	磐田市新見
ヤマハ	ピアノ・AV機器	浜松市中沢町
	［楽器世界一］	
39.福岡県（501万人）		
九州電力	電力事業［電力5位］	福岡市中央区渡辺通

NTT ドコモ九州	通信［携帯電話］	福岡市中央区渡辺通
トヨタ自動車九州	自動車	鞍手郡宮田町大字上有
40. 兵庫県（556万人）		
川崎重工業	航空機［総合重機2位］	神戸市中央区東川
（株）神戸製鋼所	鉄鋼	神戸市中央区脇浜町
加藤産業	缶詰・瓶詰食品卸売	西宮市松原町
41. 北海道（565万人）		
ホクレン農業協同組合連合会	農業協同組合	札幌市中央区北4条西
北海道電力	電力事業	札幌市中央区大通東
（株）NTT ドコモ北海道	通信	札幌市中央区北1条西
42. 千葉県（600万人）		
イオン	スーパーストア	千葉市美浜区中瀬
千葉県市町村職員共済組合	共済組合	千葉市中央区中央港
極東石油工業	石油精製	市原市千種海岸
43. 埼玉県（698万人）		
本田技術研究所	技術開発	和光市中央
丸十商店	卸売	さいたま市南区根岸
全国生活協同組合連合会	生活協同組合	さいたま市南区沼影
山岸プラスチック工業	プラスチック製品	さいたま市上峯
44. 愛知県（702万人）		
トヨタ自動車	自動車 ［製造業トップ］	豊田市トヨタ町
豊田通商	卸売 ［トヨタ系総合商社］	名古屋市中村区名取
中部電力	電気事業 ［全国3位の大手］	名古屋市東区東新町
45. 神奈川県（860万人）		
関東自動車工業	自動車車体 ［トヨタ直系車体組立］	横須賀市田浦港町
日産車体	自動車車体 ［日産系車体組立］	平塚市天沼
日本ビクター	AV機器等 ［AV機器大手］	横浜市神奈川区守屋町
46. 大阪府（865万人）		
日本生命保険	保険［生保最大手］	大阪市中央区今福
松下電器産業	家電機器［家電トップ］	門真市大字門真
住友生命保険	保険［生保大手］	大阪市中央区城見
47. 東京都（1,208万人）		
三井物産	総合商社［名門商社］	千代田区大手町
三菱商事	総合商社［総合商社の雄］	千代田区丸の内
伊藤忠商事	総合商社［大手総合商社］	渋谷区宇田川町

［備考］人口は2003年10月現在。株式会社がその名称の前に付くものは（株）とした。後ろに付くのは省略。

［引用文献］「会社売上高」『今がわかる　時代がわかる　日本地図2005年版』成美堂出版、『全国企業あれこれランキング2004』帝国データバンク、『会社年鑑2004』（上・下巻、未上場会社版）

日本経済新聞社、『日経会社情報 2005 Ⅰ 新春』日本経済新聞社。『会社四季報』（2005 上期、未上場会社版）日本経済新聞社。

旧国別日本全図

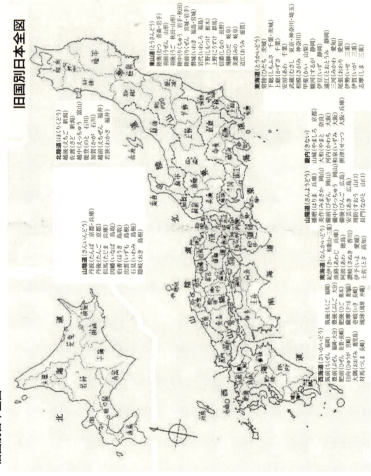

旧国別日本全図

2040 年若年女性変化率上位都市とその要因

No.	都道府県	市区町村	人口移動が収束しない場合					社人研	類型	特　徴
			2010年総人口	2010年20-39歳女性	2040年総人口	2040年20-39歳女性	若年女性人口変化率(2010→2040)	若年女性人口変化率(2010→2040)		
1.	石川県	川北町	6,147	864	7,906	1,001	15.8(%)	10.9(%)	産業誘致型	金沢市、小松市に通勤可能。ジャパンディスプレイの立地により、財政的にも安定
2.	秋田県	大潟村	3,218	311	2,868	358	15.2	8.0	産業開発型	独立独歩による農業の産業化に成功。1人当たりの住民税額も県内2位の秋田市を大きく上回る
3.	神奈川県	横浜市都筑区	201,271	27,357	270,271	31,020	13.4	1.1	ベッドタウン型	横浜市中心部へのアクセスが良く、宅地開発も盛ん
4.	福岡県	粕屋町	41,997	6,977	57,173	7,766	11.3	-0.3	ベッドタウン型	福岡市に隣接
5.	宮城県	富谷町	47,042	6,441	61,273	6,978	8.3	6.0	ベッドタウン型	仙台市に隣接
6.	富山県	舟橋村	2,967	378	3,361	406	7.5	7.9	ベッドタウン型	富山市に隣接
7.	鳥取県	日吉津村	3,339	422	3,657	450	6.8	-2.4	産業誘致型	米子市に隣接。王子製紙、イオンなどが立地し、財政的にも安定
8.	福岡県	志免町	43,564	6,378	51,398	6,684	4.8	-4.5	ベッドタウン型	福岡市に隣接
9.	大阪府	田尻町	8,085	1,108	8,531	1,150	3.8	-4.7	公共財主導型	関西国際空港の立地により、財政的に安定
10.	京都府	木津川市	69,761	9,539	84,958	9,896	3.7	-3.2	公共財主導型	関西文化学術研究都市として成功
11.	群馬県	吉岡町	19,801	2,598	24,199	2,648	1.9	-4.0	ベッドタウン型	前橋市、渋川市にそれぞれ隣接。高崎市へのアクセスも良い
12.	愛知県	日進市	84,237	11,842	103,147	12,056	1.8	-7.8	学園都市型	多くの大学の立地に加え、名古屋市、豊田市に隣接
13.	埼玉県	吉川市	65,298	8,815	76,443	8,961	1.7	-7.7	ベッドタウン型	大規模宅地開発が盛ん
14.	愛知県	幸田町	37,930	5,466	43,520	5,538	1.3	-8.9	産業誘致型	中部工業団地等、自動車関連産業が盛ん
15.	埼玉県	滑川町	17,323	2,371	21,445	2,391	0.8	-7.9	ベッドタウン型	東京のベッドタウンとして、宅地開発が盛ん
16.	愛知県	みよし市	60,098	7,941	67,808	7,907	-0.4	-6.6	産業誘致型	自動車関連企業が多く立地
17.	広島県	広島市安佐南区	233,733	34,226	275,118	33,622	-1.8	-9.1	ベッドタウン型	新交通システムが寄与し、住宅増
18.	奈良県	香芝市	75,227	10,175	83,551	9,992	-1.8	-7.1	ベッドタウン型	大阪近郊の高級住宅地
19.	愛知県	高浜市	44,027	5,807	50,353	5,669	-2.4	-8.6	産業誘致型	自動車関連企業が多く立地。窯業も盛ん。老人介護福祉施設の整備も進む
20.	佐賀県	鳥栖市	69,074	9,406	77,944	9,180	-2.4	-8.7	産業誘致型	九州最大の交通の要衝。市が物流拠点戦略を推進し、企業立地が盛ん

（引用文献）増田寛也編著『地方消滅』中公新書（2282）、2014年8月、126-127頁。

18世紀ごろの東アジアの国際秩序（概念図）

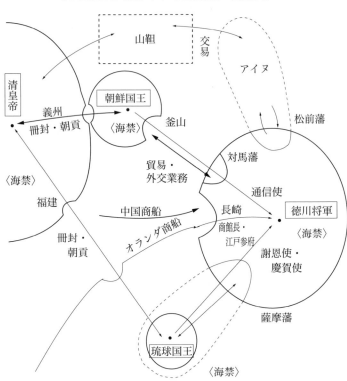

注
1) 釜山・義州以外の朝鮮の交易所（会寧・慶源）と、清とロシアとの交易所は本図では省略した。
2) 清の禁海は1717年以降。
（引用文献）荒野泰典『近世日本と東アジア』東京大学出版会、1988年、p.8.

日本経済年表（1543 年〜 2015 年）

※ 1872 (明治 5 年) 12 月 3 日の改暦以前は、日本史の事項に関しては陰暦表示。

年号	西暦	事項	首相	財務大臣（大蔵大臣・大蔵卿）	日本銀行総裁
天文 12 年	1543	8 月ポルトガル人、種子島で鉄砲を伝来。			
天文 18 年	1549	7 月フランシスコ ド・ザビエル、鹿児島で基督教を宣教。			
永禄 9 年	1566	西川仁右衛門が蚊帳［かや］の商売を開始。			
天正元年	1573	4 月織田信長、足利義昭降伏させ室町幕府滅亡。			
天正 18 年	1590	7 月豊臣秀吉、北条氏降伏し全国略統一。住友の業祖蘇我理右衛門が銅吹・銅細工を開始。			
慶長 5 年	1600	1 月英東印度会社設立 (1602 年 3 /20 蘭東印度会社［世界初の株式会社］、1604 年仏東印度会社）。鴻池の始祖中新六が清酒作りを開始。			
慶長 8 年	1603	2 月徳川家康、征夷大将軍となり江戸に幕府を開く。			
慶長 14 年	1609	7 月蘭との貿易開始 (1641 年に蘭商館を平戸から長崎へ移設)			
慶長 18 年	1613	9 月英東印度会社が平戸に商館開設。			
寛永 12 年	1635	5 月幕府、鎖国令の布告。［貿易は長崎平戸のみ日本人渡航帰国禁止］			
天保 11 年	1840	6 /28 清国、阿片戦争 (~42/8/2 9) 林則除、阿片 2 万箱を没収焼却。			
嘉永 4 年	1851	1/ 11 清因。太平天国の乱 (-64/ 7 /19) 洪秀全			
嘉永 5 年	1852	6 月蘭商館長クルチウス、米国の開国要求を幕府に予告。			
嘉永 6 年	1853	6 / 3 ペリー軍艦 4 隻浦賀来航 10/ 16 クリミア戦争 (~5 6/ 3 /30) 浦賀造船所建設。			
嘉永 7 年（安政 1 年）	1854	5/25 日米和親条約締結 (同様の条約、英 8/23、露 12/ 21、蘭 55 年 12/23 締結)			
安政 2 年	1855	パリ万博［5/ 1 5- 1 1/ 15］			
安政 4 年	1857	薩摩藩、集成館建設。			
安政 5 年	1858	6 / 19 日米修好通商条約締結→領事裁判権、関税自主権無 9 / 7 安政の大獄。			
安政 6 年	1859	5 /28 神奈川・長崎・函館開港、露仏蘭米英に貿易許可。			
安政 7 年（万延 1）	1860	3/3 桜田門外の変　3/19 五品江戸廻し令。			
文久 2 年	1862	7/6 幕政改革　8/21 生麦事件			
文久 3 年	1863	5/10 馬関戦争　7/2 薩英戦争　8/18 公武合体派クーデター。			
文久 4 年（文治 1）	1864	6 /24 第一次長州征伐　8/5 四国連合艦隊下関砲撃。			
文治 2 年（慶應 1）	1865	5 /12 第二次長州征伐　9 /27 横須賀製鉄所起工　10/5 条約勅許 . 兵庫開港不可。			
慶應 2 年	1866	1 /21 薩長連合 5 月米価騰貴　5/13 改税約書。この頃一揆打ち壊し頻発。			
慶應 3 年	1867	5 月鹿児島紡績所設立。10/14 討幕密勅、10/14 大政奉還。12/ 7 兵庫開港 12/9 王政復古。			
慶應 4 年（明治 1 年）	1868	1/3 〜 4 戊辰戦争　1/15　王政復古の大号令 (明治維新政府樹立）　7 / 17 江戸を東京へ 9 / 8　明治と改元。11 月政府、納税に金札使用を許可。		初代大蔵卿	

190

明治 2 年	1869	3 月東京遷都、7 / 8 大蔵省設置、8/11 民部と大蔵両省を合併。 9 /17 初代大蔵卿 * 1 松平安永 10 月民部省札発行 10/16 第二代大蔵卿 * 2 伊達宗城。東京招魂社 (1879 年靖国神社) 設立。
明治 3 年	1870	7/10 大蔵省、民部省分離 10 月土佐藩開成館大阪商会 (73 年三菱商会) 工部省設置近代工業を起す。
明治 4 年	1871	5/10 新貨幣条例公布 (円、銭、厘)、7 /14 廃藩置県 8/13 第三代大蔵卿 * 3 大久保利通 8 月九十九商会、岩崎の私企業。(三菱創設)
明治 5 年	1872	5 月新紙幣発行、藩札を含む旧紙幣と交換 10/14 新橋・横浜間鉄道 11/ 4 官営富岡製糸場 11/9 国立銀行条例制定 12/5 改暦 12/28 徴兵の詔書、資生堂創業。
明治 6 年	1873	1/10 徴兵令 1/13 7 分利付外国公債 240 万ポンド、ロンドンで募集開始 6 / 11 第一国立銀行設立 (渋沢栄一頭取 (75-)、7/28 地租改正条例公布 10/25 第四代大蔵卿 *4 大限重信この年各地に徴兵反対等の一揆多発。
明治 7 年	1874	3 /28 秩録公債証券制定。10/ 13 大蔵省、会計年度 [1 ~ 12 月] を 7 月 ~ 翌 6 月に改定。大久保利通『勧業建白書』。
明治 8 年	1875	1 / 18 三菱商会に上海横浜航路の開始を命令 (最初外国航路)9 /7 家録の米給を止め金録へ。
明治 9 年	1876	3 /31 三井銀行認可 7 / 29 三井物産認可 8 / 1 国立銀行条例改正公布 8 / 5 金録公債証書発行条例公布 10 月秀英舎 (大日本印刷) 12 / 1 中外物価新報創刊 (後の日本経済新聞)。
明治 10 年	1877	2/15 西商戦争 (～ 9 / 24)。第一回内国勧業博覧会。
明治 11 年	1878	7 月金録公債証書発行開始。→インフレ昂進 12/ 12 東京海上保険設立。この年、国立銀行の設立相次ぐ。
明治 12 年	1879	10/27 徴兵令改正 [常備軍 3 年、予備 3 年、後備 4 年の合計 10 年に兵役を延長] 11/22 安田銀行設立 [後の富士銀行]。この年、士族に鐘紡機 [英国より輸入] を無利息、10 ヶ年賦で払下げ。
明治 13 年	1880	2 /28 第五代大蔵卿 * 5 佐野常民、横浜正金銀行開業 (後の東京銀行) 9 /10 釜石鉱山製鉄所高炉火入れ。工場払下概則を定め、官営工場の民営化。金銀正貨の海外流出激化、正貨準備高は紙幣流通高の 5 . 7 ％となる。
明治 14 年	1881	7/8 明治生命保険設立 8 月植木枝盛、日本国憲法草案起草。10/ 11 明治 14 年政変 [御前会議で立憲政体の方針、開拓使官有物払下げ中止、大隈重信の参議罷免等を決定] 10/12 1890 年に国会開設旨の詔書 10 /21 第六代大蔵卿 * 6 松方正義→松方財政開始 11 / 11 日本鉄道 (最初の私鉄)。
明治 15 年	1882	3 月松方デフレ開始 5 / 3 大阪紡績設立 (初の大規模紡績、2 交代徹夜、資本金 25 万円) 10 / 6 日銀初代総裁 * 7 吉原重俊。10/10 日本銀行開業。
明治 16 年	1883	2 月東京電燈設立免許 (東京電力の前身)。

1 松平慶永　2 伊達宗城

3 大久保利通

4 大隈重信

初代蔵相
5 佐野常民　6 松方正義

初代総裁
7 吉原重俊

年号	西暦	事項	首相	日本銀行総裁
明治 17 年	1884	3/15 秩録公債の償還完了［地組条例制定］10/28 会計年度を 4/1 からに改定。		
明治 18 年	1885	5 月日銀最初の銀兌換券 9/29 岩崎弥太郎、日本郵船設立 (資本金 1500 万円) 12/22 初代総理大臣 ＊8 伊藤博文①、蔵相 ＊6 松方正義 この年、松方デフレ農村恐慌進行。 綿布産額、輸入額を凌駕、絹織産額、綿織産額を凌駕。	8 伊藤博文① 初代首相	初代総裁
明治 19 年	1886	1/4 不換紙幣の正貨兌換開始。3 月帝国大学令。6 月三重紡績設立。6 月甲府、女工ストライキ。11 月東京棉商社［後の鐘紡紡績］ この年、鉄道・紡績・鉱山業の起業相次ぐ、繊維工業中心の産業革命起点。		
明治 20 年	1887	3 月所得税公布 4 月東京倉庫 (後の三菱倉庫) 6/7 長崎造船所を三菱社へ払下。	10 黒田清隆	9 富田鉄之介 2 代総裁
明治 21 年	1888	2/21 第 2 代日銀総裁 ＊9 富田鉄之介 3 月帝国生命 (朝日生命の前身) 設立。4/30 第二代首相 ＊10 黒田清隆。5/10 日本石油設立。		
明治 22 年	1889	2/11 大日本帝国憲法公布 5 月池貝工業 7/4 日本生命保険設立 9/3 日銀 3 代総裁 ＊11 川田小太郎 12/24 ＊12 山県有朋首相①。 この年、年末より恐慌状態。日本最初の経済恐慌 (1890 年) の開始。	12 山県有朋①	11 川田小一郎 3 代総裁
明治 23 年	1890	1 月足尾銅山の鉱毒で渡良瀬川の魚類多数死滅。 7/1 第 1 回衆議院総選挙 11/25 第一回通常議会 (帝国議会) 招集。 この年、綿糸の国内生産輸入凌駕。釜石銑鉄が伊のグレゴリー銑鉄よりも優秀さを実証、需要急僧。		
明治 24 年	1891	5/6 ＊6 松方正義首相①。5/11 大津事件。7/30 大阪紡績、綿糸初輸出 12/18 田中正造、衆議院へ初めて足尾鉱毒事件の質問書を提出。 紡績業、印度綿を国内市場から駆逐。印綿直輸入開始。	6 松方正義①	
明治 25 年	1892	8/8 ＊8 伊藤博文②蔵相 ＊13 渡辺国武 11 月日本綿花 (日綿実業の前身)	8 伊藤②	13 渡辺国武
明治 26 年	1893	9/9 鐘淵紡績等 5 社日本郵船と印度綿花輸入契約締結。11/7 日本郵船、ボンベイ航路を開始。11/17 三井銀行田中製作所を買収し.芝浦製作所と改称 (機械工業の始まり)。商法一部施行に伴い企業の株式会社・合資会社・合名会社への改組相次ぐ。		
明治 27 年	1894	8/1 日清戦争勃発 (～ 1885 年 4 月。 8/16 軍事公債 (5000 万を限度)。器械製糸の生産高、座繰製糸を凌駕。	6 松方正義	13 渡辺
明治 28 年	1895	3/17 蔵相 ＊6 松方正義 4/17 清講和条約調印 4/23 三国干渉 8/27 蔵相 ＊13 渡辺国武 11 月住友銀行『東洋経済新報』創刊。12 月片倉組組織。		
明治 29 年	1896	3/10 八幡製鉄所官制公布［97.6.1 開業、中国山東省大冶鉄鉱が主原料) 9/18 ＊6 松方正義②、蔵相 ＊6 松方正義 9/25 第一国立銀行営業満期、9/26 より普通銀行 (株) 第一銀行 10 月東武鉄道 11/11 第 4 代日銀総裁 ＊14 岩崎	6 松方②	14 岩崎弥之助 4 代総裁 6 松方 (兼務)

弥之助。

一般編ベスト ①鐘淵紡績②大阪紡績③三重紡績
公益編ベスト ①日本鉄道② 日本郵船③北海道炭礦鉄道

年号	西暦	出来事	首相	蔵相	日銀総裁
明治30年	1897	3/1 鴻池銀行(三和銀行の一前身) 3/29 貨幣法公布(金本位制の成立、日清戦争の賠償金で金準備が整う) 6/1 官営八幡製鉄所設立。8月日本勧業銀行設立。豊田佐吉、力織機発明。労働者の階級意識高揚、労働争議急増。綿糸の輸出、輸入額を超過。			
明治31年	1898	1/12*8 伊藤博文③、蔵相*15 井上馨。4/19 日銀、財界の金融逼迫救済の為、政府委託により、償金の一部で公債を買入(最初の市場操作)6/30* 4 大隈重信首相①、9/30 蔵相*16 松田正久、10/20第五代日銀総裁*17 山本達雄。11/8 *12 山県有朋②、蔵相*6 松方正義。	8伊藤③ 4大隈重信①	15井上馨 16松田正久	17山本達雄 5代総裁
明治32年	1899	2月鳥井商店(後のサントリー)森永太一朗、森永西洋菓子製造所設立(後の森永製菓)3/22 北海道拓殖銀行法公布 7/17 日本電気設立 9/26 台湾銀行(資本金500万円)営業	12山県②	6松方	
明治33年	1900	1月凸版印刷 10/19* 8 伊藤博文④、蔵相*13 渡辺国武	8伊藤④	13渡辺	
明治34年	1901	6/2 *18 桂太郎首相①、蔵相*19 曾禰荒助 6/22 住友家、日本鋳鋼所を買収、住友鋳鋼所を開業(住友金属工業の一前身)	18桂太郎①	19曾禰荒助	
明治35年	1902	1/30 日英同盟 3/27 日本興業銀行設立(特殊銀行)9/25 第一生命保険(最初の相互会社)11 月合名会社鈴木商店[金子直吉/高畑誠一]			
明治36年	1903	10/20 第六代日銀総裁*20 松尾臣善。新潟で石油会社設立盛ん。			20松尾臣善 6代総裁
明治37年	1904	2/10 日露戦争勃発(〜1905年9月)4/1 たばこ専売法公布 5/10 ロンドン・ニューヨークで外債(6分利付英貨公債1000万ポンド)募集。6/25 芝浦製作所設立(資本金100万円)12/6 三越呉服店設立(資本金50万円)			
明治38年	1905	1/22「血の日曜日」事件 9/5 日露講和条約調印。9月鈴木商店、小林製鋼所を買収し神戸製鋼所設立。池貝工場、米国式旋盤を完全製作。			
明治39年	1906	1/7 * 21 西園寺公望首相①、蔵相*22 阪谷芳郎 3/31 鉄道国有化法 11/26 南満州鉄道設立。	21西園寺公望①	22阪谷芳郎	
明治40年	1907	1/21 東京株式相場暴落(日露戦争恐慌)長崎造船所スト 1/26 日清紡績 2/23 麒麟麦酒 9/8 旭硝子設立。東京自動車製作所、国産1号自動車製作。10月箕面有馬電気軌道(阪急)。			
明治41年	1908	7/14*18 桂太郎②、蔵相* 18 桂太郎(兼務)。日本窒素肥料設立。	18桂②	18桂(兼務)	
明治42年	1909	鈴木三郎助「味の素」販売。生糸輸出量、中国を抜き、世界第一へ。			
明治43年	1910	2/1 横浜正金等15銀行、内国債借換の国債引受シンジケート団を結成。6/17 新潟鉄工所 7月東京人造肥料が大日本人造肥料(日産化学の前身)。			
明治44年	1911	2/21 日米新通商航海条約調印(関税自主権確立)6/1 第7代総裁23 高橋是清 8/30*21 西園寺公望②、蔵相			

*24 山本達雄　11/28 大倉組設立。

明治45年（大正1）1912　6/8 日本鋼管設立 7/30 明治天皇崩御、大正と改元 9/10 日本活動写真（日活の前身）9月久原工業。10/7 浅野セメント設立。11月岩井商店が株式会社へ（日商岩井）。12/21*18 桂太郎③、蔵相*25 若槻礼次郎。

大正2年 1913　2/20*26 山本権兵衛①、蔵相*23 高橋是清 2/28 第8代総裁 *27 三島弥太郎。3月伊藤譲が羊華堂（イトーヨーカドー）東北・北海道地方大凶作。

大正3年 1914　4/16* 4 大隈重信②、蔵相*25 若槻礼次郎 6/26 東洋紡績（大阪紡績、三重紡績が合併）誕生。8/23 第一次世界大戦、日本、独に宣戦布告参戦［7/28 墺、対セルビア宣戦布告］9/14 生糸相場暴落 (1900.10 を破る新安値)。

大正4年 1915　6/21 染料医薬品工業奨励法公布［化学工業起］保土ヶ谷曹達、電解ソーダ工場操業 8/10 蔵相*27 武富時敏 貿易収支、出超へ。好景気到来。

大正5年 1916　1月吉野作造「憲政の本義を説いてその有終の美を済すの途を論ず」『中央公論』大正デモクラシー 10/9 *28 寺内正毅首相、蔵相*28 寺内正毅（兼務）12/16 蔵相*29 勝田主計。

大正6年 1917　3/10 日本工業倶楽部 12/1 古河鉱業開業。12/25 大倉鉱業開業。貿易収支、未曾有の黒字。

大正7年 1918　3月松下幸之助、松下電気器具製作所 8/2 シベリア出兵 8/3 富山県中新川郡の米騒動、全国に波及 9/29 * 30 原敬首相蔵相*23 高橋是清 11/11 第一次大戦終了［独、休戦協定に調印］大戦中、電力事業未曾有の発展。

大正8年 1919　3/13 第9代総裁 * 3 1 井上準之助。6/28 ベルサイユ条約 8/15 三菱銀行設立 12/24 大阪北港設立（住友商事の前身）大和運輸（ヤマト運輸の前身）創業。

一般編ベスト　①川崎造船所②三菱造船③久原鉱業
公益編ベスト　①南満州鉄道②日本郵船③大阪商船

大正9年 1920　1/10 国際連盟発足 2/1 日立製作所設立（久原鉱業から分離・独立）3/15 株式市場、株価暴落で戦後恐慌開始。

大正10年 1921　1/10 三菱電機設立 3/8 ソ連ネップ採択 5/10 小松製作所 11/13*23 高橋是清首相、蔵相*23 高橋是清（兼務）。

大正11年 1922　2/6 ワシントン条約 6/12*32 加藤友三郎首相、蔵相*33 市来乙彦。8/1 日本経済連盟会 12/30 ソ連発足 造船業界、海軍軍縮で32年まで不況。

大正12年 1923　5/1 小田急 7/10 日本航空 8月独、マルク暴落 8/22 富士電機製造 9/1 関東大震災。9/2 * 26 山本権兵衛②、蔵相*31 井上準之助 9/5 第10代総裁 * 33 市来乙彦 野田醤油大争議。この頃労働争議頻発。

大正13年 1924　1/7 * 34 清浦奎吾首相、蔵相*29 勝田主計。6 /11* 36 加藤高明首相①　蔵相*37 浜口雄幸 12/13 東京婦人会等、婦人参政権獲得期成同盟会結成。

大正14年 1925　1/ 20 日ソ基本条約［2/27 国交回復］4/22 治安維持法公布。5/5 男子普通選挙実現 8/2*36 加藤高明②12/1 野村証券 12/ 13 大阪-横須賀間電化完。

大正15年 1926　1/12 東洋レーヨン（東レの前身）1/30 * 25 若槻礼次郎

右欄（縦組み）：

首相：
21 西園寺②／18 桂③／26 山本権兵衛①／4 大隈②／28 寺内正毅／30 原敬／23 高橋是清（兼務）／32 加藤友三郎／26 山本②／34 清浦奎吾／36 加藤高明①

蔵相：
24 山本達雄／23 高橋是清／25 若槻礼次郎／27 武富時敏／28 寺内（兼務）／29 勝田主計／23 高橋／32 加藤友三郎／31 井上準之助／34 清浦奎吾／36 加藤高明②

日銀総裁：
23 高橋是清（7代総裁）／27 三島弥太郎（8代総裁）／31 井上準之助（9代総裁）／33 市来乙彦（10代総裁）／33 市来乙彦／29 勝田主計／37 浜口雄幸

年	首相	蔵相	日銀総裁
(昭和1)	25 若槻①	38 早速整爾 ／ 39 片岡直温	
昭和2年 1927	40 田中義一	23 高橋是清 ／ 41 三土忠道	31 井上準之助 11代総裁
昭和3年 1928			42 土方久徴 12代総裁
昭和4年 1929		31 井上準之助	
昭和5年 1930	37 浜口雄幸	31 井上準之助	
昭和6年 1931	25 若槻② ／ 38 犬養毅	23 高橋是清	
昭和7年 1932	43 斉藤実		
昭和9年 1934	44 岡田啓介	45 藤井真信 ／ 23 高橋是清	
昭和10年 1935			46 深井英五 13代総裁
昭和11年 1936	47 広田弘毅	48 馬場鍈一	
昭和12年 1937	49 林銑十郎 ／ 52 近衛文麿	50 結城豊太郎 ／ 53 賀屋興宣	51 池田成彬 14代総裁 ／ 42 結城豊太郎 15代総裁

(昭和1)　首相①　3/17 日本レイヨン(ユニチカの前身)。3/30 郵便年金法公布　6/3 蔵相 *38 早速整爾　9/14 蔵相 *39 片岡直温　12/25 大正天皇崩御、昭和と改元。

昭和2年 1927　3/15 東京渡辺銀行破綻、金融恐慌　4/1 徴兵令廃止 4/5 鈴木商店破綻　4/20* 40 田中義一首相、蔵相 *23 高橋是清 5/10 第11代総裁 *31 井上準之助　6/2 蔵相 *41 三土忠道。

昭和3年 1928　6/12 第12代総裁 *42 土方久蔵。12月不二越鋼材(不二越の前身)設立。松永安左ェ門『電力統制私見』で第二次大戦後の電力事業再編成案提示。この年、為替相場の変動激化、横浜正金銀行の建値変更92回に及ぶ。

昭和4年 1929　7/2 *31 井上準之助蔵相となる→井上財政開始。10/24 NY市場で大暴落→世界恐慌。10月米国生糸価格崩落。11/21 金輸出解禁令公布。

昭和5年 1930　2/22 鹿島組設立　7/2 *37 浜口雄幸首相、蔵相 *31 井上準之助。世界恐慌で日本不況(〜1932年)産業界に操業短縮[操短率：セメント鉄鋼50%、肥料40%等]。

昭和6年 1931　4/14* 25 若槻礼次郎②、6/9 満州事変勃発。12/13 *38 犬養毅首相、蔵相 *23 高橋是清(金輸出禁止)→高橋財政開始。

昭和7年 1932　5.15事件　5/16 *43 斉藤実首相、6月満州銀行設立。豊田自動織機、特許を英プラット社へ譲渡。

昭和8年 1933　1/30 独、ヒットラー首相　3/9 米国ニューディール政策開始。3/27 国際連盟脱退　12/9 三和銀行　この年輸出増加続き、ソーシャル・ダンピングの国際的非難。この年、日本が綿布輸出量で、産業革命期以来、世界の首位であった英国を凌駕した。

昭和9年 1934　7/8 *44 岡田啓介首相、蔵相 *45 藤井真信、11/27 蔵相 *23 高橋是清　綿織物輸出額、生糸輸出額を凌駕。海軍、航空機の機体・発動機の国産化を民間に命令。製鉄大合同、日本製鉄設立。(八幡、富士等5製鉄)

昭和10年 1935　6/4 第13代総裁 *46 深井英五。7/15 貿易収支、黒字になる 19年以来17年振り　日本アルミニウム設立。

昭和11年 1936　2.26事件　3/9 *47 広田弘毅首相、蔵相 *48 馬場鍈一。10月人絹糸生産高(2億7,336万ポンド)米国を抜き世界第一位。

昭和12年 1937　年度予算30億のうち軍事費14億。　5/1 企画庁設置(10/25 企画院)　2/2 *49 林銑十郎首相、蔵相 *50 結城豊太郎　2/9 14代総裁 *51 池田成彬　6/4 *52 近衛文麿首相①、蔵相 *53 賀屋興宣　7/7 日中戦争開始　7/27 第15代総裁 *50 結城豊太郎。8/27 トヨタ自動車工業設立(資本金1200万円)(豊田自動織機自動車部独立)　9/10 戦時統制経済法の諸法律公布　12/7 盧溝橋事件　12/13 日本軍、南京占領、大虐殺(南京大虐殺)。

昭和13年 1938　1/16 企画院、物資動員計画作成。　4/1 国家総動員法公布(5/5 施行)、国民健康保険法公布。9月大昭和製紙(昭和製紙等が合併)。

昭和	西暦	できごと
昭和14年	1939	1/5 *54 平沼騏一郎首相、蔵相 *55 石渡壮太郎　4/12 米穀配給統制法　4月日本発送電。電気庁設置　5/12 ノモンハン事件　6/1 昭和電工設立。7/1 東京芝浦電気設立　7/8 国民徴用令公布　8/23 独ソ不可侵条約　8/30*56 阿部信行首相、蔵相 *57 青木一男　9/1 第2次世界大戦勃発（独、ポーランドへ侵入）。
昭和15年	1940	1/16*58 米内光政首相、蔵相 *59 桜内幸雄　3/29 改正所得税法公布（源泉徴収方式）　6月仏、独に降伏　7/22*52 近衛文麿②、蔵相 *60 河田烈　9/23 北部仏印進駐　9/27 日独伊三国同盟　10/12 大政翼賛会　11/23 大日本産業報告会創設。

一般編ベスト　①日本製鉄②三菱重工業③王子製紙
公益編ベスト　①南満州鉄道②日本発送電③東京電燈

昭和	西暦	できごと
昭和16年	1941	7/18*52 近衛文麿③、蔵相 * 61 小倉正恒。7/25 対日資産凍結。8月昭和石油　8/1 米国の対日石油全面禁輸　8/18*62 東条英機首相、蔵相 * 53 賀屋興宣　12/8 対米英宣戦（マレー半島上陸、真珠湾攻撃）。
昭和17年	1942	2/21 食糧管理法公布（7/1 施行）。3月宇部興産。
昭和18年	1943	10/31 軍需会社法公布（12/17 施行）（前金で政府が発注）12/1 学徒出陣。
昭和19年	1944	1/18 三菱重工等150社、軍需会社に指定　2/19 蔵相 * 63 石渡壮太郎　3/18 第16総裁 *64 渋沢敬三　3/20 東京海上火災保険設立（資本金800万円）　6/30 学童疎開 7/1 ブレトン・ウッズ経済会議（～7/22IMF体制成立）7/22*65 小磯国昭首相。この年、海上輸送崩壊、軍需生産麻痺。
昭和20年	1945	2/21 蔵相 *66 津島寿一　2/4 ヤルタ会談、3/9（～3/10）東京大空襲　4/7 *67 鈴木貫太郎首相、蔵相 *68 広瀬豊作 8/14 ポツダム宣言受諾（翌日終戦）　8/17*69 東久邇宮稔彦首相、蔵相 *66 津島寿一　9/2 降伏文書に調印。9/6 トルーマン大統領「降伏後に於ける米国の初期対日方針」を承認、マッカーサー元帥に指令、10/9 *70 幣原喜重郎首相、蔵相 *64 渋沢敬三、17 代総裁 *71 新木栄吉 10/23 読売新聞争議（～12/11、生産管理闘争）　10/24 国連正式成立 11/6 財閥解体 12/2 自発の解散に抵抗した岩崎小弥太死去　12/9 農地改革　12/27 ブレトン・ウッズ協定発効［IMF・世界銀行発足］この年、生産荒廃インフレ昂進・食糧欠乏等経済的混乱の極みと国民生活の窮乏激化。
昭和21年	1946	2/17 金融緊急措置令［新円切替］　2/18 日銀券発行残高 618億2,400万円（旧円での最高1945年8/5 の2倍）3/16GHQ、引揚げに関する覚書（対外邦人700万の引揚げを指令）。5/7 東京通信工業（現ソニー）設立　5/19 食糧メーデー　5/22*72 吉田茂首相①、蔵相 *73 石橋湛山 6/1 第18代総裁 * 74 一万田尚登　8/1 日本労働組合総同盟結成。　8/12 経済安定本部　10/1 全炭・東芝スト突入「10月闘争」10/21 自作農創設特別措置法（12/29

右欄系譜表（首相・蔵相・総裁）

年	首相	蔵相		総裁
1939	54 平沼騏一郎 / 56 阿部信行	55 石渡壮太郎	57 青木一男	
1940	58 米内光政 / 52 近衛②③	59 桜内幸雄	60 河田烈	
1941	62 東条英機	61 小倉正恒	53 賀屋興宣	
1944	65 小磯国昭	53 石渡壮太郎	64 渋沢敬三	64 16代総裁 渋沢敬三
1945	67 鈴木貫太郎 / 69 東久邇宮稔彦王 / 70 幣原喜重郎	68 広瀬豊作 / 66 津島寿一	64 渋沢敬三	71 17代総裁 新木栄吉
1946	72 吉田茂①	73 石橋湛山		74 18代総裁 一万田尚登

		施行) 公布　11/3 日本国憲法公布　12/27 傾斜生産方式の採用決定。			
昭和22年	1947	1月井植歳男が三洋電機製作所を設立。1月復興金融公庫開業 1/31 マ元帥、「2.1 スト」中止を命令。3 /10*75 芦田均首相、蔵相 *76 北村徳太郎 3/12 トルーマン・ドクトリン、3/31 財政法公布 (赤字国債発行禁止)、4/1 日銀法改正公布 (5/3 施行) 4/7 労働基準法 4/14 独占禁止法公布 5/11 経済安定本部令公布 5/19 経団連 5/26 日本貿易会 6/5 マーシャルプラン 7/1 公正取引委員会発足 7/4 第 1 回経済白書 (財政も企業も赤字) 7 /7「1800 円」ベースの新物価体系 10/11 闇米犯を裁いた山口判事、栄養不足で死亡。10/15*72 吉田茂② 10/19 蔵相 *77 泉山三六。	75 芦田均 72 吉田②	76 北村徳太郎 77 泉山三六	
昭和23年	1948	1/6 ロイヤル米陸軍長官「日本を全体主義に対する防壁にする」と演説。　4/1 ソ連、ベルリン封鎖 4/6 ドレーバー調査団、対ソ戦略で軍事工場の温存を決定　6/23 昭和電工事件　7/22 政令 201 号、9 月本田技研　12 /18 GHQ、経済安定 9 原則発表。	72 吉田③	78 池田勇人	
昭和24年	1949	2/26 *72 吉田茂③、蔵相 *78 池田勇人　3/7 ドッジ経済安定 9 原則 の声明　4/1GHQ、ガリオア・エロアの覚書 4/4NATO 成立、4/7 単一レート実施 (1 ドル＝ 330 円) 7/1 国鉄、組合に 9 万人の解雇通告 (7/5 下山事件　7/15 三鷹事件)　8/26 シャープ勧告。			
昭和25年	1950	2/9 米国でマッカーシー旋風 (赤狩り) 開始　3/1 自由党結成　6 / 25 朝鮮戦争→特需景気。　7 / 11 日本労働組合総評議会 (総評) 結成 7/17 株式市場未曾有の盛況 7/24 企業レッドパージ (9/1 公務員の)　8/10 警察予備隊　10/7 ドッジ来日、ディスインフレ政策堅持　11/21 ドッジ資金運用部制度改正　11/24 電気事業再編成令 11/ 30 トルーマン大統領、朝鮮戦争で「原爆の使用もありうる」発言。			
昭和26年	1951	2/1 日本輸出入銀行開業　3/10 総評、第二回大会 (左翼優位)　3/31 資金運用部資金法公布　4/11 マ元帥解任 5/14 対日ガリオア援助中止　6/4 証券投資信託法　7/31 日本航空　9/8 サンフランシスコ条約調印 (印度不参加)			
昭和27年	1952	1/16 復興金融金庫解散 (4/20 日本開発銀行)　8/1 安本、経済審議庁へ改組 8/14IMF・世銀加盟　10/30 * 72 吉田茂④、蔵相 *79 向井忠晴	72 吉田④	79 向井忠晴	
昭和28年	1953	1/20 日経連、労働協約基準案　2/26 朝鮮特需で 9 億ドル突破。　3/3 三井造船、スイス社からガスタービン技術導入認可される　3/31 信越化学、GE より技術導入 5/21*72 1 吉田茂⑤、蔵相 *73 小笠原三九郎、5/11 IMF 幹事会で 1 ドル =360 円を決定。　6 /17 川崎製鉄千葉、第 1 高炉火入れ (戦後初の鉄鋼一貫工場の新設)　7/27 朝鮮戦争休戦協定。	72 吉田⑤	73 小笠原三九郎	
昭和29年	1954	2/23 造船疑獄事件 [自由党幹事長佐藤栄作、同政調会長池田勇人造船業界から巨額の政治資金を受け取る] →検察庁、佐藤逮捕請求→犬養法相指揮権発動　3/8 米国と			

相互防衛協定 (MSA)、余剰農産物購入協定 (5/1 発効) [援助金で米国余剰農産物購入を強要]。
11 月神武景気 (～ 1957 年 6 月)　12 月税制調査会設置
12/10*80 鳩山一郎首相①、蔵相 *74 一万田尚登　12/11 第 19 代総裁 *71 新木栄吉。

昭和 30 年　1955
1/28 炭労・私鉄等 6 単産で初の春闘。　2/14 日本生産性本部設置 (3/1 正式発足)　3 /19*80 鳩山一郎②
5/14 ワルシャワ条約機構　7/20 経済企画庁発足 (経審庁改組) 9/10 ガット議定書発効　10/25 八幡製鉄、初の世銀より鉄鋼借款協定 (NY で 530 万ドル)。　11/22 * 80 鳩山一郎③。

昭和 31 年　1956
4/16 日本道路公団　5/9 フィリピン賠償協定 (1980 億借款供与)　6/7 金融制度調査会設置公布、　7/17 経済白書「もはや戦後ではない」　10/19 日ソ国交回復　10/24 ハンガリー動乱　10/29 スエズ戦争　11/30 20 代総裁 *81 山際正道　12/18 国連日本加盟承認。　12/23 * 82 石橋堪山首相、蔵相 *83 池田勇人　船舶建高 175 万総トンで造船世界一となる、以後 1962 年迄の 7 年間世界一。

昭和 32 年　1957
2/25 *84 岸信介首相①　7/10 蔵相 *74 一万田尚登　7/23 鍋底景気　9/1 八幡製鉄戸畑工場で一貫生産　12/17 新長期経済計画決定 (58-62 年)。

昭和 33 年　1958
1/1 EEC 発足　2/4 日印通商協定、初の円借款　2/5 山下太郎アラビア石油 (配分日本 44%)　6 月岩戸景気 (～ 1962 年 10 月)　6/12* 84 岸②、蔵相 *85 佐藤栄作　6/18 戦後初の公定歩合引下げ (8.4 → 7.67)　12/1 壱万円札発行。

昭和 34 年　1959
10/1 第二世銀　12/30 財投融資の為外債発行、政府エネルギー政策転換 (石炭→石油)。

昭和 35 年　1960
1/5 東証最高値　1/16 日米新安保条約　7/19 *83 池田勇人首相①、蔵相 86 水田三喜男　12/8 *83 池田②、12/27 国民所得倍増計画 (61 ～ 70 年度)。

昭和 36 年　1961
5/3 国鉄、新幹線建設資金 8 千万ドル世銀より借款
9/30 OECD 発足。

昭和 37 年　1962
1/9 ガリオア・エロア返済協定調印。　5/10 新産業都市建設促進法公布。7 月転換期論争　7/5 全国総合計画閣議決定。　7/10 世界最大タンカー日章丸 (13 万トン) 進水。7/18 蔵相 *87 田中角栄。

昭和 38 年　1963
3/31 中小企業近代化促進法公布、4 月バナナ等 25 品目自由化、7 月新産業都市工業整備特別地域指定　7/20 中小企業基本法公布　8/31 砂糖化粧品等 25 品目自由化　11/9 三井三池炭鉱で死者 458 人を出す大爆発事故　12/8*83 池田③。

昭和 39 年　1964
4/1 IMF8 条国へ移行。　4/28 OECD 加盟。10/1 新幹線開業 10 月経済審議会、中期経済計画 (64～68 年度) 答申　10/10 東京五輪　11/9 *85 佐藤栄作①　12 月国民年金制度実施　12/17 日銀 21 代総裁 88 宇佐美洵 [三菱銀頭取]。

昭和 40 年　1965
5/28 田中角栄蔵相、日銀法 25 条発動して、山一証券を

年	首相	蔵相	日銀総裁
(1954)	80 鳩山一郎①	74 一万田尚登	71 新木栄吉（19 代総裁）
1955	80 鳩山山②／80 鳩山一郎③		
1956	82 石橋湛山	83 池田勇人	81 山際正道（20 代総裁）
1957	84 岸信介①	74 一万田尚登	
1958	84 岸②	85 佐藤栄作	
1960	83 池田勇人①	86 水田三喜男	
1962	83 池田②	87 田中角栄	
1963	83 池田③		
1964	85 佐藤栄作①		88 宇佐美洵（21 代総裁）

救済［日銀特融］→証券取引法改正 (業者の免許制へ)
6/3 名神高速道路全線開通、蔵相 *89 福田赳夫　10/1 乗
用車輸入自由化決定　11/19 戦後初の赤字国債発行 (2,590
億円) を閣議決定　12/17 竹島を含め漁業水域決定。

| 昭和 41 年 | 1966 | 1/29 赤字国債発行。2/11 日銀、債券の無条件オペ実施。8/15 大蔵省 65 年貿易収支で戦後初の輸出超過と発表。8/17 主婦連、ユリア樹脂食器の有害性を指摘。8/22 アジア開発銀行設立。11 月いざなぎ景気 (〜 1970 年 7 月)12/3 蔵相 *86 水田三喜男　12/16 交通事故死 1 万人突破。12/20 東京地裁、結婚退職制は違憲、住友セメント女子社員勝訴。 |

| 昭和 42 年 | 1967 | 2/2 日銀、戦後初の国債買いオペ 653 億円実施。2/17 *85 佐藤②　4/25 武器輸出三原則　5/24 朝日訴訟 (月 600 円の生活保護が憲法 25 条の健康で文化的な最低限度の生活に該当するかどうか) 原告死亡で訴訟終了と最高裁。6/6 政府、資本自由化決定。　7/1 第一次資本自由化実施。7/1EC 発足。　7/14 三池炭鉱の一酸化炭素中毒患者家族、鉱内座り込み。　10/4 7 月末で総人口 1 億人突破。 |

| 昭和 43 年 | 1968 | 1/1 ジョンソン大統領、緊急ドル防衛策発表　3/17 金プール 7 ヶ国会議、金の二重価格制度決定。6/10 経済企画庁、本年西独を抜き GNP 自由世界 2 位と発表。　6/10 大気汚染法公布 (12/1 施行)、11/30 蔵相 *89 福田赳夫。 |

| 昭和 44 年 | 1969 | 3/6 八幡製鉄と富士製鉄、合併調印 (45.3.31. 新日本製鉄発足)　3 月外貨準備 30 億ドル突破、外貨持ち出し制限緩和。5 月新全総決定。5/23 初の公害白書。労働争議戦後最高。12/17 第 22 代総裁 *90 佐々木直。 |

| 昭和 45 年 | 1970 | 1 月米減反決定　1/14* 85 佐藤③　2/3 核の不拡散条約調印を決める　3/14 日本万国博開幕 (来場者 6,000 万人)6/24 日米繊維交渉決裂　7/18 光スモッグ発生 (杉並区)7 月いざなぎ景気 57 ヶ月で終わる。　8/25 国鉄監査委員会、69 年度の国鉄、破産寸前と報告。9/17NY 市場で日本初のソニー上場。　9/22 米上院、大気汚染防止法 (通称マスキー法) 自動車業界の反対を押し切って可決。 |

| 昭和 46 年 | 1971 | 1/1 ウイスキー輸入自由化　4/1 自動車等 6 業種、資本自由化　7/5 蔵相 *86 水田三喜男　8/15 ニクソン・ショック、日本、変動相場制へ　12/18 ワシントン 10 ヶ国蔵相会議 (スミソニアン体制)　12/19 1 ドル 308 円の固定相場へ。 |

| 昭和 47 年 | 1972 | 2/3 札幌五輪　5/15 沖縄、27 年振り本土復帰。7/7*87 田中角栄首相①、蔵相 * 91 植木庚子郎　7/14 日本列島改造論　9/29 日中国交正常化　10/11 本田、75 年排気ガス規制値クリア　12/22 * 87 田中②、蔵相 *92 愛知揆一。 |

一般編ベスト　①新日本製鉄②三菱重工業③日本鋼管
公益編ベスト　①東京電力②関西電力③中部電力

| 昭和 48 年 | 1973 | 2/14 再び変動相場制へ、3 月スミソニアン体制崩壊。経済社会基本計画閣議決定 (73〜78 年度)　9/14 東京ラウンド始まる。10/19 石油危機　11/ 25 蔵相 * 89 福田赳夫 |

	89 福田赳夫	
	86 水田三喜男	
85 佐藤②		
	89 福田赳夫	
85 佐藤③		90 22 代総裁 佐々木直
	86 水田三喜男	
87 田中角栄①	91 植木庚子郎	92 愛知揆一
	87 田中②	
	89 福田赳夫	

年号	西暦	出来事			
		11/13 金の二重価格制廃止　11/1 金大中政治決着。			
昭和 49 年	1974	1/7 首相、東南アジアで反日デモ　3/16 政府、石油製品の新価格体制への移行と生活関連物資の価格凍結を決定。4 月大店法施行 (売場 1500m² 以上)　7/16 蔵相 *93 大平正芳　12/9 椎名裁定で *94 三木武夫首相。12/17 第 23 代総裁 * 95 森永貞一郎。	94三木武夫	93大平正芳	95 23代総裁森永貞一郎
昭和 50 年	1975	1/16 IMF 暫定委、SDR を国際通貨制度の中心に据え、金の公定価格廃止　2/14 政府、不況対策。完全失業者百万人越える。3/7 戦後初の実質 GNP 成長率マイナス　4 月大店法改正 (売場 500m² 以上) で規制強化。11 月ランブイエ (第一回) 先進国首脳会議　12/25 赤字国債。			
昭和 51 年	1976	2 /4 ロッキード・ショック　3/26 超 LSI 技術研究組合 (300 億円の補助金で国際水準まで技術向上)。　12/24 *89 福田赳夫首相、蔵相 * 96 坊秀男。ヤマト運輸、宅急便サーヴィス事業化開始。	89福田赳夫	96坊秀男	
昭和 52 年	1977	3 月 米ソ二百海里漁業専管水域実施　5/27 独禁法改正案成立　11/28 蔵相 *97 村山達雄　11/4 政府、第三次全国総合開発計画決定。		97村山達雄	
昭和 53 年	1978	4/12 東京ラウンド　5/15 構造不況対策法成立。　7/24 1 ドル、200 円突破　8/12 日中平和友好条約調印 (中国覇権第 3 国問題)　12/ 7 *93 大平正芳首相①、蔵相 *98 金子一平　A 級戦犯 14 名、靖国神社に合祀。	93大平正芳	98金子一平	
昭和 54 年	1979	1/1 米中国交回復 (米、台湾と断交)　3/13 EMS (欧州通貨制度)　5/16 CD (譲渡性預金) 自由化。6/26 OPEC 原油の大幅値上げ決定。新経済社会 7 ヶ年計画閣議決定 (79 –85 年度)　10 月省エネルギー法施行。11/9 *94 大平②、蔵相 *99 竹下登、12/17 第 24 代総裁 * 100 前川春雄。	93大平②	99竹下登	100 24代総裁前川春雄
昭和 55 年	1980	1 月政府、石油消費 7% 節約具体策決定。1 月新経済社会 7 ケ年計画成長率を 5.5 % へ修正。5 月自動車生産世界一 (日本 1,104 万台、米国 800 万台)　7/17 *101 鈴木善幸首相、蔵相 *102 渡辺美智雄　7/9 昭和 58 年度予算概算要求枠で前年比 5% 削減 (マイナス・シーリング)　9/17 第 2 次石油危機　9 月 IMF、世界経済の病状悪化を警告。	101鈴木善幸	102渡辺美智雄	
昭和 56 年	1981	2 /18 レーガン大統領「経済再生計画」を発表　5 /1 対米自動車輸出自主規制で日米合意。　7 /3 波債務猶予 7 月第二次臨調が行革第一次答申提出。			
昭和 57 年	1982	6/11 経済審議会「2000 年の日本」発表。南北サミット (開発と協力に関する国際会議)　8/20 メキシコの破産 (800 億ドル)　11/27 *103 中曾根首相①、蔵相 *99 竹下登。	103中曽根康弘①	99竹下登	
昭和 58 年	1983	3 月 OPEC、初の原油値下げ決定 (29 ドルへ)、6/6 国債残高 100 兆円の大台突破 (79 年 50 兆円)　12/17 第 25 代総裁 * 104 澄田智 12/27* 103 中曾根②。1980 年代経済社会の展望と指針 (83–90 年度)。	103中曽根②		104 25代総裁澄田智
昭和 59 年	1984	4/7 日米農産物交渉合意　5/12 日米円、ドル委員会、我国金融開放策で合意。　8/10 国鉄再建管理委、初めて分割・民営化の方向性示す緊急提言。　9/3 世界の金融機関番付で日本の郵便局 3,500 億ドルで断然トップ。			

昭和60年	1985	1/30 OPEC、基準原油制度廃止。1/28 貿易不均衡問題で日米次官級 (MOSS 協議開始) 5/28 竹下蔵相、我国の対外資産が 85 年中に英国を抜き世界一。 6/21 中曾根首相、分割・民営化に反対した仁杉巌国鉄総裁更迭。 9/22 G5 プラザ合意［ドル高是正の為の協調介入］(1 ドル = 240 円前後)。		
一般編ベスト		①トヨタ自動車②松下電器産業③野村證券		
公益編ベスト		①東京電力②日本電信電話③関西電力	103 中曽根③	105 宮澤喜一
昭和61年	1986	4/7 前川レポート 4/26 チェルノブイリ原発で大規模事故 7/22 * 103 中曾根③ 蔵相 * 105 宮沢喜一 10月この頃、急速な円高による不況感 (円高不況) 11 月国鉄改革法成立 (自公民党の賛成で) 12/19 老人保険法成立。		
昭和62年	1987	1/5 政府、NTT 株売却 1 月円、1 ドル =150 円突破 4/1 JR 発足 4/16 一人当たり GNP 米国を抜く (日本 18,100 ドル、米国 17,700 ドル) 6/26 外貨準備高 686 億 2 千万ドルで西独を抜き世界一。 9/11 ガリオア・エロア債務返済発効 9/26 G5、G7、ルーブル合意 (1 ドル =150 円)。 10/19 NY 株式市場大暴落 (ブラック・マンデー) 11/6 *99 竹下登首相 12/25 日ソ漁業交渉妥結 (入漁料 17 億円)。		99 竹下登
昭和63年	1988	1/22 世界とともに生きる日本経済運営 5 ヶ年計画 (88-92 年) 6/17 リクルート未公開株譲渡事件発覚 (川崎市助役 1 億円の売買益取得) 6/20 日米牛肉・オレンジ自由化最終合意。 7/5 リクルート問題で中曽根前首相、安倍自民党幹事長、宮沢蔵相の各秘書が関係していたことが明確化。 7/11 バーゼル合意 (銀行の自己資本率 8% の国際基準決定、93 年 3 月期決算より適用) 8/25 竹下首相訪中し李鵬首相に 8,100 億円の第三次円借款約束。9/30 英国製ブルバード欧州輸出 12/9 蔵相 *99 竹下登 (兼務)、12/24 蔵相 *97 村山達雄 12/24 税制抜本改革関連法成立。		99 竹下登 (兼務) 97 村山達雄
昭和64年 (平成 1)	1989	1/7 昭和天皇崩御。翌日平成と改元 3/5 オゾン層保護ロンドン会議 4/1 消費税導入。 6/3 * 106 宇野宗佑首相。 6/4 天安門事件 8/10*107 海部俊樹首相①、蔵相 *108 橋本龍太郎。 12 月日本企業対米進出工場 1000 ヶ所突破。 12/17 第 26 代総裁 * 109 三重野康、 12/29 東証平均株価 2 万 3,848 円 71 銭 (史上最高値の 89 年末比 40% 値下げ) バブル崩壊。	106 宇野宗佑 107 海部俊樹①	108 橋本龍太郎 109 26 代総裁 三重野康
平成2年	1990	1/10 新日鉄、千億の国内ワラント債発行 2/18* 107 海部② 3/22 債券・円・株価のトリプル安 3 月地価高騰、全国に。 3/27 大蔵省、金融機関の土地関連融資の総量規制を通達 8/2 イラク、クウェート侵攻 10/3 東西独統一。	107 海部②	
平成3年	1991	1/17 多国籍軍、湾岸戦争 (～ 2/28)、3/3 停戦協定締結、日本は自衛隊派遣拒否の代わりに 130 億ドル支払う。4/1 牛肉・オレンジ輸入自由化 5/3 地価税公布 6/27 金融機関への窓口措置廃止 9/17 国連、南北朝鮮加盟承認 10/14 蔵相 * 107 海部俊樹 10/22 景気が戦後最長		107 海部 (兼務)

の「いざなぎ景気」と並んだと発表。11/5 *105 宮沢喜一首相①、蔵相 * 106 羽田孜 12/11 EC 諸国、マーストリヒト条約合意 12/21 CIS 発足 (ソ連 69 年の歴史に幕)。

| 平成 4 年 | 1992 | 5/23 米ロ等と START 調印。 5/30 国連安保理、セルビア制裁 6/2 ハムレット・ショック。6/3 地球サミット (リオデジャネイロ、〜 6/14) 英・伊、ERM から離脱。6/19 国連平和維持活動 (PKO) 公布 (8/10 施行) 6/25 経済審、実質成長率 3.5%「生活大国 5 ヶ年計画」答申、閣議決定。6/26 子会社方式の銀行・証券の相互参入承認 (93.4.1 施行) 11/20 米・EC 農業交渉で合意、ウルグアイ・ラウンド進展に弾み 12/11*105 宮沢②蔵相 * 107 林義郎 12/29 米露 STARTII 合意。 |

| 平成 5 年 | 1993 | 1/1 EC12 ヶ国、市場統合。6/21 定期預金金利完全自由化。7/10 日米「包括経済協議」合意。8/9 38 年振り、非自民政権 *108 細川護熙首相、蔵相 * 109 藤井裕久。 11/1 EU 条約発効 12/15 ウルグアイ・ラウンド、最終協定採択 7 年に及ぶ交渉に幕 (95.1.1 発効) 12/24 国税庁 92 年度企業交際費 6 兆円。 |

| 平成 6 年 | 1994 | 1/1 NAFTA 発効、EEA 発足 1/29 政治改革 4 法案成立 (小選挙区 300 等) 4/28*106 羽田孜首相、総務庁、3 月完全失業者 208 万人 5/20 公共料金の引上げ、年内凍結。 6/23 円 1 ドル= 100 円突破。 6/30* 110 村山富市首相①、蔵相 * 111 武村正義 10/17 流動性預金金利自由化 12/11 露軍チェチェン侵攻。 12/17 27 代総裁 * 112 松下康雄 12 月メキシコ通貨危機。 |

| 平成 7 年 | 1995 | 1/1 WTO 発足 (ガットを改組) 1/17 阪神淡路大震災 3/20 地下鉄サリン事件 4/19 円最高値 79.75 円を記録。8/8 *110 村山②。 8/17 中国地下核実験。11 月新食糧法施行 12/19 住専処理策を閣議決定 (財政資金 6,850 億円投入)。12/1 構造改革の為の経済社会計画閣議決定。国際司法裁判所、原爆使用は、人道上の犯罪行為 (日本は、米国・中国とともに反対票を投じた)。 |

| 平成 8 年 | 1996 | 1 月消費者物価指数、初の前年比下落。 1/11*108 橋本龍太郎首相①蔵相 * 109 久保亘 1/19 住専不良債権 9 兆円。 1/25 持株会社解禁 3/1 アジア欧州首脳会議 (〜 3/2 バンコック) 3/20 英狂牛病 3/25EU. 英国産牛肉製品全面禁輸。 9/2 整理回収銀行設立 11/7*108 橋本②、蔵相 *111 三塚博。 |

| 平成 9 年 | 1997 | 4/1 消費税 5% へ。 6 月 EU、アムステルダム条約合意 6/11 (持株会社を解禁した) 改正独禁法 (日銀の独立性と透明性を高めた) 改正日銀法成立。 7/1 香港、中国に返還。 7/2 タイ、通貨バーツ変動相場制へ (アジア通貨危機、 8/14 インドネシア、マレーシア 波及) 9/11 *108 橋本③ 11/17 北海道拓殖銀行破綻。11/22 山一証券破綻 12/1 温暖化防止京都会議 (〜 12/11)。 |

| 平成 10 年 | 1998 | 1/28 三塚蔵相、大蔵省腐敗で辞任。 1/30 蔵相 * 112 |

右欄（首相・蔵相・総裁）

首相・内閣	蔵相	総裁
105 宮澤喜一①	106 羽田孜	
105 宮澤	107 林義郎	
08 細川護熙	109 藤井裕久	
06 羽田孜	111 武村正義	1227 代総裁 松下康雄
10 村山富一		
10 村山②		
08 橋本龍太郎①	109 久保亘	
08 橋本②	111 三塚博	
08 橋本③	112 松永光	

松永光　2/2 クリントン大統領、30年振り黒字予算 2/5 独、失業者482万人(1 2.6%)で戦後最悪。　3/20 第28代総裁＊113 速水優　4/1 外国為替取引全面自由化、早期是正措置導入。　5/19 仏、法定労働時間を週35時間制決定。　5/27 大規模小売店舗立地法　6/5 金融システム改革4法成立。6/22 金融監督庁発足(00.7.1 金融庁に改組)　7/17 金融監督庁、97年度不良債権87兆円。7/30* 114 小渕恵三首相①、蔵相＊105 宮沢喜一。8/17 露通貨危機　9/28 独、社民党シュレーダー首相(16年のコール政権幕)　10/12 金融再生関連法成立。　10/23 日本長期信用銀行の特別公的管理。　11/16 過去最大23兆9千億円金融支援。12/13 日本債券信用銀行の特別公的管理。

年号	西暦	できごと
平成11年	1999	1/1EU の単一通貨ユーロ誕生　1/14*114 小渕②　2/12 ゼロ金利スタート(2000.8.11迄)　3/16NY市場1万ドル超　3/27 日産自動車、36.8%の資本出資を受けて、ルノー傘下を発表。6/23NEC と日立製作所 D-RAM 事業で提携合意。　9/30 国内初臨界事故　10/5 * 114 小渕③。
平成12年	2000	2/1 99年の平均失業率4.7%で最悪(アメリカを越える)　3/18 台湾総統選挙、民進党の陳水扁当選、50年に渡る国民党支配に幕。　4/1 介護保険制度導入、地方分権一括法施行。4/5*115 森喜朗首相①　4/7 移動電話が固定電話の加入台数を超過。6/29 雪印乳業食中毒事件。7/4 *115 森② 9/4 日露首脳会議、クラスノヤルスク合意反故に。9/29 第一勧業富士、興銀の国内初金融持株会社みずほホールディング発足。11/6 イトーヨーカ堂とセブンイレブンの「新型銀行」の予備免許申請　12/5*115 森③。
平成13年	2001	1/6 中央省庁再編　3/21 量的緩和政策実施。　4/26*116 小泉純一郎首相①、財務相*117 塩川正十郎　8/28 失業率、1953年の調査開始以来初の5.0％、9/11 同時多発テロ。9/18 公定歩合、史上最低の0.10%へ。10月米国、有力企業の不正経理発覚[エンロン]　12/11 中国、WTOへ加盟。

一般編ベスト　①トヨタ自動車 ②松下電器産業 ③日立製作所
公益編ベスト　①東京電力 ②関西電力 ③東日本旅客鉄道

年号	西暦	できごと
平14年	2002	1/1 ユーロ流通開始。1/3 アルゼンチン、初の IMF 融資債務不履行(1/16IMF、返済期限を1年延期)　1/15 三和、東海銀行が合併 UFJ 銀行へ。1/29 ブッシュ米大統領、北朝鮮、イラン・イラクを「悪の枢軸」。2/14 シャープ、亀山市に液晶テレビ工場建設発表(国内生産回帰)。2/28 最高裁、24時間勤務で「仮眠も労働時間」の初判断、日銀、買いオペ月5千億円から1兆円へ増額、3/3 スイス、国連加盟、佐藤工業が会社更生法(負債総額4,499億円)。　3/7 第二地銀の中部銀行破綻。3月期 [YKK海外生産比率86％、ミネビア同89%(日本の平均1 6.7%)]4月ペイオフ一部解禁、5月経団連と日経連が新日経連へ。6/24 財務省、01年末国債残高過去最高607兆。6月完

右欄（総裁・首相・財務大臣）：
- 11328代総裁 速水優
- 105 宮澤喜一 ／ 117 塩川正十郎財務大臣
- 114 小渕恵三① ／ 114 小渕② ／ 114 小渕③ ／ 115 森喜朗① ／ 115 森② ／ 115 森③ ／ 116 小泉純一郎①

全失業率、過去最高 5.5 ％。8 /8 人事院、国家公務員給与で初の下げ勧告 (月平均 2.03 ％減)　8/9 企業会計審、「減損会計」を 06 年 3 月期に強制導入決定 (国際会計基準の採用)。9 /17 小泉首相、北朝鮮訪問し、初の日朝首脳会談。9/30* 116 小泉② 10/3 政府・与党総合デフレ対策決定 (金融再生プログラム)、10/15 北朝鮮による拉致被害者 5 人帰国。11/8 中国・胡錦濤体制発足。11 月日経平均株価、バブル崩壊後最安値 (8,300 円)

| 平成 15 年 | 2003 | 1/14 首相、靖国参拝、中韓反発。2/10 独仏白、米のイラク戦争支援拒否。　3 /20 米英、イラク戦争開始 (～ 5 /1)。第 29 代総裁 *11 8 福井俊彦。3 / 26 初のホームレス全国調査 (1 ～ 2 月 25,296 人)　4/1 日本郵政公社発足 (06. 1. 23 日本郵政株式会社)　4/ 2 産業再生機構発足。4/22 最高裁、オリンパス社員の発明対価認める。9 /22 * 116 小泉③、財務相 *119 谷垣禎一 10/ 24 小泉首相、民営化に反対の藤井治芳日本道路公団総裁解任。11/19 *116 小泉④　12/9 自衛隊イラク派兵を閣議決定 (戦後初の海外戦場への派兵) |

| 平成 16 年 | 2004 | 1/21 横浜地裁、海外親会社からストック・オプション利益を「給与所得」と認定 (東京高裁も)。1/22 トヨタ自動車、販売台数で米フォード社を抜いて世界 2 位。1 /29 発明対価裁判で会社側敗訴相次ぐ (日立、1 /30 亜化学、2/24 味の素企業内発明対価) 1/31 衆院、自衛隊のイラク派兵を与党単独で可決。2/6 露、チェチェン問題でテロ相次ぐ。3 /11 三菱ふそう、タイヤ脱落事故は設計欠陥が原因と認める。3 /12 墨と自由貿易協定で合意 (05.4.1 発効)。3/14 プーチン露大統領、再選。3/23 三菱東京 FG、アコムと資本・業務提携 (メガバンク初の消費者金融を傘下に)。3 /29NATO、東欧 7 カ国とバルト三国が加盟し、26 ヵ国体制に。4 /8 イオン、売上高で、イトーヨーカドーを抜き小売業首位に。5/7 福田康夫官房長官、年金未納問題で引責辞任。5/22 首相、北朝鮮訪問、首脳会議 (拉致家族 5 人帰国)。6/18 政府、イラク派兵の多国籍軍に自衛隊参加を決定。6/21 東北文化学園大学、学校法人で初の民事再生法申請。7/14 文科省、就労目的の中国留学生を受入れた酒田短大に解散命令。　8/12 三菱東京 FG、UFJFG、経営統合合意 (05.10.1 三菱 UFJFG 発足。3 大メガバンク誕生)。9/10 政府、郵政民営化の基本方針閣議決定 (07.4.1 から事業分社化、持株会社傘下)　9/10 ニート初推計 52 万人『労働経済白書 04』。10/1 G'7 原油高騰で原油増産と消費抑制を要請、価格安定化で合意 (ワシントン)。従前の OPEC 主導原油価格形成から投機資金が大量に流動する価格変動メカニズムに変質。12/26 インドネシアのスマトラ島沖で巨大地震 (死者 15 万人以上)。 |

| 平成 17 年 | 2005 | 1/11 日亜化学工業・元社員、青色発色ダイオード発明訴訟で 8 億円で和解。2/16 京都議定書発効。3/22 仏、 |

内閣	財務相	日銀総裁
116 小泉②		118 29代総裁 福井俊彦
116 小泉③	119 谷垣禎一	
116 小泉④		

週35時間労働制の弾力運用適用法案成立（3/10全土で100万人超のデモ）。4/1 ペイオフ全面解禁。4/25 JR西日本、福知山線無理なダイヤ編成で死者107人脱線事故。5/2 カネボウ粉飾決算を認めた有価証券報告書5期分を財務省に再提出。監査法人不信。6/30 中国外貨準備高（香港を含む）が日本を凌駕、世界最大に。7/5 衆院、郵政民営化法案、5票差で可決（8/8 参院否決 ,10/14 衆院選挙後の参院で可決成立）。7/7 ロンドンで死者50人超のホーム・グロウン・テロ。7/21 中国、人民元対ドルレートを2％切上げて、8.11元に。8/29 ジャスダック、システム障害で売買で半日停止。9/1 ヨーカドー・セブンイレブン・デニーズ3社、持株会社セブン＆アイHD。9/14 米航空会社3位デルタ航空・4位ノースウエスト航空規制緩和による競争と原油高で倒産。9/28 三共と第一製薬持株会社、第一三共設立し、経営統合。10/1 道路公団民営化 11/17 国交省、姉歯建築設計事務所の耐震偽造を公表。11/22 韓国鉄鋼最大手ポスコ、東証に上場。 12/2 東京外為市場、円相場が2年7ヶ月振りの一時1ドル120円の円安水準。12/16 北米産牛肉、2年振り輸入再開（06.1.20 危険部位混入で再び禁輸）。12/27 日本の人口初めて減少（総務省発表）。

| 平成18年 | 2006 | 1/1 東京三菱・UFJ銀、合併し、三菱東京UFJ銀行発足。1/23 東京地検特捜部、証券取引法違反容疑でライブドア堀江貴文社長を逮捕。3/9 日銀、量的緩和を解除（01.3.19 ～） 4/23 日米政府、在沖縄米海兵隊のグアム移転経費で合意（59％の60億9千万ドル日本負担）。6/5 景気上昇指標発表。6/13 日銀総裁、投資ファンド「村上ファンド」に1千万円の出資判明。6/23 早大、松本和子理工学部教授の国補助金の不正受給・私的流用を公表。6/25 世界鉄鋼最大手の蘭ミタル社、二位のアルセルロール（ルクセンブルク）の買収合意（アルセール・ミタル発足）。7/1 滋賀県知事選で新幹線駅建設費地元負担反対の嘉田由紀子、現職を破って当選。7/2 全国銀行協会、加盟126行の06年3月期決算で税引利益（4.2兆円、前期比3.2倍）が過去最高（銀行過去最高の利益）→不良債権処理一服感。8/3 岐阜県、県庁ぐるみで裏金づくり判明（10/30 逮捕者、19億円の内現職職員分10億円返還）。9/9 日本、フィリッピンとのEPAに署名（08.12.11 発効、看護師等の受入も含む）。9/18 露政府、三井物産、三菱商事・シェルの石油・天然ガス開発計画「サハリン2」の環境の認可取消、事業の一部中止命令（12/21 露企業へ74.5億ドルで売却合意、07.4.18 正式売却）。9/22 阪大、杉野明雄教授がデータ捏造・改竄した論文を共著者に無断で発表、共著者が自殺していたことを公表。9/26 安倍晋三内閣発足。財務相尾身幸次、日銀総裁福井俊彦。 10/6 厚労省、20超の地方労働局で不正経理手法による裏金作り発覚。 10/6 国際石油開 | 120 安倍晋三① | 121 尾身幸次 | |

発、イラン・アザデガン油田開発権限縮小（75→10%）でイランと合意。11/1 政府主催タウンミーティングが内閣府によるヤラセ行為が発覚。11/21 太田弘子経財相、02 年 2 月から戦後最長の景気拡大局面との月例経済報告（いざなぎ超え）。12/21 政府税制会長の本間正明阪大教授、公務員宿舎に愛人と入居発覚、引責辞任。

平成 19 年　2007

1/1 土地価格、91 年以来 16 年振りに上昇（国交省公示地価、ミニバブル）。 1/5 日本方式の新幹線、開業（1/28 中国 2 路線も）1/11 中国、06 年国内新車販売台数が日本を凌駕し、世界二位に。1/11 食品偽装、相次ぐ（不二家、赤福等）。2/19 波蘭、捷克、米弾道ミサイル防衛システムの配備受入（4/26 露、欧州兵力削減凍結）。2/21 日銀、政策金利引上げ（0.25→0.5%、06 年 7 月以来のゼロ金利解除）。3/6 北海道夕張市、財政再建団体に移行（6.15 地方自治体財政健全化法成立）。3/24 キヤノン、派遣社員や請負労働者を正社員等の直接雇用に切り替えと発表（偽装請負）。3/31 06 年度完全失業率は 4.1% と 9 年振りの低水準に（総務省発表、4/30 98 年 3 月以来の 4 ％割れ）。4/3 社保庁、年金記録漏れを発表。5/1 外国企業に自社株を対価にした日本企業買収に道を開く三角合併解禁。6/25 財務省、06 年度末「国の借金」が 834 兆円と過去最高を更新。7/26 サブプライムローン問題で世界株式市場急落。7/29 第 21 回参議選、自民惨敗。自民敗戦責任取らず。8/27 安倍改造内閣発足。額賀福志郎財務相。9/17 欧州第一審裁判所、EU の米マイクロソフト社への独禁法違反の制裁金（4 億 9,720 万ユーロ）は妥当の判決（10.22 マイクロソフト同意）。9/26 福田康夫内閣発足。額賀財務相再任。 10/1 日本郵政グループ、スタート。12/13 EU 各国、EU 新基本条約（リスボン条約）に調印（09.12.1 発効）。 12/31 トヨタ・グループ、生産台数 949 万台で自動車世界第一位。12 月中国が日本の最大貿易国に。（2007 年貿易統計）

（120 安倍②／123 福田康夫①　122 額賀福志郎／122 額賀）

平成 20 年　2008

1/1 キプロス・マルタ、ユーロ導入（ユーロ圏 15 ヵ国に拡大）。1/2 NY 原油先物市場、1 バーレル 100 ドル突破。1/22 米、政策金利を引き下げ（4.23→3.50）。1/30 中国「天洋食品」製餃子農薬（メタミドホス）混入事件発覚（2.28 中国公安省、中国での混入を否定、10.3.26 元従業員逮捕）。3/12 参院、日銀総裁案件を相次いで否決（3.19-4.9 戦後初の日銀総裁空席）。3/13 東京外為市場、12 年振りに 100 円突破の円高進む（3.13→99 円）。4/1 75 歳以上を分離した後期高齢者医療制度、発足。4/9 白川方明、第 30 代日銀総裁に就任。4/30 完全失業率、7 ヶ月振りに 4 ％台（総務省）。5/7 露第 3 代大統領メドヴェージェフ就任。6/13 中国・台湾、直行便で合意（29- 台湾、中国元との通貨交換を解禁）。8/2 福田改造内閣発足。財務相伊吹文明。8/8 第 29 回五輪北京大会。8/8 旧ソ連の露とジョージア（グルジア）、武力衝突。8/12 露メ大

（123 福田②　125 伊吹文明　24 代 30 代総裁 白川方明）

統領、軍事作戦終了宣言（5日間戦争）。8/16 露・ジョージア両国は EU 議長国仏サルコジ大統領の仲介で停戦合意。8月、南オセチア、アブハジアの独立を承認する大統領令に署名。→ 1991 ソ連崩壊で独立した 15 ヵ国が相互保証した領土保全を放棄。欧米、旧ソ連諸国の対露不信が増幅された。9/12 NY 石油先物市場、1バーレル 100 ドル割れ。9/15 米証券第四位リーマン・ブラザーズ、経営破綻（米連邦破産法 11 条適用）。リーマンの北米部門は英銀大手バークレイズが買収。欧州・亜細亜中東部門と印度の IT 拠点を野村 HD が買収。9/24 麻生内閣発足。首相麻生太郎、財務・金融相中川昭一。10/6 世界同時株安進行。10/6 アイスランド、通貨急落で国家破産の危機（全銀行を政府管理下に）。10/8 欧州中銀、政策金利引き下げ（4.25 → 3.75%）。10/20 政府、景気の一段の減速を指摘した 10 月の月例経済報告を発表、この頃大量の派遣切り始まる。10/27 東証、日経平均株価 7162 円余で 5 年振り最安値更新。10/31 日銀、政策金利を 7 年振りに引き下げ（0.5 → 0.3%）。各国利下げ相次ぐ。12/31 越派遣村（～09.1.4., 日比谷公園 489 人宿泊）。

［126 麻生太郎／127 中川昭一］

平成 21 年 2009
1/1 スロヴァキア、ユーロ導入（ユーロ圏 16 ヵ国体制）。1/3 イスラエル軍、パレスチナ自治区ガザへ地上部隊の侵攻。1/5 上場株式の電子化。1/7 露、ウクライナ経由の欧州むけ天然ガスを完全停止。1/20 バラク・オバマ、黒人初の米大統領（44 代）就任。3/14 G20（2011 年から年 1 回の定例化、G8 より格上の最上位の国際経済の会合、財務相・中央銀行総裁会議）5/15 追加的景気対策として、「エコポイント制」スタート（10.3.31）。5/21 裁判員制度、開始（8.3 裁判開始）。6/1 米 GM 社、破産法 11 条適用を申請（実質国有化、7/10 破産手続き完了、新 GM 社誕生）。6/5 三菱自工、世界初の量産電気自動車発売。6/14 大阪地裁特捜部、障害者団体証明書偽造で村木厚子厚労省局長を逮捕。7/31 完全失業率、53 年 4 月調査開始以来最悪の 5.7%。8/30 第 45 回衆院選、民主党圧勝、政権交代へ。9/1 消費者庁発足。9/16 鳩山由紀夫民主・社民・国民 3 党連立内閣発足。首相鳩山由紀夫、財務相藤井裕久。9/17 岡田克也外相、米核持ち込み「密約」調査を命令。10/16 企業再生支援機構、業務開始。10/28 独、11 年振り保守中道政権成立（メルケル首班）。11/25 アラブ首長国、政府系持株会社の資金返済繰延を要請（ドバイ・ショック、1 ドル 84 円まで急騰、14 年振りの高値）。12 月中国、09 年輸出額が独を抜いて世界一位。

［132 与謝野馨経済財政担当相／128 鳩山由起夫／129 藤井裕久］

平成 22 年 2010
1/1 社会保険庁、日本年金機構に改組。1/1 EU 初代大統領にベルギーのヘルマン・ファン・ロンパイ就任。1/7 藤井財務相辞任、後任に菅直人。1/11 チリ、南米初の OECD 加盟国（31 番目）。1/19 日航、東京地裁に会社再生法申請（負債総額 2.3 兆円、2/20 東証上場廃止、11/

［130 菅直人］

元号	西暦	事項	内閣	財務相
		30 再生計画認可、日航破綻)。1/24 沖縄県名護市長選、普天間飛行場の県外移設を主張する稲嶺氏、当選。2/3 熊本県、県営荒瀬ダム撤去を決定(初めての大規模ダム撤去)。2/11EU、ギリシャ財政危機を表明(3.25 ユーロ圏首脳会議、IMF との協議支援策で合意、欧州信用不安)4/1 第一生命、株式会社に転換し、東証に上場。6/4 鳩山内閣、総辞職。6/8 菅直人内閣発足。財務相野田佳彦。7/11 第 22 参院選、民主敗北。7/25 インターネット内部告発サイト「ウィキリークス」米公文書公開開始。8/12 東京外為市場、15 年振り 85 円割れの円高進行。8/15 露、穀物地帯の早魃で穀物禁輸。8/16WTO、EU の IT 関税を協定違反と認定。9/8 海保、尖閣諸島沖で、中国漁船拿捕(9.25 那覇地検船長を釈放)9/10 日本振興銀行(旧台湾銀行)、東京地裁に民事再生法申請(ペイオフ初発動)。9/12 BIS、国際的銀行の自己資本比率 7% 以上引上げ決定(13 年段階的導入、19 年完全実施)9/14 民主党代表選、菅再選(9.17 菅改造内閣発足)9/21 最高裁、大阪地検特捜部前田恒彦主任検事を証拠捏造で逮捕(検察捏造事件)。10/5 日銀、包括的な金融緩和を決定(4 年振りにゼロ金利復活)。日銀、政策金利を引き下げ(0.1% 前後→ 0 ～ 0.1% 程度のゼロ金利)10/27 事業仕分け第 3 弾、特別会計対象に実施(～ 30)、11/4 海保職員、インターネットに尖閣沖拿捕映像を流出させた。11/28 EU-IMF、アイルランド救済に 850 億ユーロ緊急融資。12/16 中国、レアアースの輸出関税 25% 引き上げ発表(11.1.1 実施)。	130 菅直人① / 130 菅②	131 野田佳彦
平成 23 年	2011	1/14 直人改造内閣、与謝野馨経済財政担当相。1/20 中国、2010 年 GDP 名目値、日本を抜き世界二位に。2/3 新日鉄と住友金属、12 年 10 月を目処に経営統合。2/5 新 START 発動。米露が 7 年以内に配備戦略核弾頭数を核軍縮史上最低に制限。2/8 米運輸省、トヨタ自動車の「電子制御システム」に欠陥はないと結論。3/11 東日本大地震 (M9.0)。3/11 東京電力福島第一原発事故。4/28 オバマ大統領、アフガニスタン駐留米軍のペトレアス司令官を CIA 長官とする人事を発表。5/1 米軍による国際テロ組織アルカイダの指導者ウサマ・ビンラディン容疑者殺害発表。7/9 南スーダン独立。7/17 サッカーの女子日本チーム、ワールド・カップ初優勝。7/23 中国浙江省温州市で高速鉄道事故、40 名死亡。程なくして事故現場は証拠隠滅のためか跡形もなく埋められた。8/23 リビアのカダフィ政権崩壊。9/2 野田佳彦が第 95 代首相、安住淳財務相。10/11 キエフ地区裁判所 露との天然ガス取引をめぐる職権乱用罪に問われたウクライナのティモシェンコ前首相に禁錮 7 年の実刑判決。10/22 大阪府の橋下知事が辞職し、11 月の大阪市長選への鞍替え出馬を表明。12/4 露下院選で、プーチン与党(統一露)はかろうじて過半数維持。12/17 北朝鮮の金正日総書記死去。	130 菅③ / 131 野田佳彦	133 安住淳財務相
平成 24 年	2012	3/4 露大統領、プーチンが 4 年振り復帰。4/1 アウン		

		サンスーチー、ミャンマー国会議員に当選。4/11 北朝鮮、金正恩体制に。6/21 欧州債務危機の震源地、ギリシャに緊縮派政権。7/7 野田首相が尖閣諸島の国有化表明。7/10 韓国最高検が金融機関から不正資金の受け取り容疑で李明博大統領の実兄の李相得元国会議員を逮捕。8/10 韓国の李大統領は日韓両国が領有を主張する島根県の竹島（韓国名・独島）に上陸。8/20 内戦のシリヤで取材中のジャーナリスト山本美香さん銃撃死。10/8 ノーベル医学・生理学賞に iPS 細胞開発の山中伸弥京都大教授。11/6 米大統領選、オバマ再選。11/15 中国共産党習近平体制に。12/19 韓国大統領選、朴槿恵（くね）。12/16 第46回衆議院選、自公が政権奪還。12/26 第96代首相に安倍晋三、第二次安倍晋三内閣発足。麻生太郎財務相。	120 安倍③	134 城島光力 26 麻生財務相	13531代総裁 黒田東彦
平成25年	2013	1/4 東証大発会で日経平均終値1万0,688円11銭、東日本大震災前の水準に。1/17 アルジェリア軍の掃討作戦で、日本人10名死亡。3/20 黒田日銀総裁就任。4/4 日銀の金融政策決定会合で資金供給量を2年間で2倍に増やす新たな量的緩和へ転換。5/5 東京外為市場で円急落、4年振りに1ドル＝100円に。5/27 世界文化遺産を目指す「武家の古都・鎌倉」の推薦を取り下げに、文化庁決定。7/3 エジプト初の自由選挙で選出されたモルシ大統領が、拘束され、軍によるクーデターで1年で崩壊。7/10 ソフトバンク、米携帯電話3位スプリント・ネクストの買収。売上高で世界3位の携帯会社誕生。7/18 米デトロイト市が財政破綻。負債総額180億ドル以上で、米自治体破綻で過去最高。7/21 第23回参院選、自公で過半数、衆参両院のねじれ解消。724 オバマ大統領、次期駐日大使にキャロライン・ケネディを指名。8/9 国債と借入金、政府短期証券を合計した日本国の借金残高が6月末で、1000兆円突破。9/7 豪州で政権交代、アボット首相就任。9/9 シリアのアサド大統領、露提案の化学兵器を国際管理下にすることを受諾（無策の米国も渋々この案を追認した）。10/1 消費税率を14年4月1日に5％から8％に引き上げを閣議決定。10/9 米大統領、14年2月ジャネット・イェレン連邦準備委員会副議長の議長昇格を承認。12/9 北朝鮮張成沢［ちょう・そんてく］国防副委員長失脚（13日国家転覆罪で死刑、即日執行）。12/18 東電、福島第一原発の5、6号機の廃炉を取締役会決議。同原発の6基全て廃炉に。12/25 安倍首相、沖縄県の仲井真弘知事に米軍普天間飛行場の県内移設に向けた基地負担軽減策を説明。12/27 沖縄県知事、政府申請の名護市辺野古沿岸部埋め立てを承認。			
平成26年	2014	1/1 年間100万円までの投資で得た儲けの課税を免除される「少額投資非課税制度」開始（NISA）。1/13 サントリーHD が米酒造大手ビーム社を約160億ドルで買収。1/19 名護市長選、移設反対派の無所属の稲嶺進が再選。			

1/29 トヨタ自動車、グループの 13 年の世界生産台数が 1,011 万台で過去最高、世界初。2/7 露でソチ冬季五輪開幕。2/9 東京都知事選、舛添要一が、細川元首相らを破り当選。2/22 ヤヌコヴィッチ・ウクライナ大統領失脚。3/2 米政府高官、露がクリミア半島を実効支配と言明。3/6 オバマ大統領、露とウクライナ一部政府当局者と組織を対象に米国への渡航禁止命令。3/8 マレイシア航空、アンダマン海上空で消息断つ。3/16 クリミア半島の露編入の住民投票で 96.7%。3/19 ユニクロの非正規社員 3 万人の内半数を正社員に。3/23 大阪市長選で橋下徹再選。3/31 蘭ハーグの国際司法裁判所は、日本の南極海の調査捕鯨を国際捕鯨取締法違反と認定。4/1STAP 細胞の論文問題で、小保方晴子研究員の画像の捏造と改竄等を不正だと、最終報告（理化学研究所）。4/1 消費税率 5 ％から 8 ％へ。4/16 韓国旅客船「セウオール号」高校生 300 名以上が死亡・行方不明者を含む沈没事故。5/25 ウクライナ大統領選、ポロシェンコ当選。5/26 エジプト大統領選、シン前国防相当選。6/16 露のガスプロム、ウクライナの天然ガス代金滞納で、ガス供給停止。6/29 イラク北部制圧したスンニー派過激派「イスラム国」を宣言。7/8 イスラエル軍、パレスチナ自治区ガザを空爆。7/9 ベネッセ HG 顧客情報 760 万件流出と発表。7/17 マレイシア航空機、紛争中のウクライナドネック上空で撃墜され乗客・乗員 298 名全員死亡。7/22 日本マクドナルド、中国産鶏肉の期限切れ問題で販売停止。7/29 中共は周永康元政治局常務委員を汚職疑惑で調査。8/10 トルコで初の大統領選、エルドアン首相当選。8/16 米ミズリー州ファーガソンの白人警官による黒人青年射殺事件で大規模衝突。8/19 広島市北部で土砂崩れや土石流で 70 名以上死亡。9/3 安倍内閣改造、自民党役員人事実施。党幹事長に谷垣氏。9/27 御嶽山が噴火、57 名死亡。10/20 インドネシアで 10 年振り政権交代、ジョゴ大統領。11/4 米中間選挙で与党民主党上下両院で歴史的惨敗。野党共和党下院の多数派維持、上院過半数奪回。11/16 沖縄県知事選で移設反対派翁長勇志前那覇市長が 3 選を目指した現職仲井眞ら三氏を破り初当選。11/18 安倍首相消費税率の 10% への引き上げを 17 年 4 月へ延期し、21 日の衆院解散を表明。12/4NY 外為市場で円が対ドルで急落、7 年 4 ヶ月振りで 1 ドル =120 円台に。12/14 第 47 回衆院選で自公で定数の三分の二超を確保。12/17JR 東海、27 年に開業目途のリニア新幹線の建設着工。12/23 NY 株式市場、ダウ平均で初の 1 万 8 千ドル超に。12/24 安倍首相が第 97 代首相に。

平成 27 年　　2015　1/1 相続税、非課税枠 4 割減。1/1 自治体のインフラ（保育園、文化会館等）統合に交付金。1/1 リトアニアユーロ圏入り（19 ヵ国体制）。1/20 中国実質 GDP 2014 年 7.4% 増（過去 24 年間で最低）。IMF によると、2014 年購買価平価ベースで世界の 16% を占め、米国を凌駕して

120 安倍 ④	
120 安倍 ⑤	126 麻生 太郎

いる。2/4 一人当たりの 2014 年現金給与総額は月額 31 万 7 千余円で、前年比 0.8% 増だが、実質 2.5% 減。2/6 上場企業、2015 年 3 月期（4 ～ 12 月）、7 年ぶり最高益。2/11 キャノン、スウエーデンの監視カメラ大手アクシスコミュニケーションを 3,300 億円で買収。2/16 完全失業率 2014 年 12 月は 3.4% で 17 年振り低水準。2/24 再生エネルギー買収価格（キロワット時）、太陽光発電 27 円に（下げ幅最大）。3/3 毎月勤労統計 1 月、前年同月比 0.8% 増（基本給 24 万 275 円）。伸び率は 15 年振り最高。3/18 大阪都構想、5/17 実施の住民投票で可否決定。3/24 中国国有化学大手、中国化工集団、伊タイヤ大手ピレリ社を 9,200 億円で買収。4/22 日経平均株価、2 万円台に。5/12 半導体大手ルネサス・エレクトロニクス設立 5 年で初黒字。5/13 経常黒字、震災後初の増。旅行収支 55 年振り黒字。5/18 大阪都構想住民投票で僅差で否決。5/22AIIB 亜細亜インフラ投資銀行 57 ヵ国参加、出資額 1,000 億ドルで発足。5/24 米国、TPP の前提となる TPA 法案、上院可決。下院の攻防が本格化。5/24 二階自民党総務会長、中国習主席と面談、首相親書渡す。5/27 円、7 年ぶりに 1 ドル 123 円に。5/29 日経平均株価 27 年振りに 2 万 0551 円に。6/1 レアアース、中国輸出税撤廃。6/2 年金情報 125 万件流失（日本年金機構）。6/4 米政府関係者 400 万人分の情報流失。6/6 衆院、憲法審査会で与党推薦を含む憲法学者 3 氏が安保関連法案の集団的自衛権行使は違憲と明言。6/22(1965 日韓基本条約調印、12 月自民・民社の賛成多数で可決成立。日本は半島に残した公的・私的資産の全てを放棄した上で、有償借款 2 億ドル、無償借款 3 億ドル、商業借款 3 億ドルという莫大な援助。当時の韓国の国家予算は 3.5 億ドル）。7/21 米国「ボルカー・ルール」適用。金融機関が自己勘定での証券売買やヘッジファンドへの出資等の禁止という金融規制。

〔参考文献〕

①相沢幸悦『日銀法 25 条発動』中公新書．1995 年。

②富山県統計調査課編『経済指標のかんどころ 2002 年改訂 22 版』富山県統計協会。

③内閣府経済社会総合研究所編『経済要覧編成 14 年版 (2002) 』財務省印刷局。

④中山伊知郎他編『日本経済事典』1973 年。

⑤日本銀行金融研究所『日本金融年表 (明治元年 ~ 平成 4 年)』1996 年。

⑥『日本経済新聞』

⑦読売新聞『読売年鑑』各年版。(1 986 年版、137 頁)

⑧歴史学研究会編『机上版日本史年表第 4 版』岩波書店、2001 年。

⑨山崎広明他編『日本経営史の基礎知識』有斐閣ブックス、2004 年。

⑩矢部洋三他編『現代日本経済史年表 1868-2006』日本経済評論社、2008 年。

⑪辛島幸夫『バランスシートによる日本経済分析改訂版』シーエーピー出版、2008 年、21 頁。

事項索引

（あ行）

IS・LM 理論　138
青森県の農業政策　28
アームス・レングスでない取引　106
足尾銅山鉱毒事件　94
アセット・アプローチ　111, 127
アソープション・アプローチ　110
あわじ環境未来島特区　24
淡路島　23
いざなぎ景気　64
逆U字仮説　173
井上デフレ　79
岩戸景気　64
インフレ　30
インフレターゲット論　68
エロア資金　111
円ブロック　110
オイルショック　70
大潟村　33
大豊町　43

（か行）

外部（不）経済　94
拡大製造者責任　95
貸し渋り　83
貸し手責任論　84
価値分解説　117
神山町　11
ガリオア資金　111
川上村　37
川北町　31
関税自主権　109
甘味資源　39
企業内貿易　101
企業の社会的責任　95
技術革新　90
キチン波　90
逆U字仮説　141

（さ行）

近代化　54, 57
金融システム改革法　81
金融ビッグバン　81
クズネッツ循環　141
クズネッツ波　90
景気循環　88, 90
経済システムの近代化　54
ゲゼルシャフト　54, 56
ゲマインシャフト　54, 56
限界 q　153
建設　90
合計特殊出生率　63
交通網の整備　51
購買力平価説　127
国際価値論　129
国際均衡　120
国内企業物価指数　77
国内均衡　120
国立銀行条例制定　81
コンドラチェフ波　90

在庫投資　90
最適通貨圏理論　132
鯖江　8
三角貿易　59, 61
3C　67
三種の神器　64, 67
サンフランシスコ講和条約　63
GDE デフレータ　68
自然環境　97
社会的共通資本　97
社会的近代化　54
住専問題　83
周辺　58
自由貿易協定　111
ジュグラー波　90
循環型環境システムの完成　51

商業の発達　51
所得倍増計画　65
新古典派接近　148
新三種の神器　64, 67
神武景気　64
新リカード学派　119
垂直統合型生産システム　92
水平統合型生産システム　92
スタグフレーション　71
政治的近代化　54
設備更新　90
戦後高度成長　63
総資本営業利益率（ROA）　91
総資本回転率　91

（た行）

第三次産業　64
大正デフレ　79
高い教育水準　51
高松市　18
タックス・ヘイブン　106
弾力的アプローチ　124
地方分権　50
中央集権　50
中核　57
朝鮮戦争　63
朝鮮特需　63
賃金基金説　117
デフレ　77
転換点　148
トービンのq理論　152
都市的インフラ　97
ドッジ・デフレ　79

（な行）

二重経済　148
ニセコ町　3

ニセコ町まちづくり基本条例　5
ニセコ・ルール　5
日米修好通商条約　109
日米貿易摩擦　72
日本版ビッグバン　81

（は行）

覇権　58
八郎潟干拓事業　34
バブル　73
比較生産費説　118
日吉津村　46
PL法　95
BIS規制8％基準　82
プラザ合意　72
不良債権ディスクロージャー　86
文化的近代化　54
分離定理　151
平均q　154
平成デフレ　79
封建主義統治　50
母体行責任論　84
ポリシー・ミックス・モデル　133

（ま行）

マーシャル＝ラーナー条件　125
まちづくり会社　20
松方デフレ　79
真庭市　15
真庭バイオマス集積基地　16
マンデル＝フレミング・モデル　130
明治維新　52
もはや戦後ではない　64

（ら行）

労働価値説　117

人名索引

(あ行)

愛知揆一　　198
青木一男　　195
芦田均　　196
安住淳　　207
麻生太郎　　206,208,209
アダム・スミス　　116
安倍晋三　　205,208,209
阿部信行　　195
新木栄吉　　195,197
池田勇人　　196,197
池田成彬　　194
石橋湛山　　195,197
石渡壮太郎　　195
泉山一六　　196
市来乙彦　　193
一万田尚登　　195,197
伊藤博文　　191,192
犬養毅　　194
井上馨　　192
井上準之助　　193,194
伊吹文明　　206
岩崎弥之助　　191
植木庚子郎　　198
ウォーラーステイン　　57
宇佐美洵　　198
宇野宗佑　　200
大久保利通　　190
大隈重信　　190,192,193
大平正芳　　199
小笠原三九郎　　196
岡田啓介　　194
小倉正恒　　195
小渕恵三　　202
尾身幸次　　205

オリーン　　123

(か行)

海部俊樹　　200,201
片岡直温　　194
勝目主計　　193
桂太郎　　192,193
加藤高明　　193
加藤友二郎　　193
金子一平　　199
賀屋興宣　　194,195
河田烈　　195
川田小太郎　　191
菅直人　　207
岸信介　　197
北村徳太郎　　196
清浦奎吾　　193
クズネッツ　　141
久保旦　　201
黒田東彦　　208
黒田清隆　　191
小磯国昭　　195
コース　　94
近衛文麿　　194,195
小泉純一郎　　202,203

(さ行)

西園寺公望　　192,193
斎藤実　　194
阪谷芳郎　　192
桜内幸雄　　195
佐々木直　　198
佐藤栄作　　197,198
佐野常民　　190
幣原喜三郎　　195

塩川正十郎	202	浜口雄幸	193,194
渋沢敬三	195	林鉄十郎	194
シュムペーター	88	林義郎	201
城島光力	208	早速整爾	193
白川方明	205	速水優	202
鈴木貫太郎	195	原敬	193
鈴木善幸	199	東久邇稔彦	195
澄田智	199	土方久蔵	194
曾禰荒助	192	ヒックス	138
		平沼騏一郎	195

（た行）

高橋是清	193,194	広瀬豊作	195
竹下登	199,200	広田弘毅	194
武富時敏	193	深井英五	194
武村正義	201	福井俊彦	203
伊達宗城	190	福田赳夫	198, 199
田中角栄	70,197,198	福田康夫	205,206
田中義一	194	藤井裕久	201,206
谷垣禎一	203	藤井真信	194
津島寿一	195	坊英男	199
寺内正毅	193	細川護煕	201
東条英機	195		
トービン	151	**（ま行）**	
富田鉄之介	191	前川春雄	199
富永健一	54	松尾臣善	192
		マッカーサー	63

（な行）

中曾根康弘	199,200	松方正義	190,191,192
中川昭一	206	松下康雄	201
西川仁左衛門	234	松平安永	190
額賀福志郎	205	松田正久	192
野田佳彦	207	松永光	202
		マンデル	130

（は行）

橋本龍太郎	200,201,202	三重野康	200
羽田孜	201	三木武夫	199
鳩山一郎	197	三島弥太郎	193
鳩山由紀夫	206	水田三喜雄	197,198
馬場鍈一	194	ミード	120
		三塚博	201
		三土忠造	194
		宮沢喜一	200,201,202

人名索引　*217*

向井忠晴	196	吉原重俊	190
村山達雄	199,200	米内光政	195
村山富市	201	与謝野馨	206
森永貞一郎	199		
森喜朗	202	**（ら行）**	
		リカード	116
（や行）		ルイス	147
山県有朋	191,192		
山際正道	197	**（わ行）**	
山本権兵衛	193	若槻禮次郎	193,194
山本達雄	192,193	渡辺国武	191,192
結城豊太郎	194	渡辺美智雄	199
吉田茂	196		

企業名索引

(あ行)

ING グループ	170
アイビー企画	183
秋田県厚生農業協同組合連合会	181
アクサ	173
浅野セメント	193
旭硝子	192
旭食品	180
朝日生命	191
味の素	192
アステム	181
アップル	177
アラビア石油	197
アリアンツ	172
ENI	169
イオン	184,203
池貝工業	191
イズミ	183
出雲村田製作所	180
伊藤忠商事	184
イトーヨーカ堂	202
イビデン	183
岩井商店	193
岩下兄弟	182
岩手東芝エレクトロニクス	181
インテル	183
ウォールマート・ストアーズ	176
宇部興産	195
浦賀造船所	189
エーオン	172
英東印度会社	189
エクソール・グループ	169
エクソンモービル	176
AT&T リック (GE)	177
NEC コンピューターテクノ	180

NTT	173, 200
NTT ドコモ九州	184
NTT ドコモ四国	180
Nl 寸ドコモ東北	183
Nl 寸ドコモ北陸	181
NTT ドコモ北海道	184
王子製紙	195
大分キヤノン	181
大倉組	193
オークワ	180
大阪商船	193
大阪紡績	190～193
大阪北港	193
大塚製薬工業	180
大本組	182
沖縄電力	181
小田急	193
蘭東印度会社	189

(か行)

カインズ	182
鹿児島経済農業協同組合	182
鹿児島紡績所	189
鹿島組	194
ガスプロム	169
カスミ	183
加藤産業	184
加ト吉	180
カナカン	181
鐘紡紡績	191
釜石鉱山製鉄所	190
釜石銑鉄	191
カメイ	183
川崎重工業	184
川崎製鉄	63

企業名索引　*219*

川崎製鉄千葉　　196
川崎造船所　　193
カワチ薬品　　182
官営富岡製糸場　　190
関西電力　　198,200,202
関西日本電気　　181
関東自動車工業　　184
北関東国分　　182
キタムラ　　180
九州電力　　183
九州日本電気　　182
京セラ　　183
極東石油工業　　184
麒麟麦酒　　192
久原鉱業　　193
グレンコア・インターナショナル　　171
群馬県信用保証協会　　182
慶尚　　180
ケーズデンキ　　183
興亜　　182
鴻海精密工業　　169
鴻池銀行　　192
神戸製鋼　　63,184,192
国鉄　　196,197,200
コジマ　　182
国家電網　　175
小松製作所　　193
コメリ　　183
児湯食鳥　　181

(さ行)

佐川急便　　183
佐藤　　183
佐藤工業　　202
サムソン電子　　171
サンエー　　181
三協アルミニウム工業　　180
サンクスジャパン　　180
サントリー　　192,208

三洋電機製作所　　196
三和銀行　　192,194
JX ホールディングス　　173
シェブロン　　176
四国電力　　180
資生堂　　190
GDF スエズ　　173
芝浦製作所　　191,192
CVS ケアマーク　　177
島根富士通　　180
ジーメンス　　172
シャープ　　196,202
シャープ広重三重　　182
ジャパネットたかた　　182
秀英舎　　190
集成館　　180
ジュンテンドー　　180
城山観光　　182
昭和石油　　195
昭和電工　　195,196
信越化学　　196
シンクス　　180
新光電気工業　　183
新日本製鉄　　198
鈴鹿富士ゼロックス　　182
スズキ　　183
鈴木商店　　192,194
スタトイル　　168
住友金属工業　　192
住友商事　　193
住友生命保険　　184
住友セメント　　198
住友電装　　182
セイコーエプソン　　183
西濃運輸　　183
西部石油　　182
整理回収銀行　　201
ゼオンケミカルズ米沢　　181
ゼネラリ保険　　170

ゼネラル・モーター G(GM)	177	東京芝浦電気	195
ゼネラル・エレクト	177	東京人造肥料	192
セブンイレブン	202,204	東京倉庫	191
全国生活協同組合連合会	184	東京通信工業	195

ゼネラル・モーター G(GM)　177
ゼネラル・エレクト　177
セブンイレブン　202,204
全国生活協同組合連合会　184
ソニー　195,198

（た行）

第一貨物　181
第一銀行　191
第一国立銀行　191, 191
第一生命保険　192
大王製紙　182
大昭和製紙　194
大日本印刷　190
大日本人造肥料　192
ダイムラー　172
タイヨー　182
台湾銀行　192,207
田中製作所　191
千葉県市町村職員共済組合　184
地方農工銀行　81
中外物価新報　190
中国石油化工集団 SINOPEC（シノペック）　175
中国石油天然ガス集団 CNPC（ペトロチャイナ）　175
中国電力　183
中部銀行　202
中部電力　184, 198
九十九商会　190
帝国生命　191
天満屋　182
東海銀行　202
東京エレクトロン AT　180
東京エレクトロン九州　182
東京海上火災保険　195
東京海上保険　190,195
東京銀行　190
東京自動車製作所　192

東京芝浦電気　195
東京人造肥料　192
東京倉庫 191
東京通信工業　195
東京電燈　190,195
東京電力　190,198,200,202
東京棉商社　191
東京渡辺銀行　194
東芝メディア機器　181
東武鉄道　191
東北電力　183
東洋紡績　193
東洋レーヨン　193
東レ　193
トタル　173
鳥取いなば農業協同組合　180
鳥取三洋電機　180
鳥取中央農業協同組合　180
凸版印刷　192
トヨタ自動車　173, 184, 194, 200, 202, 207,209
トヨタ自動車九州　184
トヨタ自動車工業　194
豊田自動織機　238, 239
豊田通商　227
鳥井商店　236

（な行）

長崎造船所　191, 192
長崎物産商事　182
南西石油　181
新潟鉄工所　192
日亜化学工業　180,203
日綿実業　191
日産化学　192
日産自動車　173, 202
日産車体　184
日商岩井　193
日清紡績　192

企業名索引　*221*

日本鋼管　63, 193, 198
日本興業銀行　192
日本郵船　191,192,193
日本アルミニウム　194
日本鋳鋼所　192
日本開発銀行　196
日本活動写真　193
日本勧業銀行　81,192
日本銀行　190
日本経済新聞　190
日本航空　193
日本債券信用銀行　202
日本製鉄　63,194,195
日本生命保険　184,191
日本石油　191
日本窒素肥料　192
日本鉄道　190,192
日本電気　192
日本電気硝子　181
日本電信電話　200
日本道路公団　203
日本発送電　195
日本ビクター　184
日本綿花　191
日本郵政株式会社　173, 203
日本郵政公社　203
日本輸出入銀行　196
日本レイヨン　194
任天堂　183
野村証券　193, 200
ノーリツ綱機　180

（は行）

バークシャー・ハサウェイ　177
バレロエナジー　177
バロー　183
阪急　192
PEMEX メキシコ石油公社　169
PFU　181

BNP パリバ　173
東日本ハウス　181
東日本旅客鉄道　202
久光製薬　180
日立製作所　193, 202
日立メディアエレクトロニクス　181
PDVSA 国営ベネズエラ石油　168
BP　171
ヒューレド・パッカード (HP)　177
ファーストリテイリング　182
ファナック　180
フィリプス　177
フォード・モーター　177
フォルクス・ヴァーゲン（VW）　172
福井県経済農業協同組合連合会　180
福井村田製作所　180
福田組　183
フジ　182
富士銀行　190
不二越鋼材　194
富士製鉄　63,198
富士通アイソテック　183
富士電機製造　193
仏東印度会社　189
平和堂　181
平和物産　182
ペトロブラス　170
ベネッセコーポレーション　182
ベライゾン・コミュニケーション　177
北陸電力　180
ホクレン農業協同組合連合会　184
北海道拓殖銀行　81,192,201
北海道炭礦鉄道　192
北海道電力　184
保土ヶ谷曹達　193
本田技術研究所　184
ホンダ　173
ホンダロック　181

（ま行）

松尾建設	180
マックスバリュ東北	181
マッケンソン	177
松下寿電子工業	182
松下電器産業	184,200,202
マツダ	183
マルイチ産商	183
マルショク	181
丸大堀内	182
丸十商店	184
満州銀行	194
三重紡績	191,192,193
みずほホールディング	202
三谷商事	180
三井銀行	81,190,191
三井造船	193,196
三井物産	184,190,204
三越呉服店	192
三菱銀行	193
三菱重工業	195,198
三菱商会	190
三菱商事	184,204
三菱倉庫	191
三菱造船	193
三菱電機	193
南満州鉄道	192,193,195
ミネビア	202
箕面有馬電気軌道	192
宮崎中央農業協同組合	181
村本建設	181
明治生命保険	190
森精機製作所	181
森永製菓	192
森永西洋菓子製造所	192

（や行）

安田銀行	190
八幡製鉄	63,197,198
山一証券	197,201
山形スリーエム	181
山形日本電気	181
山岸プラスチック工業	184
山口日本電気	182
山信商会	181
ヤマダ電機	182
ヤマト運輸	193,199
ヤマハ	183
ヤマハ発動機	183
UFJ銀行	202
ユーテック	181
郵便局	199
雪印乳業	202
ユニチカ	194
由利工業	181
羊華堂	193
ヨークベニマル	183
横須賀製鉄所	189
横浜正金銀行	190
吉田産業	182

（ら行）

リクルート	200
ルクオイル	169
ルノー	202
連邦住宅抵当金庫（ファニーメイ）	177
ロイヤル・ダッチ・シェル	171

（わ行）

YKK	202
和歌山県農業	180

《著者紹介》

木村武雄（きむら・たけお）

1953 年　1 月 29 日，鎌倉生まれ。

1977 年　青山学院大学経済学部経済学科卒業。

1979 年　青山学院大学院経済学研究科修士課程修了。

1984 年　桜美林大学経済学部非常勤（近代経済学）。
　　　　以降現在に至たるまで，以下何れかの大学で途切れなく非常勤講師を歴任。
　　　　青山学院大学（一部二部〔計画経済論，各国経済論 A，外書講読〕，二部演
　　　　習〔比較経済体制論のゼミを 17 年間担当〕），東洋大学（一部二部短期大学，
　　　　〔経済学，経済体制論，比較経済体制論 AB，移行期経済論 AB〕），麗澤大学
　　　　〔ロシア経済論，東欧経済論，国際地域研究総論〕，富士短期大学（現東京
　　　　富士大学）（〔必修，経済政策論，経済入門〕，通信教育〔必修，経済政策論〕），
　　　　高崎経済大学〔現代経済思想，外書講読〕，筑波学院大学（旧東京家政学院
　　　　筑波女子大学）〔日本経済論，国際経済論〕，中央大学〔経済計画論，サービ
　　　　ス産業論，日本経済論〕。（後者二大学のみ現在に至る）。

1985 年　青山学院大学院経済学研究科博士課程経済政策専攻単位取得。

1997 年　アテネ・フランセ（御茶ノ水）古典ギリシャ語修了。

2003 年　中央大学経済研究所客員研究員（現在に至る）。

【学術業績】

（単著）『10 カ国語経済・ビジネス用語辞典』創成社，2014 年。
　　　　『欧露経済研究の新地平　普遍主義を切り口として』五絃舎，2009 年。
　　　　『EU におけるポーランド経済』創成社，2009 年。
　　　　『経済用語の総合的研究（第 7 版）』創成社，2009 年（初版 2001 年 4 月）。
　　　　〔2 刷 2001 年 4 月，2 版 02 年 9 月，3 版 03 年 4 月，4 版 05 年 3 月，5 版
　　　　06 年 4 月，6 版 08 年 5 月，7 版 09 年 7 月〕。
　　　　『EU と社会システム』創成社，2008 年。
　　　　『戦略的日本経済論と移行期経済論(第 2 版）』五絃舎，2008 年(初版 05 年 9 月)。
　　　　『経済思想と世界経済論（第 2 版）』五絃舎，2007 年（初版 04 年 4 月）。
　　　　『ポーランド経済（最新第二版）』創成社，2003 年 4 月（2 刷 05 年 3 月）。
　　　　『欧州におけるポーランド経済』創成社，2000 年 2 月（2 刷 00 年 10 月）。
　　　　『経済体制と経済政策』創成社，1998 年 12 月（初版）. 2003 年 3 月（5 刷）。

（共著）（江口充崇氏と）『経済分析手法 国際経済及びサービス産業論の応用を踏まえて』
　　　　五絃舎，2012 年 10 月。
　　　　『制度改革と経済政策』飯島大邦・谷口洋志・中野守編著，中央大学出版部，
　　　　2010 年 3 月。
　　　　『現代経済システムと公共政策』中野守編，中央大学出版部，2006 年 12 月。

（単著）〔市場流通定期刊行物雑誌論文〕
　　　　「ソヴィエト刺激システム」『科学技術と経済政策』勁草書房，1984 年。

「ソ連の財政トリックの解明」『経済往来』第 36 巻第 9 号，1984 年。

「ロシア財政赤字の起源」『海外事情』第 42 巻第 5 号，1994 年。

「波蘭経済 CEFTA の問題点」『国際経済』第 48 巻第 2 号，1997 年。

（共著論文）

（日向寺純雄氏と）「欧州におけるポーランド経済（I）」『青山経済論集』第 49 巻第 4 号，1998 年。

（日向寺純雄氏と）「欧州におけるポーランド経済（II）」『青山経済論集』第 50 巻第 5 号，1998 年。

（所属学会）

ロシア・東欧学会（旧ソ連・東欧学会）(1977 年筆者修士課程 1 年入会，学会報告 1984 年 9 月)

日本経済政策学会（1979 年筆者博士課程 1 年入会，学会報告 83 年 5 月，2002 年 5 月，部会報告 97 年 1 月）

日本財政学会（1979 年筆者博士課程 1 年入会，学会報告 84 年 10 月）

日本経済学会（旧理論・計量経済学会）(1979 年筆者博士課程 1 年入会)

日本国際経済学会（旧国際経済学会）(1979 年筆者博士課程 1 年入会，学会報告 96 年 10 月)

比較経営学会（旧社会主義経済学会）(1979 年筆者博士課程 1 年入会，幹事（履歴書・学術業績目録は当時の文部省提出義務），学会報告 97 年 3 月，部会報告 85 年 1 月）。

大学教官歴 30 年超シリーズ

①大学教官歴 30 周年記念著作

『10 ヵ国語・ビジネス用語辞典』創成社，2014 年。

②大学教官歴 33 周年記念著作

『地方創生と日本経済論』五絃舎，2016 年。（本書）

地方創生と日本経済論

2016 年 9 月 25 日　第 1 刷発行

著　者：木村武雄
発行者：長谷雅春
発行所：株式会社五絃舎
　　〒 173-0025　東京都板橋区熊野町 46-7-402
　　電話・ファックス：03-3957-5587
組　版：office five strings
印刷所：モリモト印刷
ISBN978-4-86434-061-8
Printed in Japan Copyright Reserved 2016 © Takeo Kimura